覚醒中国

秘められた日本企業史

西原哲也
Nishihara Tezya

日中貿易協定に調印する高良とみ（左側調印者）と中国側。高良の真後ろにいるのが帆足計（左）と宮腰喜助（右）

社会評論社

カバー挿画：西原哲也
写真提供：星　博人
豊澤浩一

覚醒中国——秘められた日本企業史＊目　次

はじめに

中国の改革開放三〇周年を機に、中国メディアの「新華毎日電迅」「経済参考報」などが二〇〇八年一二月、共同で「改革開放三〇周年で中国に最も貢献した外資企業一〇社」のネット投票を実施したことがある。

その結果は興味深いものだった。日本企業で一〇位以内に選ばれたのは、ソニーの一社だけだったということだ。並みいる日本企業の中で、ソニーが改革開放の初期から先駆けて対中投資してきたということはないので、これは現代的な企業イメージが先行したものに過ぎないだろう。一般のネット投票なのでこの結果は殊更大騒ぎすることではないが、少なくとも急速な発展を続ける中国にとっては、「改革開放以来自国に貢献した外資企業」という存在は、イメージ先行程度に意義が薄れてしまっているといえるだろう。

本書の取材で、一九七〇年代後半から八〇年代前半にかけて中国との貿易を担当した三十人以上に上る日本人商社マンたちに話を聞いて回った。現在中国に住むあるビジネスマンは当時、大手商社で中国当局とのプラント商談を担当していた。定年退職した後、現在は中国の小さな商社で第二の人生を精力的に送っていた。

世界とのパイプを持っていなかった当時の中国との商談は、中国政府直属企業との交渉だったが、中国政府の役人も貿易手法も非常に国際標準からかけ離れており、商談はいかに一筋縄ではいかなかったか、いかに長期にわたって難航を極めたかなどの苦労話を、同氏はしみじみと話してくれた。その元商社マンの言葉が、まるで中国経済の発展史を概観するように思われて、それがいまだに印象に残っている。

「中国は七〇年代から、毎年あらゆるプラントの入札ごとに、日本を含めた西側諸国の最先端技術とノウハウ全ての情報を吸収し尽くし、中央政府がそれを全土の各省に伝えていました。社会主義の中国は全体がひとつの会社のようなものですし、〝知的財産権〟とか〝パテント〟などという観念は中国には皆無に近かったので、そうした海外から得た技術情報はやりたい放題にばらまくことができたでしょう。そうして、非常に貴重な日本の技術情報やノウハウを大量に国内に蓄積していったのです」――。

当時の中国が国際入札を執り行う目的は、各国の応札企業のプラントを単に導入することというよりも、応札企業の技術を舐めるように詳細にすくい取ることが目的だった。海外の技術や知識の蓄積ということについていえば、特に鄧小平が一九七八年に改革開放を始めてからその傾向を加速し始めたので、七八年以降の〝知の蓄積〟は、現在の中国経済の繁栄の礎になっているといっても過言ではないだろう。

商社マン氏が言及したように、中国は一九七八年からの改革開放で外国からの吸収を加速させたが、同年以降の一〇年間で、対中投資は六〇％が日本からのものだった。他の西側先進諸国と比べると、日本は独自の技術やノウハウを圧倒的に中国に供与したといえる。

中国に住んでみると、中国の国民は国際的に見ても実に教育熱心で、好奇心旺盛、しかも豊かさへの渇望感が人一倍強い国民性であることを容易に目の当たりにするが、中国は改革解放後の三〇数年間で、国を挙げて熱心に〝日本の知〟を蓄積してきたと言っても言い過ぎではない。

ところがやや残念なのは、ネット投票結果という一般国民の意識調査でなくても、そうしたことが中国側の記録や史料にはほとんど記載されていない、という印象を受けることだ。

しかも、二〇一〇年末に国内総生産（ＧＤＰ）の規模が日本と中国で逆転するという歴史的転換を迎えたことで中国側に経済的自信が生まれたことで、日本企業による中国への技術的貢献は、史実としてだけでなく、記憶としても中国人の意識から消えつつあるのは残念でならない。

近年のニュースで、そうした印象を強めるようなニュースは枚挙に暇がない。中国は、川崎重工などが提供した、日本の東北新幹線「はやて」の技術を基に高速鉄道「和諧号CRH三八〇A型」を導入したが、これを中国は国内では「国産技術」と喧伝していることが、近年では最も知られている事例のひとつだろう。

二〇一一年七月には、中国国有企業の列車製造大手、中国南車集団の馬雲双氏が、「和諧号CRH三八〇A型」の特許を米国で申請する準備を進めていると国内英字紙のチャイナデイリーに明らかにして日本でも大きく報道された。

日本では大きく報道されるが中国では知らされないというニュースは多いが、別のケースもある。

中国国家主席の胡錦濤が二〇〇九年一二月二一日にマカオ返還一〇周年記念行事で当地を訪れた際、隣の広東省珠海市にも立ち寄り、現地の有力企業数社を視察した際の出来事だ。視察の重点テーマは「自主創新」。当時は世界が金融危機に襲われて間もない頃で、「独自技術の開発能力に優れた企業は依然として競争力を保っている」として、有力な国内企業による〝独自技術開発〟を鼓舞する目的があったのだ。

胡錦濤がこの時視察したのは、今やエアコン世界大手の格力電器（GREE）。その最新技術の粋を集めた工場を見て回った時のことだ。胡錦濤は同社の幹部に「これらはあなた方が自主開発した技術ですか？」と聞いた。すると同社幹部は「全てわが社が開発した技術です」と答えたので、この視察団に偶然同行していたある関係者は思わず耳を疑ったという。これは日本のエアコン大手、ダイキンのインバータ技術ではないのだろうか、と。この視察の様子は、愛国的ニュースとして全国的に大きく報道されたが、日本では全く報じられていない。

ダイキンと格力はちょうどその前年、インバータエアコンの生産委託や共同開発の提携で合意していた。ダイキン側が、省エネの要となるインバータ技術を中国ブランドに提供することは話題となったが、胡錦濤が最新工場を視察したのは、ダイキンのインバータ技術を共有した直後のことだったのだ。こうしたエピソードは中国に関しては多いので、改めて騒ぎ立てる必要はないかもしれない。〝愛国的意図による情報統制〟は中国では日常茶飯事にみられることだからである。しかし日本側が対中戦略として、これまでのように失笑しながらも鷹揚に構えているのが得策なのかどうかは、再考する余地がある。

というのも、冒頭でも触れたが、最近の中国による「独自の発展史観」では、日本企業の痕跡が明らかに消失しつつあるように思われるからである。それでも日本側にしっかりとした史料の蓄積や証人が残っていれば問題はないが、そんな蓄積はなく、改革開放前の七〇年代に活躍していた日本企業の責任者たちも亡くなりつつあるのが実情だ。そこで、親中や反中といった感情の枠にとどまらず、改革開放前夜までの日本企業による奮闘の痕跡を残したい――。このことが即ち、私がこのテーマに取り組んだ理由である。

日本と中国の経済史は、七二年の国交回復、もしくは七八年の改革開放から論じられることが多い。だが本書では、日本企業が改革開放の後どのようにして中国に進出したのかを書く際、どうしても新中国成立の直後、つまり一九五〇年代にまでさかのぼる必要があると思われた。

新中国が成立してから文化大革命が始まる一九六六年ごろまでは、経済交流に関する外交史料はほとんど残っていない。

それでも限られた外交文書や日中両国側の史料をひも解き、当時の商社マンや中国人を含めた関係者に実際に話を聞いていくと、日本企業の中国進出は、改革開放を機に突然現れたビッグバン的現象ではなく、その前の時代にこそ爆発的中国進出につながった、日本企業や経済人による奮闘があることが分かった。

そして、改革開放までに日本のどんな人物たちが、どのように中国との細い糸をつむぎ続けてきたのかも明らかになった。すると、中国にとって意外な「日本企業の役割」があったことが見えてきた。その役割は、愛国教育を進めてきた中国共産党があまり大っぴらにしたくない側面を持つ。その一方で、国交回復までの日本政府や外務官僚たちによる対中外交のお粗末さも見えてきた。それらを本書で浮き彫りにしたい。

第１章　夜明け

北京で歓迎を受ける高良とみ（手前左）と帆足計（右端）、宮腰喜助（右から３人目）

「私が中国から帰国して以来、中国にいる同胞の引き上げに対する熱意が高まりました。中国側の反応も大変好意的で、中国の赤十字から、私を含めた日本の民間団体の代表に招待状が送られてきたのもその頃でした。戦犯以外の日本人の引き揚げ交渉に北京へ来てくれないかというのです。私はただちに飛び立とうとしたのですが、岡崎勝男・外務大臣が使いの者をよこして、私がソ連訪問で旅券法違反をしたから今回は旅券を出すことができないと言ってきたのです。ところが、国内で私の訪中への期待が高まり、それらを無視できなくなると、今度は日本政府は手の平を返したように訪中を勧めてきました」

——高良とみ「非戦を生きる」

ある展示会

二〇〇八年一二月一八日——。北京の中心地にある国際貿易中心の前は、大型バスが何台も停まり、ツアー客でごった返していた。その大展覧場では、「中国対外開放三〇周年回顧展」が、その日から年末までの約二週間にわたり、華々しく開催された。文字通り、中国の改革開放の歩みを振り返る一大イベントだ。

実は、中国商務部、共産党中央対外宣伝事務所、新華社などが主催したこの展覧会の開催日に、この日が選ばれたのは大きな意味がある。

その日からちょうど三〇年前の一九七八年一二月一八日に、共産党の第一一期中央委員会第三回総会（一一期三中全会）が開かれた日だ。この三中全会で外国からの資金や技術を導入し、積極的に海外市場に向けて経済を開放していくことが提案される。この日は、文化大革命で疲弊していた中国が経済改革の本格軌道に乗り出したという〝近代化への夜明け〟を象徴する、歴史的な日なのである。

これに筆者も興味を持って出かけてみた。五会場に分かれた広大な展示会場に展示された統計パネルや写真の数々は、この三〇年間の中国の経済発展ぶりを内外に誇示するには十分な内容だったといえる。

そこで掲げられていた代表的なデータを拾ってみると一目瞭然だ。例えば、中国の国内総生産（ＧＤＰ）は、一九七八年の三六四五億元から、三〇年後の二〇〇七年には二四兆九五三〇億元と、実に六八倍に増えている。単純に成長率でみると、毎年九・八％成長を三〇年間休まず続けた計算だ。

では貨物貿易はどのくらい伸びたのだろうか。輸出入総額ベースでみると、さらに明らかだ。

七八年にはわずか二〇六億四〇〇〇万米ドル（輸出九七億五〇〇〇万米ドル、輸入一〇八億米ドル）だったのが、〇七年には二兆一七四〇億米ドル（輸出一兆二一八〇億米ドル、輸入九五五八億米ドル）と、実に一〇五倍に増えている。

外国からの直接投資（実行ベース）に至っては、ほとんど皆無に近い状況から、〇七年までの累計で七九〇七億五〇〇〇万米ドルまで飛躍的に拡大した。

この中国の三〇年間について、ちなみに日本のＧＤＰ（名目）がほぼ中国と同水準だった期間はいつごろかをみてみると、現在レートで単純比較はできないが、一九五五年（約五兆五〇〇〇億円）から一九八七年（約三五二兆五三〇〇億円）とＧＤＰが約六四倍に拡大した、高度成長期を挟む約三〇年間に相当すると言えるかもしれない。

いずれにしてもこの展示会で、中国がいかに国内経済を開放し、発展を遂げてきたかは分かった。

だが、どの先進諸国からどういった技術をどのくらい受け、資金的援助はどのくらい得て発展に役立ててきたのか、などという〝対外的視点〟では非常に物足りなさを感じた、というのが正直な感想だった。

正確に言うと、対外的な関係を展示した会場は確かにあった。最後の第五会場で、この三〇年間の世界一七一カ国地域と中国との関わりを示すパネルが国別に展示されていたのがそれだ。

そこには当然日本もあったのだが、各国共に均等に割り振られたスペースに同じように小さく収まっていた。

パネルを読むと、日本は〇八年八月までの間に、対中投資事業を四万六四四三件、実行総額ベースで六四四億米ドルの投資実績があり、投資額で米国に次ぐ第二位の国として紹介されていた。

日本のスペースには二つの写真パネルがあった。ひとつは二〇〇〇年七月一二日に中国でトヨタが初の完成車製造合弁である天津豊田汽車を立ち上げた記念式典の写真、そしてもうひとつは、八四年に第六次日中長期貿易取り決めが調印された際の写真である。（日本の対中投資を象徴する写真としてなぜこの二つの写真だけなのだろうと不可解に思ったが、さほど深い意味はないように思われる）

実際、日本は中国の改革開放政策にどの程度関わってきたのだろうか。中国の発展に貢献した日本企業があるとすれば、それはいったいどの企業で、いかなる役割があり、どんなドラマがあったのだろうか。

それらの問いを、さまざまな文献から拾い集め、関係者を訪ね歩いて歴史的に探ってみたい。それにはどうしても、今から約六〇年前である一九五〇年に遡らねばならない。

通常であれば、第二次大戦後に日本と中国の経済交流が再開した、と言えば、両国政府が合意してなされたというイメージを抱きがちだが実はそうではない。

日本側に限ると、国内の産業事情を嘆いた少数の日本人が、日本政府の意向に反する形で、独自に中国との関係修復を果たしていた。

一九五〇年に始まった朝鮮戦争の影響で世界では冷戦が激しくなり、共産主義国に対する反発が日本でも高まっていたが、その一方で、日本では中国との貿易を促進しようという運動が芽生え始めていた。

モスクワ国際経済会議

そもそも日本が中国との貿易を中断したのは、米国が一九五〇年一〇月に、朝鮮戦争で北朝鮮側を支援した中国に対して経済制裁を発動し、それに追随させられたからである。新中国が成立して、日本の商社マンたちはさあこれから日中貿易を始めようという時に、出鼻を挫かれた形になったのだ。

（この時既に、日本交易、呉山貿易商社、第一物産、開明貿易、八州工学工業——などの経営者らが、「中日貿易促進会」を結成し、中国側と独自に交渉していた。興味深いのは、会のメンバーの中に、上海市で一九一七年に「内山書店」を開業し魯迅など中国の文化人と日本をつなぐ役割を果たしたことで知られる内山完造が、呉山貿易商社の社長という肩書きで名を連ねていることだ。内山は晩年に、貿易業にまで足を踏み入れていたようだ）

朝鮮戦争では、戦争特需で沸いていた重工業・繊維業を中心とした軍需産業がある一方、中小企業は特需の恩恵を受けられず、欧米から輸入する原材料高で苦しみ、戦後途絶えていた中国との貿易再開を望む悲鳴に近い声が上がるようになっていた。

「日本労働年鑑」（一九五四年版第二六集）には、神奈川県労働組合会議が五二年に、労働者の窮状を訴えた要望書があるので、一部を引用してみよう。

「わが国の金属産業について致命的な打撃は、原料である鉄鉱石と石炭がアメリカ、カナダなどの遠隔地からの輸入に依存しているために、極めて高値につくことである。（中略）いきおい、労働者の賃金が世界で類例のないほど、安いということである（アメリカの一〇分の一、インドの二分の一）。しかも、数百万といわれる熟練、経験労働者の失業者群は、この安い賃金にさらに拍車をかけている。

鉄鋼一次製品、造船業、自動車産業、電線工業、産業機械、工作機械など、低賃金で製作された製品は、市場がないために、ダンピング、生産費を割った値段の受注が行われ、中小企業はまさに倒産、破産の寸前に直面している。

こうした中で、航空機をはじめ、各種の兵器、武器の生産が準備され、現に行われている。政府や独占資本家たちは現状を打開するにはただ再軍備、日米経済協力による軍需工業、兵器生産に転換する以外に生きる道はないとまことしやかに宣伝している」

「塩は化学工業の基礎原料だが、日中貿易禁止によって、安い（トン一〇米ドル）中国塩が入手できずエジプトからトン二一米ドルで買っている。そのため製品原価が高くなり、各工場の営業状態が苦しくなった」。

「中日貿易禁止で満洲大豆が入らなくなり、代わりにきたアメリカ大豆は質が悪く、ゴミだらけで高い。この影響で他の油も高くなっている。そのために最近、帝国社農芸、米山化学など、バターや石けんの工場がつぶれた」。

「横浜では捺染工場が企業不振で困っている。絹がパラシュートにもってゆかれるし、ネッカチーフの輸出値段は買いたたかれる。アメリカの関税引上げのためますます買いたたきがひどくなる。このために（中国）大陸向け輸出が希望される」。

「ガスは原料の石炭が中国から来なくなり、いま、トン三〇ドルでカナダ、アメリカから買っている。質は悪く、東京ガスの労働者にいわせると『ドロでこねたもの』だ。中国からなら良質の石炭、ソ同盟の樺太炭が買える。だから東京ガスの会社側も、今は運賃を焚いてガスを作っているようなものだといっている」――。

上記はあくまでも労組側の視点からみた窮状とはいえ、中国との貿易を望む国内産業の声が一九五二年当時、産業界側から芽生え始めていたことが分かる。

こうした状況の中、国内の産業界を嘆いた日本の一部国会議員の間でも、中国との経済関係を見直すべきと主張する「日中貿易促進議員連盟」が超党派で設立された。

新中国では、中央銀行である中国人民銀行の初代行長に、南漢宸が就任していた。

日本で対中貿易再開が話題になっているその頃、南漢宸は五二年四月に開催される、ある国際会議の発起人の一人として動き回っていた。「モスクワ国際経済会議」のことである。

これは、当時のソ連やフランス、英国、中国など二一カ国が発起国となり、世界の冷戦や社会制度の優劣といった政治的イデオロギーを排し、労働者の権利や、各国間の貿易促進といった経済問題を議論しようと提案された国際平和会議である。

南漢宸はひとつ、懸念するべき問題を抱えていた。中国が最も貿易相手としたい隣国の日本がこの会議に参加しないということである。米国などの西側諸国は政府が不参加を決めたため民間経済人のみが参加する予定だったが、日本は民間人さえ参加しないという。日本政府は敵視していた共産圏への国民の入国を禁止していたのだから無理もない。

途絶えたままの日本との貿易を再開するには、モスクワでの会議が絶好の機会となるはずだ。南漢宸は「日本人をテーブルにつかすには、一体どうしたらいいのか」と思案した。南漢宸はこの時、ある人物をブレーンとして呼び寄せた。

夜明け前

共産党の海外戦略を担う部門にいた、廖承志である。西ドイツやソ連などへの留学経験がある廖承志は、五カ国語を自在に操る戦略家だった。中でも最も貴重とされた経歴は、彼が東京生まれだったということである。一般の日本人と変わらぬ日本語どころか、べらんめえ調の江戸弁さえ身についていたという。

廖承志に関する評伝のひとつ『廖承志与日本』（中共党史出版社）によると、この時、廖承志は考えた末、南漢宸にある提案をした。

それは、公式に日本政府を通さず、日本の経済界の重鎮たちに、モスクワ国際経済会議への出席を要請することだった。

出席要請を出した日本人は◇村田省蔵（大阪商船会長）◇加納久郎（函館船渠会長）◇北村徳太郎（親和銀行頭取）◇石橋湛山（元大蔵大臣）◇岡田啓基（三井化学常務取締役）◇安川第五郎（安川電機）◇三浦鉄太郎（東洋経済新報社顧問）――などである。

中国からの要請を受けた経済人たちはがぜん意欲を示した。そこに日産の創業者である鮎川義介といった有力者も加わり、訪中経済代表団は一九人に膨れ、にわかに日中貿易再開への期待感が高まった。ところが――。

日本政府は、この一九人に対して、国交のないソ連や中国といった共産国への渡航の旅券発給を拒否したのだ。中国から差し伸べられた手を払いのける形となった。同じくモスクワ国際会議に公式参加しない米国政府からの圧力に従ったのだろう。

モスクワ国際会議は結局、一九五二年四月三日に四九カ国地域から民間経済学者や企業家など四七一人を集めて開催された。

総会議長を務めた英国人で国連食糧農業機関（ＦＡＯ）のボイド・オア事務局長は開会式で演説し、「世界が大衆のための福祉国家に変わりつつある時に、人類の半数以上を飢えさせておいて、原爆戦とは、とんでもない間違いです」と述べ、参加者の大きな喝采を浴びた。（それから約六〇年も経った今日、世界を取り巻く社会状況が当時とほとんど変わっていないことには苦笑を禁じ得ないが）。

中国代表の南漢宸は、会議三日目に演説した。会場には、日本人の参加者はいなかったが、日本へのアピールを十分に込めた。

「われわれ中国人民は、日本が再び軍国主義に陥らず、健全な産業と平等な国際貿易関係を発展させることこそ、日本人民の利益にかなうと信じている。日本の産業は、中国の安い石炭、塩、大豆などを必要としているし、中国もまた日本の工作機械や工業品を必要としている。われわれは、日本が中国との正常な貿易関係を回復させることを願ってやまない」。

日本の出席者も報道陣もいない会議場には、ややむなしい空気が漂った。日本人の代表団が出席すると想定して用意された演説だったのかもしれない。

ところがその演説の後、会議場に和服と白足袋を身にまとった一人の日本人女性が現れ、出席者はにわかにどよめいた。フランス経由でモスクワに入ってきた、高良とみである。

高良は、日本女子大の教授を務めた後、日本民主党から出馬して当選した参議院議員である。米コロンビア大学などへの留学経験があり、日本人女性として博士号を取った先駆けで、戦後の平和運動に尽力した人物でもある。

高良はその会議の六日目に、演説の機会を与えられることになる。割れんばかりの拍手に迎えられて高良は壇上に立ち、英語で話し始めた。

「日本の国民は、平和に生きようと決意しています。日本の経済は、世界平和に役立たねばなりません。（中略）日本の中小企業は現在、原材料調達で多大なコスト増を強いられて困窮しています。食料品価格は四三七％、繊維品価格は四四四％、工業製品は一五〇％も上がっています。もしも日本が中国やソ連から毎年八〇〇万トンの石炭を輸入でき、一方で繊維や工業産品を輸出することができたなら、日本経済は多大な恩恵を受けるはずです」

高良がモスクワ国際会議に出席した、との報は、直ちに日本にも伝わり、時の吉田茂首相を激怒させた。日本政府にとっては、サンフランシスコ平和条約の発効（一九五二年四月二八日）直前という最悪のタイミングだ。

それでも高良は悪びれず、中ソとの貿易を再開すべきとまで世界に向けて演説してしまったのだ。

それを伝え聞いた社会党の帆足計と、改進党の宮腰喜助の両代議士は、デンマークの会議に出席することを名目に、急遽、高良に続けとモスクワに向けて出発。会議は既に終わっていたが、四月二九日にモスクワ入りを果たした。

戦前に日本に留学していたこともある雷任民・対外貿易副部長は、三人に会うため、二週間以上もモスクワで待機していたという。

雷任民は高良、帆足、宮腰の三人と貿易再開で意気投合し、具体的な協議は北京で行いたいとして、モスクワからそのまま中国入りするよう三人に要請することになる。そうして五月一五日、高良ら三人はソ連から中国を電撃訪問し、新中国にとって初めての日本人賓客として大歓迎を受けた。この報は、日本国内の政財界を騒然とさせた。

高良とみ（一）

日本では、政府を無視した単独行動だという意見と、高良の平和主義を讃える意見で、賛否両論が沸き起こった。

当時日中友好協会の専務理事だった鈴木一雄は、三人の国会議員が北京に入ったことに同じく衝撃を受け、そして政界や経済界、文化界などに広く呼びかけ、約二〇〇人で日中貿易を促進する団体を立ち上げる。鈴木らは、三人が北京に滞在している期間中に、政府間ではなく、民間による貿易協定を結んでくるよう働きかけた。

この時、中国側の接待組長を務めたのは孫平化である。後に中日友好協会の会長を務めた人物だが、自伝「中国と日本に橋をかけた男」で当時のことを記述している。

それによると、高良ら三人は、北京で唯一の外国人客用ホテル「北京飯店」に泊まったわけではなく、路地裏「胡同」にある伝統建築の「四合院」に泊まり、中国側高官たちと同じ釜の飯を食べ、同じ場所に住み、同じ仕事をするという「三同生活」を半月あまり送ったのだという。北京飯店にはそれだけの収容能力がなかったためやむなく、という事情もあったようだ。

高良や南漢宸は、四合院で膝を突き合わせて貿易協定の交渉協議を詰めた。協議を進める上での両者の懸念は、日本政府も加盟していた、共産主義国に対する軍事技術・戦略物資輸出規制（ＣＯＣＯＭ）だった。

中国が最も必要としているのは建設・工作機械であり、日本からの輸出品目が規制に抵触することはないはずである。だが、米国や日本政府からの圧力や監視がある以上、日本と中国の貿易がＣＯＣＯＭに抵触するのはなんとしても避けたいところだ。

当時、対外貿易部の実務担当者として会議に加わった林連徳（後に駐日中国大使館商務参事官を務めた）の回顧録によると、この時両者は「輸出商品リストを重要度によって甲、乙、丙の三種類に分けることで合意した」という。

この日中民間貿易協定の内容は、前述した「廖承志与日本」に詳しい。それによると、両者は今後七カ月間に英ポンド建てでそれぞれ三〇〇〇万ポンド相当の貨物を相互に輸出するとした。貿易総額で六〇〇〇万ポンドということだ。

両者はその際、「同類物資交換の原則」を設けた。例えば、「甲類」では、中国が石炭、大豆、マグネシウムなどを、日本は鋼材、電線銅などをそれぞれ輸出する。「乙類」では、中国が塩、落花生、羽毛、綿花などを、日本が紡績機械、船舶、小型機関車、無線機器などを輸出するとした。

こうして、協議が始まってから半月後の一九五二年六月一日、南漢宸と、日本側を代表した高良ら三人はついに、「日中民間貿易協定」の議定書調印にこぎつけ、北京で調印式を行った。

鈴木一雄や東方商会社長の白水実、巴商事の桜井英雄なども急遽、マカオ経由で中国に入り、北京に駆けつけて調印式に参加した。

南漢宸は高良らに対し、「皆さんが吉田茂政権の代表だったら交渉さえするつもりはなかった。日本国民を代表しているのだから価値があるのです」と話したという。

この協定については、当時、日本国内で「ばい菌が付いたまんじゅう」と揶揄する見方も依然として多かったようだ。名ばかりで食べられない（実施できない）という意味かと思われるが、この民間協定こそ、戦後の日本と中国が経済関係を修復させる一里塚となったのは確かだ。共産主義国への入国を認めていなかった日本政府の怒りを背にしてまで断行した、高良ら三人の特筆すべき英断だったのである。

中でも、男尊女卑の風潮が強かった当時の日本で、偉業を果たした高良とみとは、いったいどんな人物だったのか。やや道草を食うが、彼女の人物像についてここで紹介しておきたい。

高良の娘で、作家である高良留美子氏に、東京で会うことができた。

高良とみの多大な功績をそれまで知らなかったと筆者が恐縮すると、留美子氏は「近年になって母のことを知った人からは、よくそう言われます」と話してくれた。そして、「母の社会活動の主なものが外国で行われたということもありますが、日本という国は、残虐行為でも、民間外交などでの活躍でも、日本人が国外でしたことが知られにくい国です。何よりも、女性のしたことを抹消してしまう国ですからね」と言って、冗談交じりに苦笑した。

ただし、高良が約半年間の海外滞在を終えて帰国した際、当時まだ大学生だった留美子氏は、日本中が大騒ぎになったのを覚えているという。後年に知り合った女性運動家の一人に会った時には、高良とみがソ連・中国に入った時の感動を、「天照大神が天の岩戸を開けたような衝撃」と形容したという。約五〇年前の当時は、高良が日本の女性たちに絶大な希望を抱かせた存在だったのも確かなようだ。

留美子氏は、類まれなる行動力を持つ母の全記録をとどめておこうと、生前に母の話や講演をテープに記録し、資料を整理し、「高良とみの生と著作」（全八巻）と題して編纂していた。

留美子氏の話や資料などからは、料理も作れず、育児もほったらかすなど、周囲が途方に暮れるほど妻や母親としては〝落第生〟だった高良とみが、いざ政治や国際舞台の活動家としては実に生き生きと堂々とし、多くの女性たちから憧憬を受ける〝先駆的な女性〟に変貌する姿が浮かび上がる。

高良とみ（二）

それでも、後者の側面だけ見れば、日本の外交史に刻まれる、と言っても過言ではない活躍ぶりだ。例えば、ソ連と中国への訪問時の資料をひも解くと興味深い。

彼女がパリであった国際会議に出席した後、ソ連にたった一人で〝潜入〟してモスクワ会議に参加し、そこで中国政府に招かれて北京入りして民間貿易協定を結んだ——というのは前述したが、もともと彼女は、ソ連当局とシベリアに抑留されている日本人捕虜の引き揚げ交渉をすることが当初の狙いだった。それからの外国滞在中に、まるでお膳立てされていたように、次から次へと重要会議に参加し、要人に会い、活発な外交活動を展開することになるのだ。

ソ連に滞在中は、後に外相となるグロムイコ外務次官との間で、ハバロフスクに抑留されていた日本人捕虜たちの詳細な名簿や人数の公開、彼らとの面会を要求し、それを実現している。その後、抑留者が手紙をやりとりできるようになったのは、高良の功績と言っていい（戦時中にソ連に亡命して行方不明になっていた人気女優、岡田嘉子がソ連で生存していることを報告し、日本国民を驚かせたのも高良とみである）。

中国では、日中民間貿易協定を結んだ後、同じく中国で開かれたアジア太平洋国際平和会議にも出席し、さらに各地の中国残留日本人らとも面会し、引き揚げの道筋をつけた。そしてそのままインドに渡って、ネルー首相に会った後、再び欧州に行き、スイスのベルンにある世界平和委員会本部にも招かれている。もともと予定がなかった欧州とアジア滞在は半年間に及び、その間一度も帰国していない。日本の国会議員の行動としては、現在では考えられない奔放ぶりだ。

翌五三年には、日本赤十字、日中友好協会などと再び中国を訪れ、日本が中国から残留日本人を段階的に引き揚げるとした共同声明（第一次は約五〇〇〇人）をまとめることに大きく貢献した。

ひとつ気づくのは、日中民間貿易協定や、両国間の中国残留日本人に関する共同声明で、この時点ではまだ周恩来が表に一度も出てきていない、ということである。

だが留美子氏によると、それでも各局面で周恩来の意向が背後で色濃く感じられた、という。例えば、日中民間貿易協定の調印文書には当初、日本側代表者として先頭から「帆足計、宮腰喜助、高良とみ」の順番で記載され、それぞれが署名する形になっていたが、これに高良が「モスクワ会議に出たのは自分一人なので、自分を先頭に記載してほしい」と訴えたというエピソードがある。中国側もそれを受けて調印文書を修正したのだが、これに関して、周恩来が背後で、高良とみの名前を先頭に持ってくるよう修正指示した直筆の文面が残っており、留美子氏もそれを見たという。

また、高良らを北京で迎え入れた中国政府側の接待組の中には、戦争の苦い記憶から日本人を厚遇することに釈然としない向きもあったが、周恩来が南漢宸や廖承志に対し「日本人民には罪はなく、日本との民間貿易協定をまとめることは自分の指示である」と徹底させたという。

周恩来が協定を重要視し、背後で支えていた様がうかがえる。貿易協定も中国残留日本人に関する共同声明も、共に日本側が民間代表であるため、バランスに配慮したことも、周恩来が表に出なかった理由の一つだろう。

ところで、高良が半年後に帰国した際（というより渡航する前から）、日本当局は、旅券法違反で高良を逮捕することを真剣に検討していた。高良の活躍でメンツを潰された外務省の不満も大きかったようだ。高良の秘書は、国会開会中は議員特権で逮捕されないため、開会中に帰ってくるよう、高良に伝えていた。

高良の夫は、森田療法を発展させた精神科医で知られる高良武久だが、夫の住む実家にも、激しい嫌がらせの電話や脅迫状が相次いでいたという。

ところが、高良自身は帰国後、記者会見やソ連・中国の報告会開催で引っ張りだこになり、高良は世論による大きな支援の渦の中心にいたおかげで、立件されることはなかった。

高良自身はいつも権力に対して「どこ吹く風」に見えたが、留美子氏によると、高良は渡航直前に、多磨墓地に両親の墓参りに出かけており、逮捕を相当覚悟して出国した様子があった、という。

自伝などでは、当時逮捕される可能性があったことについては微塵も語っていないが、中国で民間貿易協定をまとめた後、半年以上も海外滞在を続けたのは、国際会議に招聘されたからという理由は確かだろうが、もうひとつ、日本国内の騒動のほとぼりを冷まそうという狙いもあったのかもしれない。

高良の功績が日本で正当に評価されていないことについて、留美子氏が「女性のしたことだったから」と冗談交じりに話したことを先に紹介した。しかしその反面、日本政府が敵視していたソ連や中国側に警戒心を持たせずに対応させ、両国の懐に容易に入り込めたのは、高良が何よりも女性であったことが多分に奏功しただろう、と思われる。

だがそんなことよりも、高良のことを調べるにつれ、自国の最高権力を敵に回すことも恐れず、平和主義という信念に基づいた彼女の行動力の前では、女性だったからといった私の見方は浅薄なものではないか、という思いもする。

二つの観点

第一次日中民間貿易協定が成立すると、堰を切ったように日本と中国の経済関係は改善に向けて動き出した。日本政府は、毛織物、紡織機械、紙、染料、医療器具、カメラなどの約一〇〇品目を中国への輸出制限品目から解除した。

中国も、先に紹介したモスクワ国際経済会議を転機に、西側諸国との貿易再開に努力した結果、日本だけでなく、英国、西ドイツ、フランス、オランダ、スリランカなど一一カ国と一九五二年以降、民間貿易協定を結び、着々と外国との経済交流を復活させ始めた。

日本は一九五三年九月末に、超党派で組織された国会議員による「日中貿易促進議員連盟」が、民間企業団と合わせた大規模な通商使節団を中国に派遣した。今回ばかりは外務省も正式に中国を「中華人民共和国」として渡航を認め、代表団全員に旅券を発行した。高良とみら三人の国会議員に発行を拒否した、わずか一年後のことだ。

この時の代表団メンバーは二三人。政界からは、団長の池田正之輔（自由党）、江藤夏雄（自由党）、帆足計（社会党）、風見章（社会党）、須藤五郎（共産党）など、まさに党派を超えたメンバーが揃った。産業界からは大日本紡績（現ユニチカ）社長で、後に南海鉄道や南海ホークスを傘下に持つ南海グループ会長となる川勝傳、ヂーゼル自動車（現・いすゞ自動車）の社長で自動車輸出振興会会長の弓削靖、銀行業界からは桜沢秀次郎、光学機器業界から中野徹夫——などが集まった。

この代表団がそのまま北京に滞在し、第二次日中民間貿易協定をとりまとめたのが、一九五三年一〇月二九日のことだ。内容は第一次をほぼ踏襲したもので、双方の貿易総額を計六〇〇〇万英ポンドとし、「同類物資交換」を原則とした。期限は約一年後の一九五四年一二月末だ。

ただし第一次から一歩踏み込んで、「双方が互いに常駐の貿易代表機関を置くことに同意する」ということにした。そうしてできたのが、現在「国貿促」と呼ばれる「日本国際貿易促進協会」である。初代会長には、大阪商船（現・商船三井）社長の村田省蔵が就いた（ちなみに現在の会長は、河野洋平・衆議院議員議長が務める）。

中国側の代表機関は、第一回協定と同じく中国国際貿易促進委員会で、南漢宸人民銀行総裁が代表を務めていた。実は今回、この委員会は日本の代表団を迎えるにあたり、二つの役割を担っていた。

南漢宸は日本との〝経済的正常化〟を担い、廖承志が〝政治的正常化〟を担う、という役割である。中国側は、この第二次民間貿易協定を利用し、可能な限り日本との政治的正常化にこぎつけたい狙いがあったものと思われる。

ところで廖承志という人物については先に、日本人と変わらぬ日本語を操ったと紹介したが、もう少し彼の背景を説明すると、廖承志の父親は、孫文の国民党幹部の盟友で、後に国共合作を主導した廖仲ガイ（立心偏に豈）である。廖承志が日本語に不自由しないのは、両親が日本留学中に生まれ育ったためだ。廖承志は、日本軍と国民党軍が武力衝突した済南事件をきっかけに共産党に入党したといわれる、多分に〝政治的宿命〟を背負った人物である。

その廖承志は、第二次協定の交渉期間中、日本側代表団に対して〝中国が受け入れざるべき観点〟が二つあると警告した。

その一つは、「工業の日本、農業・原材料の中国」という観点。そうでなければ、米国追随策を採る日本政府の禁輸政策の範囲内でしか日中貿易は進まないことになる。その見方を捨てない限り、中国と日本の貿易促進を望む人民の感情を逆撫ですることになる、というものだ。

もうひとつは、「中国が工業化を果たしたら、日中貿易の利用価値はもはやない」という観点だ。中国が工業化を実現してこそ日中貿易も発展するべきである、と日本側にクギを刺したのだった。

ところで、時の周恩来首相には、公式行事動静とでも言うべき記録が、中共中央文献研究室が編纂した「周恩来年譜」にまとめられている。興味深いのは、周恩来は日本の代表団が訪中する直前の九月二八日に、平和擁護世界委員を務めていた大山郁夫・参議院議員の来訪を受けており、この際、廖承志と全く同じ〝二つの観点〟について大山に警告しているのだ。

さらにそれに先立つ九月五日にも、なぜかスリランカの駐日大使と北京で会談しており、この時にも「われわれは日本と平等な関係構築を望んでいると、あなた方の日本の友人たちに伝えてほしい」と述べている。日本の代表団に発した廖承志の〝警告〟は、周恩来の意向が明確に反映されていたものだ、ということがわかる。

南海グループ

この時代表団にいた南海グループの川勝傳は、若い時から中国に深い関心を抱いていたようだ。今回の第二次から第四次まで三回の日中民間貿易協定に参画したほか、その後も関西財界代表団を組織し、日本と中国政財界との友好関係確立にも貢献している。

川勝の自伝「川勝傳友好一路」には、その背景として、戦争で中国に悲劇をもたらした日本人としての贖罪意識が書かれている。「社会主義の初級段階においては誤りもあるだろうが、それを許し、その是正を信じなければならない」と、すべてを抱擁したように語っている。

先に、中国は当時日本を含めた一一カ国と貿易協定を結んだと言及したが、その国々の中で日本が特徴的であるのは、川勝のように贖罪意識に突き動かされて、日中関係改善に尽力した財界人が極めて多いということが言える。

いすゞ自動車社長の弓削靖もそのひとりだった。

いすゞ自動車

弓削はこの訪問で、将来性ある巨大市場を目の当たりにしてがぜん興味を示した。「近く中国市場でいすゞブランドのトラックを走らせたい」との強い希望をその場で南漢宸に伝え、中国側から大歓迎を受けたようだ。

興味深いのは、そのわずか約一カ月後である一九五三年一二月八日の国会で、弓削が草案を作成した「自動車製品の中国向け輸出制限緩和に関する請願」について、参議院通商産業委員会で審議されている記録が議事録に実際にあることだ。弓削は中国から帰国後、さっそく行動に移したのだ。

調べてみると、この請願書は同委員会で採択され、本会議でも採択されている。ところがその後、なぜか内閣に無視されて、結果的にうやむやのままに終わってしまったようだ。

いすゞ広報部によると、一九四九年に香港の馬鞍山の鉱石運搬用にダンプカー（TX六一型）一台を輸出したのが、いすゞの海外輸出では初めてのケースである。中国本土市場への輸出が認められたのは、弓削が中国に行ってからさらに五年後の一九五八年のことだ。しかしこの時はなぜか、ボンネットバス（BA型）わずか一台のみが輸出され、六二年には六トン積み中型トラックが毎年数台程度、中国に輸出された。

〝輸出〟といえるほどの大口輸出が認められたのはさらに後で、六九年の七～八トン積み中型ダンプカー（TD型）二一〇〇台が輸出されたのが最初である。中国本土市場への本格的な輸出は、弓削が奔走した後、一六年も経ってからようやく実現したわけだ。

弓削の失望は想像に余りあるが、それにしても日本の自動車メーカーでは戦後初めて中国市場に目を向けた点で先見の明があったともいえるだろう。弓削は翌一九五四年に、自動車工業会の会長として、日本で初めて東京モーターショーを開催した実績もある。

バトル法

さて、いすゞのトラックの中国輸出が認められなかったのは、対共産圏禁輸政策に絡み、トラックが軍事用に転用できると認定されたことが背景にあるが、日本独特の異質な事情もあったようだ。

第二次協定の交渉時に関する中国側文献を見ると、中国側が「一体なぜ日本は『巴特尓法』にそれほど拘束されねばならないのですか？」と半ば呆れ、笑いながら日本側代表団に尋ねる場面が出てくる。「巴特尓法」というのは、当時、ココムとは別に米国が独自に定めていたバトル法（Battle Act）のことだと思われる。これは一般的に馴染みがないが、一定の戦略物資を共産圏に輸出した国に対して、米国が軍事・経済援助を停止する可能性がある、との内容を定めた米国の法律だ。

ところがこの法では、一九五四年時点で早くも、主要な輸出品目が禁止品目から解除されており、普通トラックやバスも対象外になっていたとみられる。

高良とみと共に、第一次協定締結に加わった帆足計が、同年八月一二日の通商産業委員会で述べている。

「バトル法委員会が正式に発表した文書を見ると、英国、西ドイツ、フランスからの共産国への輸出品目の中に、日本が禁止されていると思いこんでいる鉄鋼、工作機械、電気機械などが公式文書の中にちゃんと書き込まれている」

この時点で、主要他国は公然と対中輸出禁止物資を大幅に解除していた。日本が普通トラックから自動車部品に至るまで、〝自主的に〟中国への輸出を禁止していたにもかかわらず、だ。

一九五五年版の通商白書を見てみると、「五四年中にわが国の対中禁輸品目は広汎に緩和されて、ほぼ西欧並みになった」と記述している。「西欧並みになった」というのは実態と異なるが、続いて「（中国以外の）他の共産圏に対する輸出制限に比べれば、なお（対中輸出禁止は）厳重である」と、やはり認めてはいる。

帆足によると、日本は五二年までは農薬・殺虫剤として使われていたＤＤＴでさえ、対中輸出を禁止していた。その理由を帆足が内閣に問いただすと、「人民解放軍のシラミやノミがなくなると、大いに元気を出すおそれがある」とまで回答されたという。

実際には、普通トラックに限らず、米国がバトル法で求めた制約品目を超えて、対中輸出に全く意欲的でなかった日本政府の姿勢があったのである。

先に、「第二次交渉で中国側に笑われた」などと書いたが、日本が盲目的に米国に追随し、バトル法を拡大解釈する姿は、南漢宸らにとっては非常に奇異に映り、苦笑せざるを得なかった、ということだろう。

バーター取引

ただし、別の面では大きな前進があった。第二次協定の後、中国との新しいバーター取引が認められたからである。

外貨のない中国との貿易は、日本と中国間の輸出入額を同額とし、為替による決済を行わない「バーター取引」だった。端的に言うと、物々交換と言っていい。ただしそれまでは、双方の輸出入信用状が開かれるまでは、片方の信用状が有効にならない方式だった。両信用状が〝原則として同時に〟開設される必要があったわけだ。

バンドン会議

だがこのバーター取引のままではあまりに不便で、なかなか貿易量が拡大しないのは明らかだ。

そこで第二次協定が結ばれた直後の頃から、日中貿易促進会の鈴木一雄理事長と、東京貿易の松宮康夫社長が中国側と交渉し、ある新しい方式を編み出した。東京貿易は中国との食料取引を皮切りに拡大した老舗貿易会社で、松宮が創業者だ。

新方式とは、春の時期に中国向けに化学肥料を輸出し、秋の収穫期にコメを輸入する、というように、時間差の信用状開設を認めるというものだ。これを、当時の三菱銀行の宇佐美洵・外国部長が決済役となることを買って出て実現したとされる。

東京貿易の電報番号がTOMASだったため、以来、この方式は「トーマス方式」と呼ばれることになった。ちなみに、宇佐美は後に同行の頭取になり、さらに第二一代日銀総裁も務めることになる。

このトーマス方式は、中国とのバーター取引では画期的とされた。これまでは香港上海銀行を仲介とした決済だったが、日本の銀行が仲介役を果たすことになったからである。これにより、フレキシブルな貿易が可能になり、日中貿易は大きく拡大した。

東京貿易に問い合わせてみると、社史が存在しない上に関係者が亡くなっており、もはや当時の詳細は分からなくなっているのだが、同社は中国からトーマス方式で最初に大豆、昆布などの農産品や海産物などを輸入したようだ。

日本が戦後初めてコメを中国から輸入したのは一九五四年である、という記録が残っているので、コメもトーマス方式が導入されたゆえに輸入が実現したのかもしれない。

周恩来と高碕達之助

さて急に話は現代に飛ぶが、二〇〇五年四月二二日のこと。日本は、インドネシアのバンドンで開かれたアジア・アフリカ（AA）首脳会議に、西側先進主要国として唯一招かれて参加した。当時の小泉純一郎首相が「村山談話」を引き継いで、過去の植民地支配に対する反省の念を表明したことで知られる会議だ。だがこの会議の重要な意義はむしろ、最初に開催された「バンドン会議」から、ちょうど五〇年ぶりに開かれた記念首脳会議という意味合いがあったことである。

バンドン会議は、一九五五年四月一八日のことだ。周恩来首相や、インドのネルー首相、インドネシアのスカルノ大統領が呼びかけ人となり、西側諸国の支配に苦しんだアジアやアフリカの二九カ国が、人種や国家間の平等などをうたう「平和十原則」を掲げてバンドンに集まった。

この時も、西側先進主要国では日本だけが招かれた。日本にとっては、戦後初の国際会議であり、アジア諸国との関係を修復する絶好の機会だった。

米国が参加しないため、日本政府の間でも参加を躊躇する勢力が強かったが、結局米国からの参加許諾をなんとか取り付け、経済的テーマに注力するという条件で、代表団を派遣することになった。

代表団長は、高碕達之助・経済審議庁長官だ。戦前は満州重工業開発、戦後は電源開発の総裁を務めた高碕は、新たに首相に就任した鳩山一郎に請われ、経済審議庁長官として入閣していた。

鳩山は当初、自分がバンドンに行くと主張したが、不参加を主張する重光葵外相に反対されたため、代理として高碕が日本政府代表として参加したという背景があった。

一方、中国代表団の主メンバーは、廖承志、陳毅といった中国外交の精鋭たちだ。廖承志にとっては、モスクワ国際会議の時のように、日本代表団との接触が〝重要なミッション〟である。

参加した二九カ国のうち、中国と国交を結んでいるのは七カ国しかなく、日本と橋渡しをしてくれる国もない。その中で廖承志は、日本代表団メンバーの中でどの人物を起点に接触を試みるべきか探しあぐねていたが、幸運なことに、メンバーの中に廖承志が個人的に知る日本人がいた。

高碕の通訳として随行した、岡田晃・外務省アジア局中国課長である。岡田は、戦前まで上海にあった日本の戦略的教育機関、東亜同文書院に留学した経験があった。

廖承志は岡田と秘密裏に何度も接触し、周恩来と高碕の会談をお膳立てした。その時の模様を、人民日報が、バンドン会議五〇周年記念会議の閉幕した翌日である二〇〇五年四月二五日付で掲載している。それによると、廖承志と岡田は、バンドン会議の開催初日である一八日と期間中の二二日の二回、周恩来と高碕が非公式に極秘裏に会談することで合意した。

一回目は、周恩来と高碕がまったく偶然同じ時刻に国際会議場に入ってきたかのように装い、その場で初顔合わせをし、次回会談の時間と場所を確認し合った。

そして事実上、本会談となる二回目の二二日。廖承志が午前六時、高碕と岡田をホテルまで迎えに行き、二人を乗せてバンドン郊外まで車を走らせた。尾行車両を警戒するため、途中で待っていた別の車両に巧妙に乗り換え、改めて会談場所に向かった。

世界各国は、バンドン会議で日中会談が行われるのかどうかに注目していた。だが岡田の回想録「水鳥外交秘話」によると、親中派の高碕と周恩来が会談するのを阻止しようと、重光葵が別の外交官を日本から随行させ、両者の会談を妨害する工作を仕掛けていたことがうかがわれる。高碕らは、身内をも欺く細心の警戒が必要だったのだ。

バンドン郊外を遠回りして結局到着した場所は、周恩来の宿舎だった。中国側が出席したのは、周恩来と廖承志、陳毅外交部長の三人。日本側は高碕と、通訳の岡田のみだ。窓はカーテンをすべて閉め切った。

周恩来はまず、自分の日本留学時代のことを切り出した。最初日本語がわからなかった頃、日本の新聞で漢字を拾い読みながら、両国の政治動向を追ったものだ、と昔を懐かしんだ。そして「日本と中国は千年以上も同じ文字を使っており、日本が繁体字ではなく、独自の簡体字を一部用いているので、中国と日本は簡体字を統一して、両国の文化遺産を保存していこう」といった提案さえしたという。

「周恩来年譜」には、周恩来がこの後の場面で、「独立しようとする日本国民がやがて政府に影響を与え、日本は必ず半占領状態から脱却し得るものと考える」と高碕に話した、とのみ書かれている。

しかしこのコメントはいささか唐突すぎて、文脈の意味がどうもわからない。なぜ「半占領状態」などという言葉を使ったのだろうと不可解に思っていたが、二〇〇五年四月二五日付の人民日報や岡田の回想録を読むと、その背景が書かれており、霧が晴れたような感じになる。

それによると、周恩来と高碕は、国交を正常化する際の障害や、民間レベルで回復した通商をさらに拡大する策について意見を交換した。その際、高碕は「日本はまだ米国に占領されているようなものなので、日本政府は中国が希望されるようにはいかないのです」と話した。

通訳の岡田は、「占領されている」という言葉を刺激的過ぎる表現と思ったのか、「日本はまだ米国によって指導されているので」という婉曲な表現に変えて、中国語で周恩来に伝えた。ところがそばにいた廖承志は直ちに、「岡田さん違うでしょう。長官は〝占領されたようなものなので〟と言ったのではないですか」と中国語で修正した。

先の周恩来の言葉は、それを受けたものだったのだ。

両者の会談は終始和やかに進み、午前七時二〇分から八時四五分まで一時間二五分行われたとされる。九時からバンドン会議が始まるため、双方共に席を立たねばならなかったようだ。

岡田によると、実は三回目の会談を二五日早朝に行うところの時合意したが、重光の腹心としてバンドン入りしていた谷正之・外務省顧問らが、第三回目の会談を取り止めるよう高碕や岡田に圧力をかけたため、高碕は廖承志に会談中止を申し入れざるを得なかった、という。

だが、極秘裏に行われた二回目の会談は結果的に、バンドン会議全体にまで影響を及ぼすことになる。

では、バンドン会議で何が話し合われたのか、簡単に説明しておこう。

会議では「経済協力」「文化協力」「政治問題」の三分野が討議された。

経済協力の分野では、日本は先進国で唯一参加したため、日本の発言はほとんど全ての会議報告で採択された。

日本の提案は◇経済開発◇貿易の改善と拡大――の二本立てだった。発展途上国の工業化や雇用増大を支援し、世界銀行に対して途上国向けの貸し付け増大を要請したほか、貿易面でも国際見本市の活発化や、多角的貿易決済方式の採用など、具体的な方策を提案した。

経済協力や文化協力の協議では議論の紛糾もほとんどなく、日本は大いにリーダーシップをとったといえる。だが、政治問題では激しく紛糾した。

参加国の一部から、「新植民地主義を排する」という決議案が提出されたのだが、その内容に「共産主義に対する脅威」が含まれると受け取った中国が、強く反発したためだ。

一方で日本は、それとは別に、「戦争に導く恐れのある武力の行使を止め、平和手段により解決を図ること」などを盛り込んだ平和宣言案の採択を提案していたのだが、中国が先の決議案に反発していたほか、平和宣言ではなく単なる決議案でいいという国もあり、会議は激しく衝突してらちが明かなかった。高碕は、会議の決裂もあり得ると途方にくれた。

ところが、会議終盤の四月二三日に、青天の霹靂の事態となる。周恩来は演説の中で、「日本が固執している平和宣言には賛成だ。これを全会一致で可決するなら、中国は先の決議案反対を撤回してもいい」と発言したのだ。これによって会議が融和的方向に変化し、日本は提案を貫徹でき、平和宣言はついに可決されたのだった。

注目すべきは、その二三日というのは、高碕と周恩来が会談した翌日であるということだ。両者の極秘会談が、バンドン会議全体の成功を導いたといっても過言ではないのだ。

もしくは、さらに勘ぐると、第三回目の会談があると信じていた周恩来は、この時点で日本側に大きな譲歩をした、ということなのかもしれない。

高碕は帰国した後の四月三〇日、参議院本会議で、全審議が終わった最後に発言を求め、バンドン会議の経過報告をしている。その発言の議事録を読むと、面白いことがわかる。その時国会で発言した議事録は文字数にして四〇〇〇字以上あるのだが、高碕はその中で、周恩来との会談についてはひと言たりとも触れていない、ということだ。「周」の一字さえ発言していない。

極秘会談だったとはいっても、この時点では周知の事実になっているのだが、中国に対する閣僚内での意見の相違や米国に配慮し、あえて火中の栗を拾って国会で報告する、というわけにはいかなかったのだろう。しかし、万難を排しても、日本にとってバンドン会議の最大の成果は、周恩来との会談であるのは否定しようがない。

岡田は回顧録で「もし（三回目の）会談が行われていたら、その後随分と違ったアジアの政情が起きえたのではないかと思い、今でも大切な機会を逸したことを日本、中国のために残念に思っている」と述べている。高碕も後に「バンドン会議は、私の人生の大きな転機となった。政治や外交に興味がわき出したのはこの時からだ」と話している。

第２章　長崎国旗事件と稲山嘉寛の訪中

高碕達之助（右）と周恩来

「要するに中国と日本との貿易は、それ自体が非常に大事であると同時に、アジア諸国との関係、あるいは大きく言えば 世界の安定ということに関係するわけでございまするので、ぜひ私どもとしてはいたずらなる静観は許されない、それは熟慮でなければならない、かように考えるものであります」　　　――稲山嘉寛（八幡製鉄所常務、後の新日鉄会長）

中国貿易団の初訪日

雷任民と李燭塵

一九五五年は、日本と中国の交流が急速に加速した年である。この年の三月に第二次鳩山一郎内閣が成立すると、鳩山は中国から戦後初めて貿易代表団を招くことに同意した。国際貿易促進協会会長の村田省蔵が年初に訪中し、次回の日中貿易交渉は東京で行う、と約束したことを尊重したものだ。バンドン会議直前のことである。

中国側の貿易代表団は三八人。廖承志はバンドン会議のために訪日することができなかったが、同じく日本への留学経験を持ち、日本と特別な関わりを持つ人物が代表団の中心メンバーとなっている。

団長である対外貿易部の雷任民・副部長と、副団長で〝民族資本家〟と呼ばれた李燭塵である。彼らが、戦後初の貿易代表団の正副団長を務めたのは偶然ではないだろう。

雷任民については先に、モスクワ国際会議で高良とみを歓迎した人物として書いたが、もう少し説明すると、雷任民は若い頃に学生運動で投獄され、出獄後日本に留学名目で逃亡。早稲田大学に約二年間在籍し、中国人留学生の間で革命活動を続けた、という経験を持つ。新中国の成立後には、対外貿易部の副部長を務めたほか、赤い資本家と呼ばれた栄毅仁・元国家副主席と共に中国国際投資信託公司（ＣＩＴＩＣ）を設立するなど、中国の現代史上では、対外貿易関係の開拓者として位置づけられる。

もうひとりの李燭塵は、三一歳で東京高等工業学校（現・東京工業大学）の電気化学科に留学し、帰国後に久大製塩公司や永利曹達（ソーダ灰）といった天津の大企業の社長を務めた人物である。

一九二六年に米フィラデルフィアで開かれた万国博覧会で、その永利が生産した「紅三角（レッドトライアングル）」ブランドのソーダ灰が金賞を受賞し、李燭塵は一躍英雄的な経営者となった。李燭塵が中国で〝民族資本家〟とあがめられることになるのは、第二次大戦時に日本軍への協力を拒否して重慶に工場を移転した、などという愛国的逸話があることも理由だろう。

現在も天津にある工業用炭酸ナトリウム大手の天津ソーダは、李燭塵がかつて社長を務めた久大と永利が後に合併してできた会社である。天津には「紅三角広場」という名の小さな広場があり、天津ソーダの創業者二人と共に、李燭塵の銅像が建てられている。

そうした背景を持つ雷任民と李燭塵は訪日の際、民間の立場で交流すると同時に、日本政府を参与させる、という役割を担っていた。そのため雷任民は、対外貿易部副部長のほかに、中国貿易促進会主席代行という官民両方の肩書きを持ったという。

『廖承志与日本』によると、中国側は、日本の閣僚との交流を入念に計画していた様子がある。

雷任民はその計画通り、東京で馬島僴という名の日本人に連絡を取った。馬島は孫文や廖承志と昵懇の間柄で、日本で産児制限運動や貧民層の医療支援に注力したキリスト教徒の医者である。馬島はなぜか政財界に太いパイプを持っており、両国の有力者の橋渡し役として白羽の矢が立ったようだ。

雷任民は馬島に、かつて鉱山王として久原財閥を率い、戦後は政界に転身した政界の黒幕、久原房之助（立憲政友会幹事長）を紹介してもらうよう依頼する。政界の黒幕と一介の医者の関係は奇妙にも見えるが、歌舞伎でつながる仲間だったようだ。雷任民としては、戦犯容疑を受けて公職追放されながら、御多分に漏れず「日中友好」に旗色を変えた久原の、フィクサー的役割に期待したのかもしれない。

久原のアレンジにより、雷任民は、久原が白金に保有していた高級庭園旅館「八芳園」で、中国側主催の会合を開くことができた。会合には高碕達之助や石橋湛山、岸信介などが参加したのだが、それでも主な閣僚は参加しなかった。

先に周恩来と会談した村田省蔵や、第二次協定の責任者だった池田正之輔は、鳩山と雷任民が共同会見することを中国側に約束して奔走したが、それも結局実現しなかった。日本の大手企業の領袖らは、雷任民に顔さえ見せなかったという。

暗号通信

これもまた、米国に盲目的に追随していた政界保守派の圧力を恐れたためだろう。

両国の貿易代表団は、約一カ月間の交渉を経て、五月四日に第三次日中貿易協定をまとめた。

全面的な日本政府の関与とはいかないまでも、それまでの貿易協定と比べれば政府が最も踏み込んだ協定といえる。交渉文書では、協定に対する鳩山一郎の支持と協力も盛り込まれた。

さてその第三次協定の内容についてだが、「両国の輸出入総額をそれぞれ三〇〇〇万英ポンドとする」というのが骨子で、一次、二次と同じだ。しかし三次がそれまでと大きく異なるのは、五条、一〇条、一一条が追加されたことだろう。

【第五条】取引上の支払いと清算は、日本銀行と中国人民銀行との間に支払い協定を締結し、精算勘定を解説して処理する
【第一〇条】互いに相手国に常駐の通商代表部を置く。双方の通商代表部および部員は外交官待遇としての権利が

与えられる

【第一一条】双方はそれぞれの本国政府に要請し、速やかに日中貿易問題について政府間で商議を行い、協定を締結させるよう努力する

これらの条項を見ても、日本の政府が必然的に日中貿易促進に関わらざるを得ないような側面を持つことがわかる。

また、三次協定の貿易品目リストを見ると、二次協定ではなかった「映画」という品目もある。これはちょうど五五年から、通商産業省や日本貿易振興機構（ジェトロ）が旗振り役となり、医薬品やミシン、真珠などの海外向けの産業宣伝映画を製作していた、ということとも関係している。民間協定ではあっても、通産省の意向はきちんと反映していたのだ。

ところで先に、主要閣僚や大企業のトップたちは雷任民らに会うことさえしなかったと書いたが、同じように日本政府側の態度を暗示的に示すものがある。その一九五五年に関する昭和三一年版通商白書だ。白書の中には、日本が中国と第三次日中貿易協定を結んだ、という記述がないのである。

同白書の第二節「国別貿易・国別動向」の「中華人民共和国」の欄では、対中貿易状況を細かく記してはいるものの、協定については触れず、

「近年における日中貿易の拡大は中共における農産物の増産や数次にわたる禁輸物資の解除もさることながら民間貿易使節団の交流も大いに預かって力あったといえよう」

と記されているのみだ。

また、第四節「条約、協定および経済協力」の「三・通商協定」の欄では、

「五五年一月以降新たに締結された協定はトルコ及びギリシアの二国のみ」

と断定さえしており、「その他」などでの付記さえない。

対中国の通商政策で大きな変化があったのだから白書にこそ記述すべきで、通常なら無視する必要はないはずだが、親米保守派に配慮する姿勢を頑として見せた、ということかもしれない。もしくは、あくまでも民間協定に過ぎず記すに値しない、という意識も透けて見える。経済企画庁のトップ（高碕達之助）がその年にバンドンで周恩来と対談し、第三次協定のサポート役も果たしていたのに、という皮肉な事実の前には、思わず苦笑させられる。

それでも、高碕のほかにも今回の協定を真剣に推進しようとしていた日本の閣僚たちもいたことをうかがわせるエピソードもある。有名な「カシミールプリンセス号爆破事件」直後のことである。

この事件は、国民党特務がバンドン会議に出席する周恩来を狙い、インド航空のカシミールプリンセス号を同年四月一一日に爆破したという事件だ。周恩来は事前に裏情報を得て、

搭乗予定を遅らせて事なきを得ていた。

事件の直後、周恩来は、日本で貿易交渉中だった雷任民ら団員たちに対して、横浜から貨物船に乗って津軽海峡を通り、ソ連経由で帰国するよう指示を出そうとした。テロを警戒し、通常の香港行きの航空ルートを変更させるものだった。

ところが、盗聴が横行した国際情勢の中で、それを通常の通信手段で指示するわけにはいかない。それは極秘に雷任民らだけに伝えなければならなかったが、いかんせん彼らは西側メンバー国である日本にいる。

孫平化によると、この時、第二次貿易協定の際に訪中した代議士の松田竹千代がちょうど第二次鳩山内閣で郵政相になっており、中国側に助け舟を出した。松田が中国代表団に対し、周恩来との〝暗号交信〟を大臣特権で特別に許可したのである。日中の民間交流史上、中国の民間団体が暗号で交信したのは、後にも先にもこの時だけだという。

ちなみに、松田も戦後、公職追放されながら後に日中友好を進めた政治家である。第三次貿易協定締結は、こうした多くの親中転向派の政治家に支えられていた。

中国商品展覧会

この一九五五年の訪中団に参加したメンバーの中に、対外貿易部で対日貿易を担当していた林連徳がいる。団長の雷任民はそれから九〇年代にかけて何回か訪日するのだが、林連徳はその度に随行している。

林連徳は、日本の旧制第一高等学校と東京大学経済学部を卒業し、後に駐日中国大使館商務参事官になった。日本との通商関係構築を最も長く現場で見てきた人物と言っていいだろう。

私は二〇〇九年二月上旬、林連徳に話を聞いてみたいと思い、北京で消息を追ったことがある。ところが、ちょうどその一週間前である一月二五日に亡くなっていることが判明し、あっけにとられてしまった。享年八六歳だった。五〇年前の日中関係を物語る貴重な証言者が、また一人亡くなってしまった。

しかし初の訪日貿易団に参加したメンバーやその遺族は、一九五五年にちなんだ「五五会」という会を、今でも年に一度東京で開くという。

第三次貿易協定を受けて、日中貿易は非常に盛り上がった。対中貿易の輸出は前年比で一・五倍、輸入は三倍になり、貿易総額は米ドルベースで約一億米ドルに達した。

貿易は拡大の一途をたどったが、日本側には解決すべき問題があった。

中国側は、中国進出口公司など国営貿易機関が輸出入業務を行っていたのだが、逆に日本は中小合わせて一七〇社以上の商社がしのぎを削って対中貿易のパイを奪い合っており、そのため中国に対しては安く売り、高く買わされる、という状態を引き起こしていたのだ。

そのため、中国に対しては日本も窓口を一本化しようと、「日中輸出入組合」が設立された。両国に国交がないこともあり、商社が取り扱う商品の品種や数量、価格や決済条件などを調整する代表機関が日本側に必要だったのだ。

これで日系商社の過当競争が解決する――はずだったが、しかしいざ始まってみると、日中輸出入組合は逆に各商社に力を持つ権威団体のような性格になり、組合を通さないと会員商社は何もできないという典型的な〝官僚的弊害〟に陥った。中国に行くための旅券さえ、外務省ではなく、組合が事実上の権限を持つようになってしまい、商社からの不満が噴出したという。

金星の万年筆

三次協定ではまた、「双方が互いに見本市を相手国において単独に開催する」（第九条）ことを定めた。

最初に東京と大阪で、中国商品展覧会を一九五五年に開催し、次に翌一九五六年に北京と上海で日本展覧会を開催する、としていた。

廖承志はそこで、これまでの民間貿易協定協議すべてに参加し、東京文理科大（現・筑波大学の母体）に留学経験のある肖向前を日本に再び派遣する。肖向前は、当時通産相だった石橋湛山に会い、日本での展覧会開催への協力を求めた。中国やソ連との通商関係促進に尽力していた石橋は、全面的な協力を約束する。

この時石橋は、自分の机の中から一本の万年筆を取り出して肖向前に見せ、「貴国の作られた万年筆を私も愛用しています。この万年筆のように、日本人の多くが中国の商品を好むでしょう。われわれは、中国の商品が日本の商品と競争になることを恐れません」と話したという。

その万年筆は、「金星」という中国の老舗ブランドで、一九三二年に上海で創立されて現在も存在する。朝鮮戦争から帰国した人民解放軍の兵士全員に一本ずつ配られたという国民的ブランドである。（万年筆については別の逸話があるがそれは後述することにしよう）

中国商品展覧会は一〇月一七日に東京の晴海で、一一月三〇日に大阪の中之島でそれぞれ開催された。

高碕達之助は東京での開幕式で挨拶したのだが、途中で官僚が用意した原稿から目を離し、自分の言葉で話し始めた。

そして思い余って「日本人と中国人の関係はありふれたものではない」と強調したかと思えば、自分の腕を高々と掲げ、

「私の身体には中国人の血が流れているのだ」と叫んだ。これには、中国側関係者が感銘を受け、万感の拍手を送ったという。

それは単に日本と中国の友好を殊更に強調したもの、ととられるかもしれないが、高碕の回顧録には、その言葉の背景が書かれている。

かつて満州重工業開発の総裁だった高碕は、戦後もそのまま満州に居残ったのだが、遼寧省撫順炭鉱部長の王新三（後の国家計画委員会燃料局長）から頼まれ、東北地区の戦後復興を担う「東北産業調査所」の副所長に就任する。ちょうどその頃、極度の疲労による貧血状態になって入院した際、ある中国人青年が高碕のために輸血してくれたことがあったという。「中国人の血が流れている」というのは、高碕自身の体験だったのだ。

高碕の思いが届いたのか、中国商品展覧会は、東京と大阪を合わせて計一九〇万人以上が集まる大盛況で、老若男女が集まる日本の一大イベントとなった。

国際貿易促進協会の資料によると、特に大阪では一二三万人と、展覧会では当時最多入場者数を記録したという。ただしそれは、笑い話に近いエピソード付きだ。

万年筆事件

大阪で中国商品展覧会が始まると、展覧会を混乱させようとした右翼団体が、ヘリコプターで上空から「会場内の飲食は中国側が持つので無料になる」と書いたデマの宣伝ビラを撒いたのだ。しかしそれは、かえって展覧会を市民に大々的に宣伝する効果をもたらしてしまった、というオチがついた。

ＴＢＳが初中継

翌一九五六年一〇月六日に北京で開かれた「日本商品展覧会」も、やはり大きな注目を集めた。ちなみにこの時に、当時のラジオ東京テレビ（現ＴＢＳ）が、中国に当時最先端の機材や四〇台の街頭モニターを持ち込んで展覧会を中継した。これは、中国で初めてのテレビ放送だった。ＴＢＳは、番組を作る際に中国側の人的協力も求め、その代わりに最先端のテレビ技術を教えたという。そして、二カ月後の一二月一日には上海でも同じ展覧会が開かれることになっていた。

北京の展覧会は「蘇連（ソ連）展覧館（現在は北京展覧館）」で開かれたのだが、当初は「日本商品展覧会」の横断幕の上に、会場の「蘇連展覧館」の五文字がくっきりと目立っていた上、おまけにソ連の国旗もはためいており、日本側の苦言で中国側があわてて覆い隠したのだった。

展覧会には、毛沢東や劉少奇、周恩来、宋慶齢、鄧小平など、国家指導者が勢揃いした。日本側の団長は、参議院議員の宿谷栄一と、村田省蔵だった。両氏は、日本の記念品贈呈の風習として、中国国際貿易促進委員会には「白金カイロ」を、毛沢東や周恩来首脳らには、日本で開発されたばかりの「携帯型トランジスタラジオ」を贈呈したという。

周恩来はこの時、村田に話した。「日本は科学技術が発達した国ですから、きょうの展覧会には、第一機械工業部長や国家技術委員会主任を連れてきました」

「光栄です。多くの日本人技術者も、中国に来て貢献したいと思っております」村田はそう返した。

実はこの時既に、日本人技術者は何人か北京に住んでいた。三菱鉱業（現・三菱マテリアル）の北京駐在員だった山本市朗はその一人である。

山本は当時、北京という情報砂漠の中にあり、日本の貿易代表団が先に中国に来たのを全く知らなかったという。

山本の回顧録「北京三十五年」によると、山本はこの日本商品展覧会には参加したが、即売会で売られていたのは「代表的な縁日の夜店商品で、見せられるこっちの方が恐縮して背中がかゆくなるような品物が多かった」という。

そのうち、日本製の万年筆は「インクが漏れたり、ペン先が飛び出すなど全部欠陥商品」で使い物にならず、購入した消費者から苦情が相次いだ。「だから資本主義国の商品は油断もすきもあったものじゃない」という声も飛び交ったという。これが、「万年筆事件」と呼ばれて物議を醸す。

この〝事件〟は、現在あまり知られていないので、実際に何があったのかここで記しておこう。

北京の展覧会が終わり、帰国した宿谷は、一一月一〇日に衆議院商工委員会（貿易振興に関する小委員会）に参考人として呼ばれている。万年筆事件を説明するためだ。上海の展覧会まであと一カ月もない時期である。

宿谷によると、展覧会は狭い会場に毎日一〇万人以上が詰め掛ける盛況だったが、即売会で「ベルマン」というブランドの万年筆などを買った人々が、不良品を買わされたといって中国側主催者側への抗議に殺到した。また空の香水があったり、レインコートなどにも不良品が出たほか、四時間も行列に並んで会場に入れなかった群衆による抗議も加わり、大混乱に陥った。中国側に納入した万年筆は七〇〇〇ダースだったが、販売されたものの中で不良品が出たのは、半分以上の三七〇〇ダースもあったという。

宿谷は問題が発生するや、「不良品は取り替えるので心配しないでほしい」と群集に訴えると共に、日本に対しても「展覧団に対する今までの好意的態度が憎悪に一変しつつある」と電報を打った。不良品には関西の業者が関わったようで、価格制限を受けたり出荷価格を低く抑えたのが背景といえるう。

北京展覧会での大混乱は当然、中国首脳の耳にも入っていた。興味深いのは、宿谷が雷任民に対して陳謝した上で「不良品を取り替えに来るよう、現地の新聞やラジオで告知したい」と伝えたのだが、雷任民が問題視しなかったことだ。周恩来も「十分調査をして報告書を出すように」と、日本側ではなく、中国国際貿易委員会に指示したのみだった。

実は万年筆事件は、不可解なことに、中国側のさまざまな文献にはどこにも出ていない。自国商品の欠陥を露呈するトラブルではないし、まして日本側の問題であることは明らかなのだが、これはどういうわけだろう。

雷任民は、宿谷が陳謝した際にこう話したという。「この展覧会は、中国と日本の貿易が大きく発展するきっかけになるものだ。その欠点の一つにすぎないのだから心配しなくていい」。

中国にとってみれば、「中国商品展覧会」が日本で成功した後、次は「日本商品展覧会」を中国で成功させる使命があり、まだ上海を残しているのに、北京で失敗したと騒がれるわけにはいかない、という〝予定調和〟があったのかもしれない。こうした、中国側文献が〝予定調和から外れる事象〟を除外したことを想起させるケースは多々ある。それが、文献の信頼性を損ねていることを逆説的に証明してしまうのだが。

ともあれ万年筆事件は、先に紹介した石橋湛山の中国製万年筆をめぐるコメントと合わせると、なんとも隔世の感のある二つのエピソードと言えなくもない。

騒動はあったにしても、北京と上海で行われた二回の日本展覧会は大盛況のまま終わった。入場待ちの行列がなんと約二キロにわたり、入場者数は北京が一二五万人、上海が一六五万人と、合計二九〇万人に上ったという。

分岐点

日中間の貿易拡大に理解のあった鳩山に続き、石橋内閣が日中貿易拡大を唱えて、五六年一二月に登場した。

一九五六年一二月二五日付の人民日報は「石橋湛山首相は中日貿易に深い理解があり、われわれは歓迎する。石橋内閣の成立は独立自主を主張する勢力が強固になったことを証明するものだ」と書いた。

「中日民間経済外交一九四五－一九七二」（人民出版社）によると、一九五七年に中国を訪問した日本の経済関係者は一二〇〇人で、日本を訪問した中国人は二〇〇人となっている。第三次民間貿易協定の後、両国間の経済代表団の交流が着実に増えていた。

この頃訪日した中国側の経済代表団の性格は、二つに分かれる。中国輸出入公司や中国食品輸出公司といった「貿易代表団」がひとつ。もうひとつは、中国塩業代表団や、中国農業技術代表団、中国化学工業視察団といった、日本視察のための「技術代表団」である。

貿易代表団の後は、中国への〝輸出ブーム〟が起きたほどだった。日本の商社が二五種類の日本製農機具を三〇万英ポンドで輸出したり、毛織物や合成繊維、各種紡織機などを大量に輸出した。

技術代表団では、「東海地方の日中友好と貿易の歩み」（東海日中貿易センター）に、中国化学工業視察団が、日本ガラスや中部電力、大日本紡績（現ユニチカ）の大垣化学工場などを初めて視察した記録などが残っている。また、中国塩業代表団が四国や九州の製塩技術を視察したり、農業技術団が関西や北海道を視察するなど、日本と中国の経済交流はこの上ないほど活発化した。

万事が、順調にいくように見えた。

重工業化を模索

中国は一九五七年から、翌年から始まる第二次五カ年計画（一九五八〜六二年）に向けて、日本から大量のプラント設備を導入するよう画策し始めていた。国内に化学工業はあったものの、石けんや爆竹といった産業ばかりで、近代的な企業は先に紹介した天津ソーダくらいだった。

もともと近代的重工業がなかったわけではない。現在中国大手の鉄鋼メーカーである遼寧省鞍山市の鞍山製鉄所は、日本の南満州鉄道が戦前に出資した昭和製鋼所（設立時の社名は「鞍山製鉄所」）が母体で、戦後までは世界最高水準の近代的製鉄所だった。しかし戦後にソ連がそうした重工業生産設備の大半を持ち去ってしまったという経緯がある。

中国は建国後、国づくりのため重工業優先政策を本格化させ始めるのだが、満州時代の数々のプラントを持ち去ったソ連に重工業化を依存し、ソ連からプラント設備を米ドル借款により実費で購入せざるを得なかったという皮肉もあった。ソ連から購入した大型重工業プラント一五〇項目以上のうち約五〇項目は、鞍山製鉄所に投入されたという。

中国は、プラントのソ連依存を多角化し、日本に支援を求める方針だったようだ。一九五七年時点で、セメント、紡績綿、毛織物、合成繊維、製鉄、圧延鋼、肥料、製油、製塩——など二五項目のプラント設備を日本に発注することを計画していた。これら全て実現すれば、当時で総額四億米ドルの巨大プロジェクトになるはずだった。

数々の節目で日本を取り込もうとしていた背景には、中国の重工業政策もあったといえる。日本の産業界にとって、中国との貿易が欠かせなかった反面、中国も重工業を主体とした国づくりのために、日本は欠かせない存在だったのだ。だが、これら巨大プロジェクトは、この時に日の目を見ることはなかった。

岸信介内閣誕生

政権発足からわずか二カ月後、一九五七年二月に石橋湛山が脳梗塞で倒れたために内閣は総辞職し、岸信介政権が誕生したからである。

岸信介は台湾政府との間で「日華経済協力委員会」を設立し、「日台貿易協定」を結ぶ一方、中国に対しては、国連が中国の代表権を認めていないことなどを理由に露骨な反中政策を取ったため、日中関係をめぐる情勢は、鳩山、石橋政権時代から手の平を返したように一変した。

国務院外事弁公室の日本担当組は、政権成立数カ月の岸信介による政策を分析するため会議を重ねていたが、岸信介が訪米して発表した日米共同声明の中で、「中国共産党はアジアの緊張の源泉」と発言するに至り、廖承志がこの時とばかりに動いた。

廖承志は、北京を訪問していた日本の民間放送代表団と共同通信、朝日新聞の各記者と接触する一方、周恩来に対して日本の報道陣と会って談話という形で中国側の意見を発表するよう提案した。その談話の重要内容を新華社が報じ、さらに翌日に人民日報が社説で論じる、という算段だった。

会見は七月二五日のことだ。周恩来は日本の報道陣との談話で、岸信介の対中政策を強く非難した。その中で経済分野に限ると、周恩来年譜には以下のような発言がある。

「岸内閣は、〝民間通商代表部の相互設置〟を一貫して支持せず、中国の貿易代表団員から指紋を取ることを強調し、通商代表部を非公式な団体に変えようとしている。これはわが国を侮辱するものであり、通商代表部の設置を妨げるものである。中国は、日本の通商代表部の設置に条件を付けることなど考えたこともない」

周恩来が談話で言及したのは、第三次貿易協定で「通商代表部に外交特権を与えること」が文書で明文化されたはずなのに、岸が反故にしようとしたことを指す。

産業界の意見聴取

周恩来はまた、中国の貿易団が香港の日本総領事館から指紋押捺を要求されたために来日できず、名古屋と福岡で開催されることになっていた中国商品展が無期延期となったことも大いに非難した。

第三次貿易協定は一年間延長されていたのだが、こうした事情から五月三日の有効期限が訪れても第四次貿易協定の協議テーブルにさえ着けず、日本と中国は「無協定状態」に陥ってしまった。拡大の一途をたどっていた日中の貿易は、急に冷え込んだ。

木村一三

この頃、新華通信社の記者として日中間の軋轢を取材した中国側報道陣の中に、呉学文がいる。黒龍江省生まれで日本の陸軍士官学校を卒業し、新華通信社の東京特派員などを務めた異色の中国人である。呉学文にはこの頃、政府の意向に反して日中貿易を守ろうと奔走したある日本人の姿が、強烈に印象に残ったようだ。日本国際貿易促進協会（国貿促）関西本部の専務理事（後に日中経済貿易センター会長）を務めた木村一三である。

呉学文が著した『風雨陽晴——我所経歴的中日関係』によると、日中貿易に長年携わった後、高碕達之助に請われて同職に就いた木村は、第三次協定が失効した際、直ちに貿易協議を開始するよう、日本の財界と中国側の取りまとめ役を果たした。国貿促が主催した集会には、二五六経済団体が参加した。

木村は第三次協定失効を受けて、日本貿易界の中国観に関する調査を実施し、「早く第四次を締結しないと日本の産業界に大変な結果をもたらす」と切羽詰まった声が強いことを紹介した。また「岸信介内閣になって以来、中国への態度が鳩山、石橋内閣時代から明らかに悪化した」とし、「中国という国や市場を現実的に評価し、敵対すべきではない」と強く日本政府に迫ったという。

そうした木村らの運動により、国会には、三〇都道府県の自治体からの陳情書や意見書が集まった。一九五七年五月二九日の衆議院商工委員会（貿易振興に関する小委員会）では、中断した日中貿易についての参考人として、産業界から八人が意見聴取で呼ばれている。産業界が国会で訴えた内容の一部をここで紹介してみよう。

高見重義（日中輸出入組合専務理事）「第四次協定は一日も早くその成果を上げなければならぬ、こういうことを私は極力主張するものであります。特に第二次五カ年計画が多少計画に齟齬をきたしたということは聞いておりますが、いよいよ中国も本年の九月までには全部の計画を完成すると伝えております。従って一〇月以降、これから本格的な発注と申しますか、国際市場で買い付けが始まるということを伝えておりますので、そのときになってあわてて中国との折衝をやりましてもだめでありまして、少くとも数ヵ月前においてその折衝を始めなければならぬ」

高見が指摘しているのは、中国が一九五七年九月から第二次五カ年計画の年度割り当て計画の策定に入る予定で、九月前に第四次協定を結んでおかないと膨大な額に上る中国からの発注を逃すことになる、という危機感である。例えば英国は当時、実業使節団を北京に派遣し、英国見本市を年内に北京で開く計画など着々と中国進出を進めていた。英国は国際社会で中国を承認し、事実上の公使さえ既に北京に常駐していた。日本は中国進出で立ち遅れていたわけだ。

中川哲郎（電気事業連合会事務局長）「電力の問題といたしましては、結局中共炭の輸入の問題でございます。（中略）国内炭だけでこれをまかなうことは非常に困難であります。従って外国炭といたしましては結局中共に依存することが経費その他の関係より一番安定し得るのではないかと考えまして、ぜひ長期計画といたしまして中共炭を入れて参りたい、使って参りたい、かように考えておるわけでございます」

発電業界としても日中貿易中断は深刻な問題だった。当時の発電設備は火力と水力の割合が二対一で、電力需要が急拡大していたため、燃料としての発電用石炭は毎年二〇〇万トン規模で増え続けていた（前年の一九五六年には黒部ダム建設が着工している）。そのため中国に対して、長期的な石炭産出計画に、対日輸出分を織り込んでもらうよう要請すべきと主張したのだ。

一方、原料調達先としてではなく、中国を市場として狙ったのはセメント業界だ。

伊瀬知好弘（セメント輸出協力会業務課長）「セメントにつきましては、昨年度戦後初めて中国からの引き合いが参りまして、三〇万二〇五〇トンという数量を受注し得たわけでございます。この数量は全日本のセメント輸出の約一二％を占めております。つまり朝鮮、インドネシアに次いで第三の大きなセメントの輸出市場として、昨年度中国が現われてきたわけでございます」

伊瀬知は、中国の五カ年計画で、年間約一〇〇〇万トンという巨大なセメント需要が発生すると踏んだ。その場合、当然日本から輸入するのが価格的にも数量的にも確実だろうと皮算用してみせたのだ。

そのほかの各業界も、異口同音に第四次貿易協定を支持したのだが、若干トーンが異なる発言をしたのが、八幡製鉄購買部長の間端夫である。

隠れたハードル

間端夫（八幡製鉄購買部長）「実は日本の製鉄業の原料資源といたしましては、何といっても一番近いところにございます中国の資源が素人考えにしても運賃も安かろうし、当然とるべきじゃないかという意見があることはよくわかるのであります。ただ鉄の場合の資源となりますと、これは技術的にいろいろ問題がある」

間によると、例えば日本が鉄鉱石などを中国から数一〇〇万トン輸入するという長期契約を結んでも、万が一輸入できない事態があると、それは溶鉱炉の火を消すことを意味し、極めて大きな障害となる。鉱山は日本のために掘る山であり、他国には売らない資源であることがほかの商品と違う点であると主張したのだ。

「(鉄の) 原料は非常に安定性を必要とするわけでありまして、そういう安定性が今の中国との関係でうまくいくかどうかということに一抹の不安を持っておるということがわれわれの現在の状態ではないか。今すぐ鉱石の問題に取り組むということは、ちょっとまだいろいろな意味で危険性があるのではないかという風に考えております」

要するに、まだ政治的にリスキーな問題があり、諸手を挙げては対中貿易に踏み切れない――と慎重論を呈したわけだ。他の産業を尻目に、鉄鋼業界だけが日中貿易に冷めているとの批判も出たようだ。

しかし言い換えると、ボトルネックになっていたのはあくまでも「政治」であり、鉄鋼業界が第四次貿易協定の締結に反対していたわけではない。それが証拠に、〝鉄鋼業界の天皇〟と呼ばれた八幡製鉄所の稲山嘉寛・常務取締役(後の新日鉄会長)が、事態打開のために立ち上がり、半年後に訪中して鉄鋼貿易協定をまとめることになるからである。(それでも、この時の慎重論は、直後に中国との貿易関係に決定的な亀裂が入るという意味では、暗示的だったといえる)

ここでひとつ指摘しておくべきことがある。一九五七年の日本の対中国輸出額を見ると、五月に無協定状態に陥ったことが響いて前年比一〇・二%減少しているのだが、日本を含めた世界の西側諸国が加盟していた中国向け輸出統制委員会(CHINCOM)による輸出制限品目は逆に大幅に緩和されていた、ということである。

翌一九五八年の対中輸出はさらに一六・二%減少しているが、英国はCHINCOMをほぼ解除し、続いてフランス、西ドイツなど欧州各国が解除に追随していた。CHINCOMによる輸出制限緩和は、日中貿易には容易に機能しなかったことを示している。これはなぜだろうか。

日本が当時、米国の反中政策に追随せねばならなかったという〝政治的背景〟があったのは明白だが、日中貿易を停滞せしめたボトルネックは、さらにもうひとつあった。霞ヶ関と日中貿易組合である。

この当時の日中貿易は「トーマス方式」と呼ばれるバーター取引だったことは以前に説明した。例えば日本の主力輸出製品だった毛織物を輸出した場合、それと同類項目の同額分を輸入して収支バランスを整えなければならないという貿易手法だ。

その際、輸出額から輸入額を差し引いた残りを業界で「トーマス残」と呼んだ。商社は中国に輸出ができても、トーマス残をなんとか輸入消化しなければならなかった。

その過程で、商社による苦情が相次いだことが国会の議事録に残っている。

それによると、商社がトーマス残を消化するため、例えばエビを輸入しようとした場合、農林水産省で「エビは農林物資だから農林物資のバーターにしてもらわないと困る」と拒否される。そこでカシミヤを入れようと相談すると、「カシミヤの輸入商社は多いのでこれ以上増えると困る」と日中貿易組合に却下される。では老酒ならということで通産省に出向くと、「その酒は輸入できない」とまた却下され、結局トーマス残を消化するのに一年以上かかってしまうという笑うに笑えぬケースが後を絶たなかったという。

「黎明期の日中貿易」にも、当時の東京丸一商事（後に豊田通商に合併）の苦労話が掲載されている。担当者が通産省にエビの輸入申請に行くと、「貴重な外貨を使ってぜいたくな消費物資を入れるなんぞもってのほか、国賊のやることである」などと厳しく一蹴されたという。

国会などでは、日中貿易組合も日中貿易の垣根を取り外してほしいと叫んではいたものの、実際の現場では商社が日本で「隠れたハードル」を越さねばならなかったようだ。

ＣＨＩＮＣＯＭの緩和という世界的風潮が日中貿易の活性化につながらなかったのは、岸信介の反中政策が背景であるのは確かだが、日本独特の官僚的弊害が浸透していたことも背景にあるといえるのだ。ちなみに、日中貿易組合については日中貿易が中断したのに伴い解散することになった。

第四次貿易協定

さて、産業界の後押しで日中間の第四次貿易交渉は一九五七年九月から始まった。国貿促と国会議員日中貿易促進連盟、そして日中輸出入組合の三団体が中国の北京飯店で交渉を始め、難航に難航を重ねながらも、約四〇日後の一一月一日に基本合意することができた（正式調印は翌年三月五日）。

稲山嘉寛

第四次貿易協定の実務上の合意内容は、第三次とほぼ同様の内容を踏襲したものだが、新しく盛り込まれた点としては、

「双方は互いに商品展覧会を相手国で単独開催する。共に一九五八年内に、日本商品展覧会は武漢と広州で、中国商品展覧会は名古屋と福岡でそれぞれ開催する」(第一二条)などがあった。

ただし協定では、

◇暗号電報の使用を許可する◇通商代表部で本国の国旗掲揚を認める◇所属人員及び家族の指紋採取の免除

といった政治的項目も含まれており、協定を批准するのかどうかをめぐり、台湾政府も巻き込んで政情は緊迫化した。

日本と中国が政治的に冷え込む中で、双方が妥結したようにみえる第四次貿易協定だが、その背後には両国の切羽詰まった国内経済事情があるともいえるだろう。

中国は第二次五カ年計画で、当時世界第二位の経済大国だった英国を一五年で追い越すという目標を掲げ、農工業の大増産政策「大躍進」を一九五八年から始めている。国づくりには、日本の協力がどうしても必要だった。

一方、日本経済は一九五七年初めにかけては好景気で、設備投資と生産が拡大し続けていたが、大量の輸入超過が続いたために年後半になると国際収支が悪化し、景気を抑えるべきだという声が強まった。最終的に金融引き締めが行われると、今度はデフレが顕在化し始めて、輸入需要は低下してしまった。

この時の引き締めは、産業界の関心を内需から外需に向けさせ、輸出意欲を増やす契機となったといえる。そこで、戦前までは日本にとって最大の貿易相手国のひとつだった中国との経済関係修復が、一層必要になっていた。その最たる業界が、日本経済の中枢である鉄鋼業界だったのだ。

稲山嘉寛の訪中団

周恩来は、難航していた第四次貿易協定の交渉を横目に、日中貿易促進会会長の鈴木一雄を通じて、〝鉄鋼業界の天皇〟と呼ばれ、八幡製鉄所で実権を握っていた稲山嘉寛・常務取締役(後の新日鉄会長)に対し、「どうしても中国に来てほしい」と伝えていた。

稲山はそれを好機と踏んだ。

「中国への鉄鋼輸出が実現すれば、日本経済は不況から脱する」と信じ、中国との長期貿易協定を目的に一九五八年二月に訪中することを決断した。八幡製鉄所はもともと海南島の砂鉄や江西省西部の石炭を用いて起こした製鉄所だったことも後押ししたようだ。大躍進を進める中国にとっても、日本の鉄はのどから手が出るほど欲しいはずだ。

稲山が組織した鉄鋼訪中代表団メンバーは九人いた。

団長は稲山嘉寛で、副団長は清水芳夫(日本鋼管・常務取締役)、中島正保(富士製鉄・常務取締役)の二人、団員は斉

藤英四郎（八幡製鉄・常務）、中井国臣（八幡製鉄・購買部副部長）、大田慶蔵（富士製鉄・購買部長）、塩博（川崎製鉄・原料部長）、安田安次郎（日本鋼管・購買部長）、岡崎文勲（国貿促常任委員）――である。

稲山の『私の鉄鋼昭和史』によると、代表団はまず香港の九龍に入り、列車でボーダーの羅湖経由で深センに渡った。

稲山は深センで、出迎えの中国側の通訳兼案内役に会った。その人物が、先に紹介した林連徳だった。

林連徳の著書に、この時の記述がある。日中両国にとってこれは実業界で初めての重要実務会談であり、周恩来が陣頭指揮を執り、廖承志と外交部も交渉チームに加わるなど、中国政府は極めて代表団を重視したという。

その代表団の団長である「鉄鋼の天皇」と初めて深圳で対面した時、いきなり「天皇」が深々とお辞儀をしたので、林連徳は「飛び上がるほど驚いた」と書いている。

一方で、稲山は自著で「（林連徳の）態度は、案内役というより〝監視役〟のような印象を受けた」と述懐しているのだが。

商談は非常に難航し、交渉は一七回にも及んだ。中国側の交渉責任者は鋼材輸入の窓口である五金公司の総経理・李琢之と、鉱石輸出の鉱山公司の総経理・商広文である。

日本側代表団は海南島の鉄鉱石や粘結石を買うと提案したが、中国側は割高な価格をふっかけ、日本が売る鉄鋼価格に対しては必要以上に値切ってくるので、代表団は「中国側の態度はけしからん」と憤慨した。交渉の様子は逐一、周恩来にも報告されていた。

会談は暗礁に乗り上げ、翌日の帰国日を控え、もはやこれまでと稲山が演説をぶった。

「われわれは決して無理に取引したいわけではありません。取引が両国のためになると思ってここまで出かけてきたのです。われわれは高すぎる鉄鉱石や石炭は買えません。あなた方も、われわれの鉄鋼が高いなら買わないのは当然でしょう。こういう悶着状態が続いている以上、話し合っても無駄だと思いますから、私はこのまま日本に帰りますので、お互い反省してみましょう」

交渉は完全に決裂した――かと思われた。そこで廖承志が稲山に歩み寄り、諭すように言った。

廖承志の説得

「稲山さん、こちらの責任者は立場上いろいろ無理を言うでしょうが、あなただけは絶対に怒ってはいけません。日本から鉄を買うのは決まっているのだから、周恩来総理が帰ってくれれば話は進むはずです」。

廖承志の説得に、稲山は帰国を思いとどまった。林連徳によると、稲山が周恩来に宛てた高碕達之助の紹介状を持参していることを伝えると、中国側は大騒ぎになった。北朝鮮を訪問していた周恩来が帰ると、訪中最終日の前日に、代表団と会談することができた。周恩来は話した。

「中国の工業をどんどん発展させて国民を幸福にするには、日本の鉄が不可欠です。鉄は経済の基礎です。平和への貢献もできれば、戦争への加担もできる。われわれは、あなた方の鉄が平和の鉄であることを希望します」

会談は長時間に渡った。周恩来は〝得道多助、失道寡助（道義にかなえば多くの支持が得られ、道義にもとれば支持を失う）〟という格言を引用し、中国側が今回の協議で譲歩することを決断した。稲山はこれ以来、この格言を座右の銘としたという。（予断だが、周恩来が代表団の前で話している間、富士製鉄の常務が大きないびきをかいて寝てしまい、中国幹部たちが憤慨して再び交渉決裂の危機に陥り、稲山が取りなしたという〝事件〟もあったという）

ともあれ、「一九六二年までの五年間（それぞれ総額一億ポンド）、日本は中国から鉄鉱石と石炭を輸入し、中国は日本から鉄鋼を輸入する」という長期バーター取引で両者は合意し、訪中最終日の二月二六日に中南海紫光閣で調印を済ませることができた。

日中鉄鋼長期貿易協定は、周恩来による土壇場の鶴の一声で、帰国間際に調印するという間一髪の交渉劇で成立したのである。

それまで中国側が土台無理な価格を突きつけて交渉を難航させていたのは、バンドン会議でもみられたように、「最後に周恩来が登場して事態を収拾するという〝筋書き〟があったのかもしれない」と思っていたが、気になることがひとつある。

稲山は自著で「中国滞在最終日前日の滞在八日目（筆者注＝「九日目」の記憶違いと思われる）に周恩来首相に会った」と記述している。最終日前日は二五日だが、それまで交渉はずっと膠着状態だった。

「周恩来年譜」によると、北朝鮮に行っていた周恩来は、二一日の時点で既に平壌から瀋陽入りしている。二四日にも、周恩来は陳毅・外交部長と、稲山らとの協議について話し合っている。それなのに、毎日の行動記録が記されている同年譜には、その翌日の二五日に代表団と会談した、という記述がどこにもないのである。二六日には、専用機で武漢に飛んでいる。

政策上〝非常に重要視した〟代表団と長時間も会談したのは確かであるし、来客などまで記してある年譜に記録がないのは奇妙といえる。

つまり、当初の〝筋書き〟というのはむしろ、「双方滞りなく鉄鋼協定に合意した」というもので、逆に周恩来が最後に登場せざるを得なくなる事態は中国側にとって想定外であり、公式記録から洩れた、ということだろうか？（まさか総理の演説で日本側の一人がいびきをかいて寝たことが発端で双方がもめた、という事実自体を公式記録から消したかったわけではないだろうが）

稲山らの訪中は極秘裏に進められていたのだが、日中鉄鋼長期貿易協定が成立すると、ニュースは直ちに海を越え、日本でも大騒ぎになった。朝日新聞は「鉄鋼業界の起死回生策」、読売新聞は「日中貿易発展の新起点」とそれぞれ大きく書き立て、野党も協定の支持を表明した。そして三月五日には、第四次貿易協定も正式に調印された。

日中貿易促進会は両協定がまとまると、伊藤忠や第一通商、明和産業、日綿（現・双日）、東洋綿花（現・豊田通商）、野村貿易などのメンバーが組織内に「日中新経済交流研究会」を設立して報告書をまとめ、日本の輸出方面では「電力」「機械」「鉄鋼」「肥料」「繊維」で、輸入方面では「石炭」「鉄鉱石」「綿花」「食糧・水産物」などで飛躍的な日中貿易の拡大が期待できる、と訴えた。

岸信介が政権を取ってからの五八年は不穏な気運が高まっていたが、この日中鉄鋼長期貿易協定と第四次貿易協定の二つが、政治的に冷え込んだ日中関係を、産業面から支える役割を果たす――と期待された。

一方、台湾はこの第四次協定を日本政府として承認しないよう強く警告し、対中貿易に携わる日本企業を台湾から締め出したほか、日本と断交する用意まで見せた。親台湾派の岸信介としては当然、台湾との関係を断ってまで中国との貿易を進めるつもりはなかった。当時の日中貿易額（一九五七年時点で約一億四〇〇〇万米ドル）はまだ小さく、台湾との貿易の方が圧倒的に多いというのも一因だった。

産業団体などの親中派が着々と駒を進める中、日本と中国の経済関係が強化されていることを苦々しく見ていた反中派や親台湾派の保守系政治グループの〝筋書き〟によるある事件が、強引にすべてを振り出しに戻してしまった。「長崎国旗事件」である。

長崎国旗事件

この事件の〝内容〟自体は、大したことのない小さなものだ。

一九五八年五月二日に、長崎の老舗デパート「浜屋」の催事会場で、日中友好協会長崎支部の主催による中国の切り絵や民芸品の展示即売会が開かれていたのだが、右翼団体の一人の日本人青年が突然乱入し、会場に掲げられていた中国の国旗を引きずり降ろして踏み付けた――というものである。

だが、直ちに逮捕された容疑者は「外国国章損壊罪」ではなく、より刑罰の軽い「器物損壊罪」で書類送検され、罰金五〇〇円の略式命令で済んだことから、政界と財界を巻き込んだ大きな事件となっていく。

この事件の背後には、二カ月前の三月五日に調印された第四次貿易協定で、「相互に設置する貿易事務所に双方の国旗を掲げることができる」と取り決められたにもかかわらず、官房長官の愛知揆一が四月二九日になって「国旗掲揚には同意しない」との声明を発表していたことがある。長崎国旗事件は、そのわずか三日後に起きたものだったのだ。

当時長崎にあった台湾の領事館も、「五星紅旗の掲揚は台湾と日本の友好関係に悪影響を与える」と主催者側にも警告していたという。岸政権には、日本政府が承認していたのは中華民国（台湾）であり、五星紅旗は保護の対象と考えていない、との判断があった。

周恩来は、事件直後に廖承志と対応を話し合う。そして五月九日、陳毅・副首相兼外交部長が、「岸内閣が事件を容認しているのは、中国を敵視する岸内閣の態度が既に我慢できないところまできていることを物語る」とした非難声明を発表した。さらには、稲山の鉄鋼貿易団と結んだ日中長期鉄鋼貿易協定を一方的に破棄する、という強硬手段にも打って出た。

それを受けて、訪日中だった中国の鋼材輸入の窓口である五金公司の李琢之が率いる中国代表団も「貿易交渉を中止せざるを得ない」と、即時に帰国した。

武漢で開催中だった日本商品展覧会や広州展覧会の輸出契約さえもご破算となり、名古屋と福岡での中国商品展覧会も当然中止された。そして、日本籍の商船は、上海、大連、天津、秦皇島の港湾には立ち寄れなくなり、更新間近だった日中漁業協定も、中国側が延長を拒否した。何よりも、三月に調印されたばかりの第四次日中貿易協定までもが破棄された。

経済活動だけではない。中国の婦人代表団や平和使節団、歌舞団の来日公演などの文化スポーツ交流も中止となり、中国赤十字会も中国残留日本人孤児の探索や日本帰国支援も取りやめた。

日中間の一切の通商は断絶され、それまで一本一本紡がれてきた日中関係の糸は、長崎国旗事件により、強引に引きちぎられた。

損失額三〇〇億円

事件二カ月後の七月二日に、稲山が国会の衆議院商工委員会に呼ばれている。

稲山は、中国で多大な労を執ってまとめた日中長期鉄鋼貿易協定が破棄されることに公憤を覚え、訪日していた李琢之に対して独自に、「第四次貿易協定は別としても、戦争するのではないのだから鉄鋼協定は残しておいたほうがいいのではないでしょうか」と提案した。だが中国側の意思は固く、受け入れられなかったため、せめて「破棄」ではなく「停止」にしたらどうかと再び提案し、中国側もそれを受け入れた。

それでも、日中関係はそれからさらに悪化することとなり、結局「停止」は再び「破棄」となってしまった。

先に紹介した八幡製鉄購買部長の間端夫が、一九五七年五月二九日の衆議院商工委員会で表明した「日本が万が一輸入できない事態があると、極めて大きな障害となる」という懸念は、ちょうど一年後に現実のものとなってしまったのだ。

大躍進政策に突入したばかりの中国は鋼材の輸入を非常に急いでいた。鉄鋼協定では、年間一五万トンという取り決めだったが、中国は六月末までに何とか鉄鋼を一五万トン全部前倒しで作ってくれと稲山に要請しており、稲山も各メーカーに急がせて四月までに三万五〇〇〇トン発送し、五月も三万トン作っていたばかりだった。完成品は引き取らせたが、仕掛品については、日本側が相当の痛手を被ったという。広州と武漢の展示会での成約破棄についても総額六億五〇〇〇万円分に上った。

日本輸出入組合の試算によると、日中貿易断絶による日本側の経済的損失額は、鉄鋼の七九億円を含め、全体で約三〇〇億円に上ると試算された。

中国貿易と関わりのあった日本の商社は約四〇〇社以上あったが、そうした商社も直接的に打撃を受けた業界である。商社と取引のあるメーカーや顧客企業を含めると、約二〇〇〇社以上に影響が出たといわれる。

戦後の日中貿易は一九五七年にかけてピークを迎えたが、商社はその後も日中貿易が二倍、三倍に増えると踏んで、大量に人材を採用し、経営規模を飛躍的に拡大させていた。その矢先での貿易断絶だったため、倒産する商社が相次ぎ、商社の数はほぼ半分に減少したという。

漁夫の利

日中長期鉄鋼協定も第四次貿易協定も、いずれもあくまで民間主導の協定である。それが政治や霞ヶ関に翻弄されて破棄されてしまったことに、稲山が公憤を覚えたことは、国会発言からも伝わる。

稲山によると、戦後日本の鉄鋼需要は急拡大し、中国が提供する原料だけではその需要をまかないきれなくなっており、極端に言えば中国との貿易が今回断絶しても、米国やオーストラリア産鉄鉱石のウェートを増やせばいいという見方も出始めていた。

「しかしそんなウェートは問題ではない。要するに中国と日本との貿易は、それ自体が非常に大事であると同時に、アジア諸国との関係、あるいは大きく言えば世界の安定ということに関係するわけでございますするので、ぜひ私どもとしてはいたずらなる静観は許されない、それは熟慮でなければならない、かように考えるものであります」

稲山は参考人として呼ばれた国会でそう訴えて、岸内閣の無策を批判した。

日本の全国各地でも、日中貿易再開を訴える運動は盛んに開かれた。一九五八年八月には、日中経済関係打開全国業者大会が開かれ、東京と大阪間を数十台のバスが行進してアピールした。二三都道府県は日中貿易再開を要求する意見書を出し、超党派の議員や民間人は日中関係改善の会議を組織した。

中国への打撃

中国にとっても、日本との貿易断絶は痛かったはずだ。

「中日民間経済外交」によると、長崎国旗事件までは日本の大豆は六〇％が中国から輸入されていたし、塩化ナトリウムなど化学工業の原料も大量に日本に輸出されていた。日本は大豆を米国産に、塩化ナトリウムはメキシコ産にそれぞれ切り替えてしのいだが、中国は、貴重な外貨を獲得できる大きな日本市場を失ったまま代替市場がなかった。

特に、日本の鉄鋼を入手できない痛手は大きかっただろうと思われる。

中国は一九五八年から第二次五カ年計画期に入っているが、大躍進政策で身の丈を超えた鉄鋼増産運動を展開している。全国の都市や農村全土で小型〝高炉〟を作らせ、大衆を動員して銑鉄を作ったのだが、当然ながらそれらの〝鉄〟の大部分が使いものにならない粗悪品だった。

さらに言及しておきたいのは、前年末に中国進出口公司の代表が来日した際、日本の化学肥料団体は、硫酸アンモニウム四〇万キロトン、尿素三万五〇〇〇キロトン、過燐酸石灰二万キロトン、塩化アンモニウム三万五〇〇〇キロトン、溶成燐肥三〇〇キロトンなどを中国に輸出する巨大契約に調印していた、ということだ。これらが、通商断絶の影響を受けて契約が破棄されたのだ。

翌一九五八年秋ごろから中国全土では、急に異常な食料不足に陥っている。当局の発表では、農産物の大凶作が原因とされているが、当時北京にいた山本市朗によると、翌年には金属製品や陶芸品、化学製品までが街の商店から姿を消したという。これは、毛沢東の指導の下で、大躍進の開始と共に生まれた人民公社が、うまく機能しなかったためといわれる。

しかし、中国で国民を挙げた鉄の増産運動の悲喜劇や、大凶作による農産物激減は、鉄鋼や化学肥料の調達先である日本と通商が断絶したこととも無縁ではない、と思われる。

中国は、日本が担っていた鉄鋼供給の役割を、直ちに欧州に振り向けようとしていたようだ。日中貿易の断絶で、英国や西ドイツ、フランス、イタリア、オーストラリアの各商社が、この時期に広州や北京に続々進出しているのだ。

特に国際社会で中国を早々と承認し、公使を北京に常駐させた英国を皮切りに、フランス、西ドイツなど欧州各国は日本に先立ち、五七年早々にＣＨＩＮＣＯＭを解除し、それぞれが貿易協定や為替協定を中国と締結していた。特に英国は、通産大臣や実業使節団を北京に派遣し、英国見本市を北京で開いていた。

第3章　友好貿易の始まり

訪中して周恩来と会談する松村謙三（右）

「私にとって忘れ得ぬ情景がある。松村謙三さんにとって最後の訪中になったときのことである。それは1970年の4月20日だった。長い覚書貿易協定の話し合いを終えて、いよいよ周総理と会見することになり、人民大会堂に出かけた。松村さんのエレベーターが2階に上がったとき、われわれを迎えていた周総理がそれを目ざとく見つけ、早足に近づかれた。松村さんもゆっくりと5、6歩近づかれたところで、両者は近づき、固く手を握り、そして周総理は松村さんを抱いた。息子が親をいたわるように、そこには何の言葉も必要としない、真の愛情こもった情景だった」　　　——岡崎嘉平太（全日空元社長、日中経済協会顧問）

英国の戦略

文献を漁っていると、国内の産業界が総じて日中貿易の回復を叫んでいたにもかかわらず、日本政府には、中国市場で欧州各国に先を越されることを意に介せず、といったふしがあったことに気づく。その理由として、盲目的な対米追随は別として、「英国に多少先を越されても外貨の少ない中国からの輸入は望めないのだという意識が政府にある」と社会党議員の帆足計が国会で当時指摘しているのは興味深い。

だが中国は当時、東南アジア諸国との貿易黒字が年間約五〇〇〇万ポンドあり、北京にはすでに一億ポンドの手持ちも持っていた。海外の華僑による送金額も莫大な額に上っていた。英国は、中国が持つその莫大なポンドを吸収するために中国との貿易を急いでいた、と思われる。英国が一歩先を読んでいたのだ。

筆者は前章で、「周恩来年譜」には、周恩来が稲山ら代表団と会談していたはずの二月二五日にその記録が残っていない――と書いたが、周恩来がその日会談したと記録にある人物は、後に英国首相となる労働党議員、ハロルド・ウィルソンである。

この時、周恩来はウィルソンに対し、英国が米国の対中強硬策に歩調を合わせることがないよう忠告し、米国と社会主義国家の橋渡し役となることが英国にも有利になると強調している。英国が鉄鋼を含めた経済使節団を北京に派遣したのは、その直後である。まさに英国は、日本と中国の関係断絶で、漁夫の利を得ていたのだ。

ここで、英国が中国市場とどう関わってきたのかをひも解いてみたい。

一九五二年六月に、高良とみや帆足計らの電撃的訪中で、日本と中国が第一次貿易協定をまとめたことは既に言及したが、英国はその二カ月前の四月に英中貿易協定を締結している（貿易額は各二〇〇〇万ポンドと、日中協定の三〇〇〇万ポンドより少なかった）。

周恩来が重要視したモスクワ国際経済会議の後で両国が急接近して締結した、という点は日本との場合と同じである。

しかし、英国の事情が日本とやや異なるのは、英国は香港を持っていた、という点だろう。当初ＣＯＣＯＭに同調していた英国は、植民地である香港を通じた貿易が激減し、次第に自国利益の損失が軽視できなくなっていた。

英国が中国貿易を再開したいという意向は、香港を牛耳っていた英国企業が悲鳴を上げたことがもともとの発端なのである。さらに、それが香港での社会的不安定を招き、香港統治国としての基盤も脅かしていた。

いささか余談になるが、中国が西側諸国からの対中輸出規制に苦しんだ期間、中国にとって香港は重要な戦時上のロジスティック拠点となっていた。その際、香港に集まった欧米からの軍需品や物資を中国側に密輸して巨万の富を稼いだとされるのが、香港で財閥を築いた霍英東（ヘンリー・フォック）である。

霍英東は、マカオの独占的カジノ経営権を持つマカオ娯楽公司（ＳＴＤＭ）を設立したり、香港の不動産事業で大財閥を形成。晩年は、トヨタなどの日系企業が多く進出している広東省の経済技術開発区である南砂開発で名を残している。

朝鮮戦争後の共産党を助けたとして、後に全国政治協商会議副主席にも任命された。現在でも香港で絶大な影響力を持つ財閥一族となっているが、もともとは対中輸出を禁止していた英米政府が、軍需物資の密輸業者としてブラックリストに載せた「暗黒の商人」と言われた。戦争のどさくさに紛れて巨万の富を築いた香港財閥は多いが、霍英東もその例である。

英国政府は一九五六年五月には独自にＣＯＣＯＭの例外項目を設け、ゴムの対中輸出を解禁した。

さらにトラクター六〇台の輸出契約を結んだのを皮切りに、鋼鉄やトラック、工作機械など次々に輸出認可を出した。これらにより、英国は対中輸出規制の強硬派である米国と対立するのだが、結局、翌一九五七年一〇月に米国が妥協する形となる。特別に中国に対して課していた規制であるＣＨＩＮＣＯＭの解除が決まったからである。

解除の実施は五八年八月からだったが、それは日本でちょうど長崎国旗事件ですべての日中間の通商が断絶したばかりで、国内が大騒ぎになっている頃である。

中国側文献の「百年中英関係」（世界知識出版社）によると、英国はこの時、共産国向けの輸出禁止物資項目を自主的に四〇％削減し、民間航空機やエンジン、車両、化学品など軍事以外のほとんどの物資の対中輸出を再開している。

急上昇していた日中貿易がぱったりと途絶えていたのを横目に、英国をはじめとして、他の先進諸国が日本に代わって中国との関係を強化し始めるのである。

いささか不可解にも思えるのは、この五〇年代後半というのは、英国と中国が、香港政庁の親台湾政策をめぐって政治的対立を深めていた時期でもあるということだ。

日本と英国の事情は異なるとはいえ、英国の場合、中国との関係で政治的問題と経済的問題をうまく使い分けることができていたといえる。それに対し日本では対照的に、長崎国旗事件にみられるように、政治と経済の問題が一緒くたにされている。

英国は財界からの要望で自国の利益を守るため、いち早く中国との経済関係の改善に動いたにもかかわらず、日本はがんじがらめで動けなかった点は、当時の日米関係のいびつさと、日中関係の特異さを示すようでもある。

相次ぐ訪中

話を戻そう。

一九五八年五月に長崎国旗事件が起きてから一九五九年末までに、日本の社会党議員を中心とした使節団や団体が、断絶した日中関係の打開策について協議するため相次いで中国を訪問し、周恩来と会談している。

社会党の佐多忠隆議員（五八年七月）、浅沼稲次郎・同党書記長（五九年三月）、石橋湛山・元首相（五九年九月）、自民党顧問・松村謙三（五九年一〇月）などである。

中でも浅沼の訪中時に、周恩来が◇中国敵視政策を止めること◇二つの中国を認めないこと◇中国と日本の国交正常化を妨げないこと――という「政治三原則」を提示したことは知られている。

しかし現在さほど取り上げられないのは、五九年二月に、労働組合の中央組織、労働組合総評議会（総評）の岩井章事務局長と周恩来との会談である。これはなぜか中国側の文献にもあまり出てこないのだが、日中貿易で具体的な進歩があったという点で、重要な会談だった。

天津甘栗

岩井章は国鉄労組（国労）出身で、同じ時期に総評の議長として三井三池争議なども指導し、当時は「世界の岩井」とも呼ばれた労働運動家である。

この時に総評が訪中したのは、中国の労組の全国組織、中華全国総工会が、岩井らを招いたためだ。これは、戦後初めての日本の労働団体による訪中だった。ただし総評は、社会党訪中団とはやや異なり、日中貿易断絶についての打開交渉というよりも、労働問題の協力を話し合うことが目的だった。

その際、岩井が団長として訪中すると聞いて、矢も盾もたまらず陳情してきた一人の日本人がいた。天津甘栗を輸入販売していた株式会社甘栗太郎の柴源一郎・社長である。

「黎明期の日中貿易」によると、日中貿易が途絶えて、原料調達先を他国に転化できない産品は三つあったという。「漢方薬」と「生漆」と「甘栗」――の中国特産三品目である。

甘栗は河北省や北京の北東部にある燕山山脈が主要産地だ。栗なら当時から日本にもあったのではないかと思いがちだが、中国の産地で採れる甘栗は特別な甘味があり、重宝されたのだという。

当時は中国を含め、共産圏との貿易は特殊貿易とされ、通常の商社と異なる対応を必要とする専門業者が必要とされた。

中国貿易を専門とする業者にとって、長崎国旗事件で急に商売の梯子を全て外されるというのは、会社存続に関わる一大事だった。

甘栗太郎も御多分に漏れず、転業か倒産かの瀬戸際に立たされていた。そこで柴が、中国側に甘栗輸出解禁を訴えてほしい、と最後の砦である岩井に直談判してきたのだった。

中小企業をつなぎとめる

岩井は、「労働問題での協力を話し合うために北京に行くのに、周恩来に甘栗業者だけの陳情をするわけにはいかない」と何度も拒絶したのだが、柴の熱意に根負けし、周恩来に伝えることを約束した。

「廖承志和日本」によると、岩井はまず廖承志に会い、甘栗業者などの日本の中小企業の切羽詰まった状況を伝えている。

廖承志はそこで、周恩来に提案した。

「中華料理の調味料や四川省産唐辛子、東北部の甘栗などを輸入していた日本の中小企業は、貿易断絶で困窮状態にあるようです。中日貿易で、日本の中小企業は大きな役割を占めており、両国の人的交流を支えていた側面があります。中小企業の糸をつなぎとめておけば、人的交流も維持できる。そうすると、日本との対立局面が緩和された時に交流の拡大も容易になります」

周恩来は、その意見に同調した。中国側は当時、日本側には断固とした反発姿勢を見せていたのだが、廖承志は、近く通商断絶が解除されることを見越していたわけだ。

時の通産相である高碕達之助は、岩井が訪中する直前の五九年一月三一日の衆議院商工委員会で意味深な発言をしている。

「（通商断絶打開のための）私案を持っているが、ここで発表することは間違いだ」

周恩来に信頼された高碕が持つ「私案」というのは気になるが、そのまま商工委で語られることはなかった。

だがその三日後の二月三日、「反中」のシンボル的存在だった岸信介が、衆議院予算委員会で、意外な見解を表明している。

「（気象や郵便のように）貿易の問題も政府間の協定によってこれを適当に処理しようという考えは私どもも持っておるわけであります」

これまで四回民間でまとめた協定を、今度は岸政権が〝公式に政府間で〟やる意思がある、というのだ。これは、通産相の意思なく出てくる考えではないと思われるので、高碕の「私案」というのは、これに関するものだった可能性がある。

確かに岸政権がそうした柔軟策を示さざるを得なかった背景には、産業界からの相当な突き上げがあったろう。

四月一日の衆議院商工委に集まった請願は一九二件あるのだが、そのうち「日中貿易再開に関する請願」や「中国産生漆輸入に関する請願」など、中国との通商再開を求める項目の請願が、八二件もあったことからも明らかだ。

ある筋書き

しかしながら、中国は英国をはじめとした欧州各国に対しては、柔軟な対応をしているにもかかわらず、日本に対してだけは政治と経済の問題は一体とする「政経不可分」を強いていた。日本からの「政府間協定」の提案も、実際に中国側に渡ったものと思われるが、中国はけんもほろろに突き返したのだろう。

日本は、中国産の甘栗や漆を、欧州各国やソ連などの第三国を通した迂回貿易で手に入れようとしていたのだが、中国政府側は最終目的地が日本だと分かると、第三国に着いた途端に貨物を差し押さえてしまうという事例が相次いだという。中国側には、そんなことまでして持ち込みたい「筋書き」があったといえる。

配慮貿易

「周恩来年譜」によると、周恩来は、一九五九年二月一二日に総評の岩井のほか、小山良治・同政治部長、原水爆禁止日本協議会の安井郁・初代理事長、吉田嘉清・同事務局次長の四人に会っている。そして岩井らに対し、三つの見解を提示した。

◇中国の発展は人民生活向上のためであり、他国の威嚇が目的ではない

◇岸内閣が中国を敵視していながら貿易を続けるわけにはいかない

◇中国は日本に対して友好的であり、非常に困っている中小企業があるのなら、友好団体の適切な保証があり、数量も多くないなら、彼らに貿易を認めるよう配慮する

――というものだった。

岩井は大きな成果だと喜んだのだが、ホテルに帰ってから「周総理の言う〝友好団体の保証〟とは何のことだろう」という疑問が湧いた。廖承志に相談すると、「総評が窓口団体になって保証すればいい」ということで結局まとまった。そして貿易再開が認められた品目は、「甘栗」「漆」「桐油」「麦わら」「甘草」「滑石（タルク）」「調味料」――の七種だった。

こうして、両国の労組の中央機関が窓口になるという、まるで豊臣秀吉が始めた一六世紀後半の「朱印船貿易」に戻ったかのような特異な貿易が始まった。

「商売」ではなく、「援助」でもない、「配慮」である――と

いう原則を周恩来が示したため、これは「配慮貿易」と呼ばれることになる。周恩来と廖承志にとって、これこそ「中国が、日本の政策の被害者である中小企業に配慮した」という形を描いてみせた「筋書き」だったろう。

日本に対してだけ「政経不可分」を押し通したことで、日本に対する〝愛憎相半ばした特別な感情〟が見え隠れしていた。

ソ連による援助停止

さて中国は、一九五九年から大変な時代に入り、日本に対して強情を張ってもいられない三つの国内事情が出てきた。大躍進政策の大失敗と、異常気象による自然災害、そしてソ連による対中経済援助の停止――の三つの難である。

大躍進政策は過労と栄養不足をまん延させ、人民公社は食糧備蓄を空っぽにしてしまった。さらに、その年から三年連続で起きた記録的な華北の干ばつや華南・華東の水害で、中国全土の四〇〇〇万～六〇〇〇万ヘクタールの農地に被害が出たという。中国は一九五〇年からの約一〇年間で人口が約一億人も増えており、膨大な死者が出た。大躍進政策の始まった五八年から六一年までに、最大二七〇〇万人が死亡したとの推計もあるほどだ。

中国の発展にさらに大きな打撃を与えたのは、イデオロギー対立によるソ連からの援助停止である。第一次五カ年計画期間にソ連からの援助で建てられたプロジェクトは一五六項目あったが、第二次五カ年計画ではさらに五五項目追加されていた。にもかかわらず、ソ連は六〇年七月に対中援助を突然停止し、一三九〇人のロシア人技術者を引き揚げ、三四三件の契約破棄、機械設備の部品供給などすべてを中止した。発展途上の中国の重工業は壊滅的な打撃を受けた、と言っても過言ではないだろう。

ソ連と中国との関係がいかに重要だったかは、貿易額をみてもわかる。「中国対外貿易統計年鑑」（中国対外経済貿易出版）によると、五九年の両国の貿易総額は二〇億九七〇〇万米ドルと、断絶直前にピークだった日中貿易の一〇倍以上である。中国はそれほどの重要な経済パートナーを失い、それに代わる輸入先を求めざるを得なくなっていた。日本と中国の関係修復は、日本の産業界が望んだ以上に、中国自身が、生き残る上で渇望していたことだったろう。

事態は流転するもので、ソ連が中国への援助を打ち切った、そのわずか三日後の六〇年七月一九日に、くしくも日本では岸信介が退陣し、池田勇人政権が誕生している。ここに一縷の望みが託された。

ある秘策

池田は、限定的ながらも、断絶した中国との貿易関係の改善を模索し、岸内閣退陣直後の一九六〇年七月末に日本で開かれた総評の全国大会と原水爆禁止世界大会に出席することになっていた、劉寧一・中華全国総工会主席の日本への入国を認めた。長崎国旗事件以来、中国代表団の訪日は二年三カ月ぶりのことだった。

ちなみにこの劉寧一という人物は、〝中国の岩井章〟ともいえる労働界のドンで、戦時中にはタクシー運転手一〇〇〇人以上を率いた反日デモや、上海で英米資本の企業の労働者を率いて反日ストを挙行した、反日色の強かった活動家である。劉寧一は日本で「政治三原則」が守られるなら、現在の〝配慮貿易〟を拡大する用意があると言及した。

その一方、廖承志は日中貿易促進会の鈴木一雄・専務理事を北京に招き、周恩来と鈴木の会談が八月二七日に実現する。ここで周恩来は一歩踏み込み、「日本人が好んで使う三原則という言い方に沿って」としながら、【一】政府間協定【二】民間契約【三】個別的な配慮——という「対日貿易三原則」を打ち出した。

人民日報が九月一三日になってから、周恩来の公式談話記録を発表している。それによると、周恩来が会談で鈴木に言ったのは次のようなことである。

「貿易や漁業、郵便など両国間の協定は今後すべて、これまでのような民間ではなく〝政府間協定〟で進められるべきである。だが協定がなくても条件が整えば日本企業と中国の貿易公司の間で取引できる。そして、これまでに実施してきた、困難に直面した中小企業向けの配慮貿易も正しいやり方だ」

周恩来はやや分かりにくい言い方をしているのだが、要するに、「日中間には三つの貿易方式が可能であること」を示したものだ。もっと平たく言うと、わずかな配慮貿易だけではなく、民間貿易を事実上再開してもいい、と表明したのだ。その文意が伝わりにくいのは、あえて中国側から明らかに一歩下がって日中貿易拡大を認める、という印象を与えない表現にしたのだと思われる。

興味深いことに、中国は「政経不可分」とはいいながら、民間貿易を進めるということは明らかに「政経分離」への方針転換であり、中国の態度の軟化といえる。それを「対日貿易三原則」という形で、焦点をそらしたのかもしれない。

鈴木は、この三原則により新しい日中貿易の時代が幕を開けると直感し、直ちに日本側に電報で伝えたのだが、日本側の反応は、政界では冷ややかだった。時の外務大臣である小坂善太郎は無関心の態度を見せた。

「（対日貿易三原則が、中国の）非常に際立った大きな変化であると考えるのもいかがか。貿易というものはやはり両国民の間に相互に欲するという現実の必要というものがない限り、政治的に押しつけてみたって実際には成り立たないと思っておるのであります」

直後の国会では、中国側に歩み寄りがあるが日本はどうするのだ、政府間協定をやるべきではないのか、と再三再四問われても、小坂は「政治と経済は別」などとのらりくらりと答弁をかわしてみせたし、通産大臣の椎名悦三郎は「まだ政府間協定の時期ではない」とはっきり否定した。

中国のやり方は大国主義だ、と反発する向きもあるなかで、首相の池田も、長崎国旗事件の直後、数億円の契約が破棄させられたことを念頭に、「中国と貿易をしたらだまされる」などと発言したため、池田に期待していた中国側を再び苛立たせることになった。

吉田茂の訪中計画

一方で、産業界の大半は、対日貿易三原則を歓迎したのも事実だ。

経済七団体は歓迎の意を表明し、日本政府に対して政府間協定を進めるよう要請し、各都道府県からは陳情が押し寄せた。「日中政府間貿易協定実現要求全国業者大会」も東京で開催され、約一五〇業種から四〇〇人が参加した。それでも、政府はその時期ではないと表明していた以上、必然的に【二】の民間契約をどう進めるか、に焦点が絞られた。

ところで、岸内閣で通産大臣を務めた高碕は岸退陣後、大日本水産会会長となっていたが、対日貿易三原則が提示された後、六〇年一〇月七日から三〇日までの約三週間にわたり中国を訪れ、周恩来と三回会っている。ちょうど池田内閣の閣僚たちが、国会で対日貿易三原則に無関心を表明していた頃である。

それに関して「周恩来年譜」には、高碕との一〇月の会談記録が残っており、日本の国会にも話題に上っていないことが書かれている。

筆者は先に、高碕が通産大臣だった時に、国会で「現状を打開する〝私案〟を持っている」と述べたことについて、「政府間協議についてである可能性がある」と書いたが、実は高碕はこの会談で周恩来に、親米一辺倒の吉田茂・元首相との会談を求めているのだ。しかも、吉田を自分（高碕）より低く扱っても構わない、とまで言っている。政府間協議につなげるべく、〝吉田茂訪中〟を秘策として動いていた形跡がある。

高碕は三週間の滞在中、一〇月一一日の一回目の会談で吉田茂との会談を提案しているが、周恩来はそれを一蹴した。

そして二四日の三回目の会談で、高碕は再び考え直すよう求めている。

しかし周恩来は「待遇の高低の問題ではなく、われわれを敵視する人物を招くわけにはいかない。中国を理解しているかどうかではなく、中国と友好を願うかどうかが重要だ」と、吉田茂との会談は受け入れられないと改めて固辞した。

当時の新聞や国会議事録を含めた日本の資料にはこの提案が書かれていないことや、先に見られる高碕の熱意から察すると、吉田茂訪中は、高碕が日本から周到に用意して持参した〝劇薬〟だったことが窺える。高碕は吉田茂を「使って」、政府間協定につなげたい意向だったのではないだろうか。

吉田茂と周恩来の会談は〝幻〟となってしまったが、万が一、周恩来が会談を受け入れたとしても、あの反中の吉田茂が、いったい周恩来にどんな懐柔策を繰り広げるつもりだったのか、いささか気になるところだ。（吉田は一九六三年に台湾を訪問して台湾との親善強化を図るのだが、それは周恩来に門前払いを食ったことも背後の一因として働いているかもしれない――というのは考えすぎだろうか）

高碕の東北部視察

この時の訪中団についてもうひとつ特筆すべきは、高碕はこの時、周恩来からの依頼により、中国東北部の重工業プロジェクトを視察していることである。

ソ連が六〇年七月に対中援助を突然停止し、技術者を引き揚げ、プロジェクト契約を破棄したために中国の重工業が窮地に陥ったことは先に書いたが、その直後に訪中した高碕に対し、周恩来が「企業家として改革意見を提示し、診断してほしい」と強く要請したのだ。

この時、高碕の案内役を務めた中国側のひとりに、後に中日友好協会副会長となる肖向前がいる。肖向前はちょうど筆者が本書を書いていた最中の、二〇〇九年一〇月一五日に、北京で肺炎のため九一歳で亡くなり、〝中国を代表する知日派の元外交官〟の他界として、日本でも各新聞が取り上げた。

その肖向前が生前に記した回顧録「不尋常的談判」（親中国大使業書）の中で、高碕の訪中について記している部分がある。それによると、高碕ら一行は、高碕自身が戦前、満州重工業総裁を務めていた際に重点工場としていた遼寧省鞍山市の鞍山鋼鉄（旧・昭和製鉄所）や、吉林省長春市の第一汽車工場を視察している。

今や中国の三大自動車メーカーのひとつである第一汽車は、ソ連のトラック・重機メーカー、ジルの支援で五三年七月に設立された中国初の自動車（トラック）メーカーである。それはちょうど、先に紹介した日本のヂーゼル自動車社長の弓削靖が、トラックを中国に輸出しようと日本で奔走していた時期でもある。

米フォードのモデル工場をソ連が改造し、第一汽車は六〇年時点で軍用五トントラックを年間三万台生産していたようだ。第一汽車は中国初の国産ブランド乗用車「紅旗」を生み出し、それから長年要人の専用車として使われるほどで、紅旗はその名の通り、中国自動車のシンボルとなった。

高碕はまた、河南省洛陽市にある、前年の一九五九年一一月に稼動したばかりの中国初のトラクターメーカー、第一トラクター製造廠を視察している。これは「東方紅」というブランドで、今でも中国最大の農機具メーカーである。

そのほか、高碕は過去に日本の水力発電所建設にも携わっていたこともあり、三門峡の黄河第一ダムなどを視察した。こうしたプロジェクトはソ連の設計や援助でなされていたにもかかわらず、ロシア人技術者がいなくなったために放棄されたままものや、工事の遅延も多く、高碕は強く憂慮したという。

田中脩二郎

さて話を元に戻すと、周恩来の「対日貿易三原則」により、日本の商社は改めて日中貿易に従事できることになった。これまでの「配慮貿易」は、より範囲と規模を拡大させて、「友好貿易」と呼ばれる貿易に引き継がれた形になったわけだ。

中国側の窓口は中国国際貿易促進協会としたが、では日本側は、さまざまな商社をどうやって〝友好商社〟と認定したらいいのか。

そこで廖承志は、「日中貿易促進会」、「日本国際貿易促進協会（国貿促）」、「日中友好協会」の三団体に認定権限を与えることとした。日中貿易に従事したい商社があれば、こうした三団体が審査し、「政治三原則」と「対日貿易三原則」、「政経不可分の原則」を守っていることが分かれば〝適格〟とされる。そこで改めて中国国際貿易促進協会に推薦され、同協会が再度審査・承認して初めて「友好商社」として認定される、という特異な仕組みだった。

複数の民間団体に権限を与え、窓口を一本化しなかったのは、中国が日本の親中派団体を政治的にも利用するためだったといわれる。

六〇年八月に廖承志が鈴木一雄を北京に招き、周恩来との会談で対日貿易三原則が提示されたことは先に書いたが（第二四回「ある秘策」）、その時の訪中に同行した中に、アジアアフリカ経済委員会事務局長の田中脩二郎がいる。田中は、中国滞在時の記録を残しており、前述の「黎明期の日中貿易」で公表している。それを読むと、意外なことが分かる。

友好商社の選定

表向きは日中貿易促進会などが友好企業を審査して決めるとされていたが、実際は、鈴木が最初から主導的に決めていたことが分かるのだ。

ダミー商社

中国国際貿易促進協会副会長の雷任民と鈴木一雄は会談で、日本の銀行と商社を中国に対する友好度合いで「レッドリスト」「イエローリスト」「ブラックリスト」の三段階に分けた。中国の赤を示すレッドリストが友好企業という意味である。ブラックリストは言うに及ばずだが、イエローリストは〝立場不明で検討の余地あり〟ということである。

鈴木が貿易為替を扱う銀行のレッドリストに選んだのは、日中貿易促進会の会員である東京銀行、三井銀行、三和銀行、富士銀行の四行で、残りの銀行はすべてブラックリストとした。

保険会社については、鈴木は「(反中的) 日本政府と戦った保険会社を指名したい」という意向を示した。「保険会社は日和見主義で (迷う)」としながらも、「千代田火災保険は明確」とレッドリスト入りとした。イエローリストは東京海上火災、安田火災海上、同和火災海上の三社とした。一方、商社の選定についても鈴木がイニシアチブを取るよう求められ、鈴木は次のように答えたという。

「第一次で三～四社やり、第二次は一四～一五社、第三次はもっと多くなる。当分考えたいのは、反動派の問題のあるところが一〇社くらいある。暴露闘争を始めたから協力してほしい」

これに対し、雷任民は「日中貿易はまだ正常ではなく、〝貿易が再開した〟という印象を作ってはいけないため、友好商社の第一次選定を限定し、その実行を見た上で第二次を進める」とした。鈴木はその際、外務省が「中国は (大躍進で) 建設事業で困っているから日本の機械や鋼材が欲しいのだろう」という冷ややかな見解を示していたため、「貿易を再開する際には、日本側からの輸入から始めたい」と、中国側のメンツにわざわざ配慮する姿勢を見せている。

ところでいささか気になるのは、最後の「暴露闘争を始めた」という発言である。これはどういう意味だろうか。

個人的にそれが気になり、記録を残した本人である田中脩二郎氏に聞いたところ、既に記憶が定かではないとしながらも、「大手商社のダミー会社の扱いをどうするかで議論が分かれたのです」と話してくれた。

台湾との取引があった三井物産、三菱商事などの大手商社はそれぞれ、中国と取引する子会社や関連会社の「ダミー商社」を持ったことは知られている。三井物産は第一通商、三菱商事は明和産業、丸紅は和光交易、住友商事は大華貿易、伊藤忠商事は新日本通商――という具合だ。

田中氏によると、大手商社の名前は表向きは出ないようになっていたが、ダミー会社に資格があるのかどうかで（中国側に）事情を暴露する傾向も出てきたため、商社選定を慎重にせざるを得なかった事情があったのだという。

では、最初の段階でどの会社が選定されたのか。

第一次友好商社に指定されたのは、睦（むつみ）という商社で、中国糧穀油脂出口公司との間で初めて契約した。次いで◇羽賀通商◇三進実業◇東産業◇東工物産（川瀬一貫社長）◇日信貿易――が選ばれた。特に、睦と羽賀通商、三進実業は、大手商社のダミー会社を尻目に、〝友好商社の御三家〟と呼ばれていたという。

その後の資料は日本側にもあまりない。中国側の資料では、李恩民が「中日民間経済外交」の中で「初期の研究が少なく、（二年後の）『日中友好貿易企業名簿』（一九六二年版～六八年版）があるのみ」だと記している。ただし「廖承志和日本」には唯一、第三次頃の六〇年一一月までに選ばれた以下の一五社が記されている。

◇啓明交易（望月勲社長）◇尼崎交易（細川俊三社長）◇野村交易（安井快之社長）◇内山書店（内山嘉吉社長）◇東方書店（安井正幸社長）◇東工物産（川瀬一貫社長）◇和光交易（国分勝範社長）◇呉山貿易商社◇東洋綿花◇東進企業◇大同交易◇亜記交易◇延寿堂◇小池貿易◇寿商事

このリストの会社や代表者を眺めると、予想通り、戦前から中国貿易に濃密に関わってきた人物や関連会社が選ばれていることがわかる。

啓明交易や和光交易は共に、もともと戦後の大連で日本人引き揚げに関わったとされる高橋庄五郎が立ち上げた会社であるし、川瀬一貫は経団連の常任理事として戦後初の日中貿易開始に関わった人物だ。

またリストには商社らしからぬ内山書店や東方書店が入っているが、これは日中貿易関係が良好だった五六年に、両国の出版文化交流が行われていた名残りだろう。ちなみに内山嘉吉は内山完造の弟で、完造が前年の五九年に北京で亡くなっているので引き継いだのだと思われる。さらに呉山貿易商社というのは、前述したように内山完造が代表を務めた会社である。こうした友好商社の数は、わずか一年半後の一九六二年四月までに、二二〇社にまで大幅に膨れ上がることになる。

鈴木一雄

友好企業を選定した鈴木一雄については先に、鉄鋼王の稲山と周恩来を引き合わせた人物としても書いた。それほど周恩来に信頼された鈴木は、どんな背景を持っていたのだろうか。

鈴木は戦前に三菱商事のジャカルタ支店長を務め、アセアン畑を歩いてきた商社マンだが、戦後中国にどっぷりはまることになる。当時の鈴木をよく知る人物が、現在も北京にいる。貿易会社を営む中山真理である。

密使

中山真理は高校を卒業したばかりの一九六五年に、東京日日新聞（現・毎日新聞）記者として北京駐在になった父・浅海一男に連れられて、初めて北京を訪れている（ちなみに浅海は、日中戦争初期に従軍記者となり、「日本軍将校二人が〝百人斬り競争〟を行った」という、後に真実か創作かで論争になった有名な記事を書いた記者である。浅海は、早稲田大学留学中の廖承志と同級生だったという）。

北京に来た中山はその頃、日本人元商社マンの一家が病気療養のため、北京に滞在していると聞いた。それが鈴木だった。

訪ねてみると、鈴木が関わった日中関係の現代史があまりに面白くて毎日のように鈴木の自宅に通った。中国に肩入れしていた鈴木は、後に日本共産党の秘密党員だったという噂がまことしやかに流れたものだが、中山によると、非常に品のいい上流階級の趣がある家庭だったという。中山がその時鈴木から聞いた中には、次のような話がある。

国共内戦で共産党の勝利が明らかになりつつあった四九年、鈴木らが共産党政府の貿易部門と貿易を始めようとして、密書を携えた密使を香港経由で天津に送った――というものである。

当時はまだ大陸内で国民党勢力が強く、筒状の穴を空けた箸の中に密書を入れて、在日華僑に託して極秘裏に天津まで届けた。偶然にも中山は後年、実際にその密書を届けたとされる在日華僑の老紳士に北京で遭遇して驚愕したこともあるという。

一九六五年八月二一日付「アジア経済旬報」（中国研究所発行）には、鈴木が東京で「貿促運動が歩んだ道」と題した座談会に出席した際の筆記録がある。この日付から想像すると、中山が北京に来たのも六五年とのことなので、座談会が開かれたのは鈴木が北京に療養に行く直前だったのではと思われる。

この座談会には、密書の話は出てこないが、なぜ三菱商事のアセアン畑だった鈴木が中国にのめりこむことになったかという経緯が書かれている。

三菱商事

戦後の財閥解体により、三菱商事や三井物産など大手商社は、当時の資本金で二〇万円以上持つことが禁止され、それぞれ約三〇社に上る資本金一九万八〇〇〇円の会社に分割されたという。鈴木はそのひとつ、神戸商事の東京支店長になった。

神戸商事は、石橋湛山が会長をしていた通信・電子部品メーカー、国際電気（現・日立国際電気）の代理店になったが、中国貿易を始めたい国際電気の意向で、「日中貿易促進会」に加わった。

鈴木が三菱商事出身だったため、各業界を結集するには都合がよく、貿易実務にも長けているとして担ぎ出された形になり、これが中国と接する初の機会となった。鈴木を日中貿易促進会に引き入れたのは、促進会の代表委員をしていた、同じく元三菱商事の北条道雄である。

だが促進会は、中国と商売するにはどの機関と交渉すべきかといった事情が全く分からず、途方に暮れていた。

その後、日本共産党議長となる野坂参三の紹介などで知り合った上海貿易局局長の〝陸氏〟から、中国がレール用鋼材五万トンの買い付けを希望しているとの情報が伝わってきた。

鈴木は八幡製鉄所の稲山嘉寛（後の新日鉄会長）に伝えると、稲山は驚いて話に飛び付いてきた。それもそのはず、四九年は世界的不況の真只中にあって需要が極端に冷え込んでいたのに、中国は世界市場から隔離されてまだ旺盛な需要を抱えていたのだ。鈴木と稲山は中国との連絡方法に戸惑っているうち、天津に輸出入公司ができたとの情報をつかんだという。

おそらく、中山が鈴木から聞いた「天津に密使を送った」という話がもし本当であったとすれば、新中国成立直前ではなく、この頃のことだと思われる（そうだとしても、箸の中に密書を隠すほどの時代背景の説明がつかないが）。

いずれにしても、日中貿易を切り開こうとした密使に始まる数滴のしたたりが、七二年の中国との国交正常化後、三菱グループを総動員して中国の復興支援に乗り出す大きな激流につながるのだが、三菱グループの浅からぬ因縁のようにも思われて興味深い。

第４章　高碕達之助とＬＴ貿易

LT 貿易をまとめた高碕達之助（左）と廖承志

「現在両国の間には暴風雨が吹き荒れていますが、その中でも互恵平等の正しい方向に突き進むべきです。老躯に鞭打ちながら後 10 年生きて、日中の国交正常化を見届けなければ」

――高碕達之助、LT 貿易の覚書に調印して

採み手商売

広州交易会

長崎国旗事件で断絶された日中貿易は、二年半に及ぶ空白期間を経て、六〇年一一月一五日に事実上再開された。

友好商社に選ばれた企業は、毎年春と秋の二回開かれる、広州交易会と呼ばれる「広州輸出商品交易会」に招待された。広州交易会は今でこそ、一〇〇回以上を数え、世界中のバイヤーが集まる貿易展示会として有名だが、当時の商社マンにとってはこれが唯一中国に入国できる手段であり、商談を行える機会だった。この時以来、日系商社にとって、広州は重要な舞台となる。

日本人が当時広州に行くには、まず香港に入るのが唯一の手段だった。そこで中国唯一の旅行社である中国旅行社から中国入国ビザをもらい、九広鉄路で北上して終着の羅湖駅で降り、自分で荷物を抱え、深セン川にかかる短い鉄橋を徒歩で渡る。渡った先の検問所で入国スタンプをもらい、ようやく中国側の深圳に入ることができた。

深圳は、今でこそ約九〇〇万人が住む中国第二位の大都市だが、わずか五〇年前の当時は人口約五万人の農漁村で、一面に広大な田園地帯が広がっていた（たった数十年でこれほど人口が膨張した都市は世界でも外にないだろう）。

そして深センにぽつんと建っていた小さな鉄道駅から何時間もゴトゴトと列車に揺られてようやく広州にたどり着く。香港との境界を越えると目の当たりにする、息を飲むような貧しい光景は、当時初めて入った多くの商社員に強烈な印象を与えたようだ。

「販売権」を買う

日系商社が広州交易会に参加できるようになってからの日中貿易総額を見ると、一九六三年には一億米ドルを突破して五〇年代のピーク水準に回復している。さらに六六年には六億米ドル、七〇年に入ると八億米ドルと、うなぎ上りで増え続けることになる。

中国当局も友好商社を重視したことがわかる。広州交易会で設けていた「外国企業接待事務所」の中に、日本人出張者専門に対応する「第二接待事務所」を設けたことからも明らかだ。

交易会は当時約一カ月間にわたり開催されたが、通常それでも商談は終わらず、交易会の後は外国企業の中でも日系商社だけが北京に招かれ、商談を継続できた。そして、廖承志や南廖宸ら党幹部が商社マンと交流を深めることが慣例になっていた。

当時の友好商社員たちに直接話を聞いてみると、事情がよくわかる。

彼らにとって極めて重要だったのは、北京での商談まで進めるかどうか、ということである。それは次回交易会までの間に仕事ができるかどうかを意味するからだ。その可否を左右するのは、すべて中国国際貿易促進委員会のさじ加減だ。そのため友好商社は、北京に行くために〝中国国貿促参り〟が始まり、中国側に気に入れられるような行動を取ることになった。

それは、中国国貿促の役人を接待すれば事足りる、といった類のものではなかった。中国側は、どの商社が日中友好にどれだけ尽くしているかを詳細に調べており、日本で開かれた友好集会に誰が何回出席したかさえ捕捉していた。そのため、「毛沢東語録」を自主的に勉強する日本人商社マンもいたほどだった。

友好商社が目の色を変えたのも無理はない。その時の取引というのは、実際に物資を取引するのではなく、物資の「販売権」を当局の貿易公司から得て、それを別の複数の実需商社に割り当ててコミッションを得る、という必ず儲かる仕組みだったのだ。例えば一万トン分の大豆販売権を得た場合、一〇〇〇トンずつ一〇社に割り当てることができた。友好商社はこの販売権を得ようと、中国側に対して〝土下座外交〟に近い状態だったという。

日中貿易が事実上復活したはいいが、あくまでも中国側が友好的だと判断した商社しか取引できない。ニンジンを目の前にぶら下げられたまま中国国貿促参りするような〝揉み手商売〟の状況は、日中貿易が〝中国のいいなり〟とも言えた。

岡崎構想

そこで池田首相は一九六二年春に、互恵平等な貿易関係のあり方を探るため、ある人物に相談した。全日空社長を務めていた岡崎嘉平太である。くしくも同じ時期、自民党代議士の松村謙三も、岡崎に日中関係の改善策について意見を求めていた。

岡崎は日銀出身で、戦前に大東亜省参事官や上海大使館参事官を歴任し、戦後は中国当局と日本人引き揚げ交渉などを務めた人物である。

岡崎は考えた末、いくつかのアイディアを池田に提出した。それは、友好商社が個別に契約する方式ではなく、日本側のメーカーと中国側の利用者が直接交渉し、年間貿易量の予定をあらかじめ策定して契約する――という方式だった。輸出入の手続きは、日本のメーカーに代わって、日本の商社が中国の貿易公司との間で行う。つまり、取引される商品は計画的な取引のできる物資に限られることを意味する。

岡崎は回顧録「私の記録」で、その構想の背景について記している。それによると「計画経済の中国は長期にわたる取引が必要だ」という観点から、日本は中国が最も必要としているプラントを輸出して中国の国づくりを援助していこう、という狙いがあったという。それを実行するためには、日本政府保証による約五年間の延べ払い方式を採用しなければならない。

当時、欧米諸国は中国などの共産諸国に対して延べ払いを実行していたにもかかわらず、日本は御多分に漏れず、米国に追随して認めていなかった。

佐藤栄作通産相が、第三国が保証すれば延べ払いを認めるとの妥協案を示したが、実際に保証する第三国などない。

岡崎はそこで、第三国の代わりに、両国で権威ある人物を「保証人」に立てるという方式を思い付き、池田内閣はその「岡崎構想」を承認した。

LT貿易

当時、日中関係改善で大きな役割を果たした政治家の中で特筆すべきは、当時自民党顧問の松村謙三だろう。中国理解派には当然、共産党や社会党など左派の政治家ばかりだった中で、松村は自民党の幹部だったという点で、特別な存在だったといえる。

自民党が米国の顔色を窺う中、中国問題で立ち往生していた池田首相は、松村に対して「私の立場は米国を向くことだ。中国問題は全てを君に任せるので、中国に対する〝顔〟になってほしい」と頼んでいた。

ただし、周恩来が松村を厚遇したのは、〝自民党中国担当の重鎮〟であることばかりでもないようだ。松村自身が、青年時代から中国各地を旅行するなど中国理解派であることも、大いに周恩来の胸襟を開かせた要因だろう。松村は大学卒業後に報知新聞の記者を経て代議士となり、五九年には自民党幹部として戦後初めての訪中を実現している。

松村はその頃周恩来に対し、「日中関係を改善するために会談したい」という意向の書簡を送っている。それに対して周恩来はすぐに、松村の訪中を歓迎すると返答し、同年九月一四日に松村が北京を訪れた。

中国の蘭や囲碁を愛好していた松村はその時七六歳だったが、イデオロギー抜きで中国と文化交流できる数少ない人物で、周恩来とは昵懇の間柄になっていた。廖承志も松村の性分に感銘を受け、市内の伝統的家屋「胡同」に松村を急遽連れて行き、かつて日本で孫文の戦友だった自分の母親、何香凝に引き合わせているほどだ。

二回目の訪中で、松村は周恩来と計一〇時間以上にわたる会談を行い、「岡崎構想」を基にした、新しい貿易の枠組みをとりまとめ、「政治体制は異なっていても、積み上げ方式で両国関係を改善していく」という大前提が示された。

具体的な貿易方式については、直後に訪中する高碕と廖承志が話し合うことになった。

「延べ払いを認める」

そこで、高碕と岡崎は六二年一〇月二六日、商社やメーカーの代表者からなる訪中団を組み、周恩来らと実務協定で交渉した。参加したのは、高碕達之助や岡崎嘉平太のほか、竹山祐太郎（自民党）、野田武夫（自民党）、松本俊一（元ソ連大使）など四二人（二二企業・団体）である。

これに対して中国側は、廖承志や外交部長の陳毅、中国輸出入公司総経理の盧緒章、孫平化、肖向前など対外貿易関係の責任者が対応した。

周恩来も今回の貿易案を大歓迎し、「この交渉には私自らが当たりたいほどだ」と意欲を示したという。松村の事前交渉があったために、この交渉は順調に進んだ。

そうして、六二年一一月九日に高碕達之助と廖承志が両国を代表して「日中長期総合貿易覚書」に調印した。覚書の概要は、以下のようなものである。

◇輸出品目を明記した総合的なバーター貿易とする

◇日本は延べ払い方式を認め、中国にプラントを輸出する

◇一九六三年から六七年末を第一次五カ年貿易期間とし、年間平均の貿易総額を約三六〇〇万英ポンドとする

◇中国の輸出品目は、石炭、鉄鉱石、大豆、とうもろこし、豆類、塩、スズなど

◇日本の輸出品目は、鋼材、化学肥料、農薬、農業機械、プラントなど

◇両国は、日系メーカー・商社が結ぶ契約に保証を与え、プラントの延べ払いの場合は日本輸出入銀行（現・国際協力銀行）の融資を利用できる

調印式には周恩来も出席したが、覚書に調印したのが廖承志と高碕だったことから、この貿易は、それぞれの頭文字であるＬとＴをとって「ＬＴ貿易」と呼ばれることになった。岡崎が案を作成し、松村が仲介し、高碕が取りまとめた、日中貿易の新しい土台がここで完成したといえる。

両者はＬＴ貿易の調印を受けて、「高碕事務所」を北京に、「廖承志事務所」を東京にそれぞれ設置した。

高碕事務所は事実上、通産省の対中外郭機関だったが、国交のない両国にとっては、公的な政治交渉窓口としての役割も持つことになった（今日でも、北京にある経済産業省管轄の日中経済協会の応接室を訪れると、「日本高碕事務所（TAKASAKI OFFICE）」と、「日中覚書貿易事務所」の二つの金属製の看板が展示されている）。

LT貿易は日本側から見ると、政府が公式には表に出ていないにもかかわらず、政府保証の輸銀ローンを認めるといった、半官半民的な貿易形態だったといえる。

しかし貿易形態は別にして、一番重要な点は、中国がこれで日本から巨大プラントを輸入できるようになった、ということだ。

また延べ払いが可能になったという点でも画期的だった。欧州の先進諸国の間では、延べ払いの対中プラント輸出は既に実施されていたのだが、日本が中国に対して認めたことは、米国の政界では当時、〝座視できない問題〟として取り上げられたほどだった。

極秘文書

国会議事録によると、松村は中国から帰国した際、通産省の役人に中国の事情を説明している。それによると、中国は日本からの輸入品目について「肥料」「農薬」「鋼材」「化学繊維」「プラント」――という順番で優先順位を置いていた。

せっかくプラントを輸入できるようになるというのに、それよりも早く肥料や農薬を調達したかった、というのは意外な気がするが、それも当時の中国の状況を紐解くと理解できる。

中国は、一九六〇年からソ連からの経済援助停止で多くの重工業プロジェクトが滞ったために経済が大混乱に陥っており、日本とのLT貿易交渉直前である六二年三月に開かれた第二期全人代第三次会議で、「農業基礎論」による調整として、重視する産業を重工業から農業に転換することを決めているのだ。

また、LT貿易で取り決めた貿易総額が「約三六〇〇万英ポンド」というのは、四年前の日中民間貿易協定の貿易総額である七〇〇〇万英ポンドと比べると、わずか半分に過ぎない。だが、LT貿易にはプラント輸出分は含まれていない。つまり、延べ払いによる輸銀ローンを用いた大型プラント輸出が相次げば、LT貿易は一挙に巨額に膨れ上がるという可能性を秘めていたのだ。

「友好貿易をつぶす」

さて、LT貿易調印に絡み、日本側でさまざまな水面下の駆け引きがあったことを示す外交文書がいくつかある。いずれも「極秘」印が押されてあり、数十年後に「秘密指定解除」を受けて公開された文書である。

それらを見て分かるのは、日中貿易促進会（鈴木一雄理事長）の存在が、松村謙三や岡崎嘉平太をはじめとした日本政府サイドに煙たがられていた、ということである。

岡崎構想というのはそもそも、鈴木が主導権を握っていた友好貿易をつぶすことが狙いである、と外交文書には明確に書かれているのだ。ここで複数の文書を抜粋してみよう。

【島外務審議官主催の省内会議メモ「日中貿易に関する件」（「極秘」扱い・外務省中国課・東西通商課、六二年七月三一日付）】

鈴木一雄を仲介として中共側と話し合いを進めることには反対であり、岡崎（松村）構想が近く軌道にのる見込みがあるなら、稲山社長の申し入れは岡崎構想に乗せて実現されてゆくことが望ましい。

【「日中貿易に関する岡崎嘉平太氏の構想について」（「極秘」扱い・外務省中国課長・東西通商課長、六二年八月一日付）】

同（岡崎）氏の語った要旨は次の通り。一、黒金官房長官に手交したｐａｐｅｒは、まだ松村先生にお見せしていない。然し、基本的には先生の考えに則ったものであり、狙いは友好商社体制を潰して貿易の正常化を図り、日中輸出入組合を再建することにある。

【「岡崎構想とその問題点」（「極秘」扱い・外務省中国課、六二年八月六日付）】

（岡崎構想の）参加メーカーは自己と同系列、又は取引ある商社をそれぞれ指定すべく、この段階でいわゆる友好商社を排除し得るところが本構想の眼目である。

【「松村謙三氏と大平外相との会談録」外務省大臣室・六二年九月一一日午前一一時一五分】

自分（松村）の任務は、（中略）双方の信頼と理解を深めるための原則的話し合いを行うことにあるので、具体的な問題には触れない積りだ。しかし、自分の念願する農業建設に対する援助は、先方の面子も考えて「経済の正常化」という形で取り上げてみること、（中略）取扱商社（の選定）を当方に任せること等については一応触れてみる積りである。偏向しきっている鈴木一雄氏等は信頼できないからである。

「友好貿易」が始まる際に、鈴木が企業の選定などで極めて大きな権限を持っていたことは既に書いたが、極秘扱いだったこれら外交文書を読むと、中国側に肩入れしすぎた鈴木の力を取り除き、友好貿易そのものを潰そうとしたことが、ＬＴ貿易案の発端だったことが如実に理解できる。

共に対中貿易推進には賛成だったものの、業界団体である日中貿易促進会と、岡崎をはじめとした政府寄りの親中派財界人の両者は、一枚岩どころか、かなりの隔絶があったのだ。

しかし、岡崎構想はＬＴ貿易という形で実を結んだが、友好貿易をつぶそうとした意図だけは実らなかった。

ＬＴ貿易が調印されてからわずか一カ月後の六二年一二

月、鈴木と宿谷栄一（国貿促副会長）、木村一三（国貿促関西本部・専務理事）の三氏は代表団を率いて中国を訪れ、友好貿易をさらに拡大する「友好貿易協定書」に調印したためだ。これにより、一部商社だけの友好貿易は生き残り、LT貿易と並存することになる。

これは中国側が、友好商社を統括する日中貿易促進会や日本国際貿易促進協会を政治的にも利用するため、制度を温存したかったことが背景にあるのだろう。

池田首相の思惑

LT貿易の覚書に調印した時、高碕は感極まりながら周恩来に話した。

「これでようやく日中貿易の列車が走り出しました。そして、列車を正しい方向に操縦する運転手が大事です。正しい方向とは、両国にとって平等互恵の方向です。現在両国の間には暴風雨が吹き荒れていますが、その中でも正しい方向に突き進むべきなのです。老躯に鞭打ちながらあと一〇年生きて、日中の国交正常化を見届けなければ……」

しかし、それはかなえられなかった。約一年後、高碕は七九歳の人生を閉じることになる。

先の外交文書「松村氏と大平外相との会談録」によると、高碕が訪中する直前、池田首相をはじめ政府首脳は、高碕を中国寄りとして〝危険人物視〟していたふしが窺われる。これに対して、松村は高碕をかばい、大平に訴えている史料が残っている。明らかに高碕の訪中を松村が背後で支えていたのがわかる。

「高碕君のことにつき、稍稍危険視する向もあるが、自分は高碕君には何でも言える立場にあるので、左様な心配は要らないようにする積りである。又慎重な竹山、井出両君を特に高碕君につけておくように配慮しておるのもそのためだ。又高碕君はあぶないから訪中を差止めるというようなことは絶対にしないでほしい」

ある会話録

一方で、LT貿易の調印を松村と高碕に事実上任せた池田首相は、それによる実際の経済効果を全く期待していなかった。それどころか、幾分嘲笑していたふしが窺える。

当時日本は、台湾、韓国、タイの三カ国・地域との貿易総額がそれぞれ一億数千万米ドルとほぼ同水準だったが、池田は「日本が買うものが少なく、中国も外貨がないため、対中貿易はその三分の一に達するのも難しい」と認識していた。

池田は同じ頃、国会で下記のように幾度となく発言している。

「せっかく今伸びつつありまする中共貿易を、ソ連と日本の貿易のごとく伸ばしていきたいと考えておるのでありま す」（衆議院本会議六二年八月一一日）

「中共との関係は、民間における貿易の拡大につきましては、十分私は拡大するよう努力していきたいと考えておるのであります」（参議院本会議六二年八月一三日）

しかしここに、また別の「極秘」扱いだった外交文書がある。池田が六二年一〇月二日夜、自由アジア東京大会という国際会議に出席し、レセプションでロバート・マーフィー元駐日大使と遭遇した時に交わした会話録である。

【「自由アジア東京大会出席者レセプションの様子報告」（「極秘」扱い・一九六二年一〇月二日外務省）】池田総理はマーフィー元駐日大使をかたわらによびよせ、「米国では最近の中共ミッションについて心配している向きがあると思うが」、と前置きして「一般国民は日中貿易は非常に拡大するように考えている、これはムードである。然し、実際は、中共から買うものがないので余り伸びない、このことは財界の連中はよく知っており、中共貿易についてしりごみしている、松村氏を（北京に）行かせたのは、中共貿易が結局うまくいかないことを国民をして知らしめ、結果によって教えるためである、米国が心配されないようお願いする。松村氏は大体において信頼がおけるし、財界から自分の兄弟の如く思っている者一人と、宮沢長官の叔父の小川平二氏をつけてあり、間違いのないようにしてある。米国に帰られたら、あなたから国務省に自分がこのように言ったと伝えてほしい」

これは、松村が周恩来と新たな貿易構想で合意してきた直後で、かつ、高碕が訪中してＬＴ貿易に調印する直前の時期の会話である。そこには明らかに、国会答弁とは裏腹の池田の底意がある。

国内産業向けと米国向けに二枚舌を使っていたかのようにも取れる。松村は高碕に、二人の保守派を付けて中国に送り出したことを先に書いたが、実は信頼されていた松村も、「間違いのないように」二人の御目付役を付けられて中国に送り出されていたようだ。

ケネディの要望

日本がＬＴ貿易をまとめるのを苦々しく見ていた米国は、日本を強く牽制し始めた。一二月三日に米国で開かれた日米貿易経済合同委員会の昼食会で、時のケネディ大統領が、中国を封じ込める政策を日本側閣僚に対して強く要望したのである。米ソ間の冷戦が頂点に達し、あわや核戦争の危機を招く「キューバ危機」直後の頃だった。

ケネディの演説は、米国が日本に対して中国との貿易拡大を望まないという強烈なメッセージを送ったもの——と、日本政府は受け止めた。

九月に訪日した米国のウィリアム・ハリマン極東担当国務次官補も「日中貿易拡大が中国の政治目的に利用されないよう、その危険性を十分認識してもらいたい」という演説をしたばかりだったが、その時は日本側からむしろ失笑を買っていた。しかし今回のケネディの演説で、改めて米国の真剣さが伝わった形となった。

第5章　プラント輸出と吉田書簡

来日した中国油圧機械代表団と日本側企業団との食事会。
後方左端が当時の小松製作所会長の河合良成。手前左側の後ろ姿が中国側通訳の周鴻慶。周鴻慶はこの直後に亡命し、国際問題に発展した。

「コロンボの町であまりに赤ちゃんがまつげが長くてかわいかったので抱いておりますと、ある領事さんが、君、一流の政治家が黒んぼの赤ちゃんなんか抱いてらい病でもうつったらどうするか、こう私に言いましたが、らい病がうつろうが、本当に君、この子はかわいいじゃないかと私は答えました。インドやインドネシアに参りましたときにも、青年団の青年少女たちに大歓迎されるのです。これは一体どういうことかというと、結局ヒューマニズム以後の政治家、ヒューマニズムを通過した実業家というものが私は今後必要なのではないかと思うのです。これはつまらぬことのようで、実は東南アジアの長い間苦しんできた人たちと新しい関係を結ぶ上に私は非常に必要なことだと思いますので、この一点に日中輸出入組合が思いをいたすならば、すべての問題は私はだんだん解けていくのでないかと思います」

——帆足計、中国との取引を一本化しようと設立された日本の窓口機関「日中輸出入組合」が、逆に商社に強大な権限を持つ団体になり商社から不満が噴出していたことについて、同組合専務理事に対して国会で。

倉敷レイヨンと大日本紡績（上）

大原総一郎と原吉平

一九六二年一一月のLT貿易調印でプラント輸出に道が開ける前から、既に中国向けプラント輸出の商談に向けた協議は着々と進行していた。中でも積極的に進められたのが、倉敷レイヨン（現クラレ）と大日本紡績（現ユニチカ）のビニロン・プラントである。

そのきっかけは、両国関係がまだ順調だった五年前の五七年にさかのぼる。中国は第二次五カ年計画の策定に向けて、日本から合成繊維や製鉄など二五項目に上るプラントを大量に輸入しようと画策したことは既に書いた。

そこで中国は五七年一二月、侯徳榜・化学工業部部長が率いる化学工業視察団を日本に送り込み、倉敷レイヨンの富山・岡山工場や大日本紡績の大阪・大垣工場を視察させた。

この時の逸話が倉敷レイヨンの資料に残っている。同社は当時、摩擦に強く腐食しない国産の合成繊維「ビニロン」を量産化させる技術を実現したばかりで、世界的にも注目されていた。同社の全売上高の半分以上を、ビニロンが占めていたほどだった。

侯徳榜は、岡山工場の最新設備を目にしてため息を漏らし、同社の大原総一郎社長に吐露した。「もしもビニロンプラントが中国にあれば、大量に合成繊維衣料を作ることができ、その分だけ綿花の作付面積を減らして穀物や農産物を増産できるのですが……」。

倉敷レイヨンや倉敷紡績（現クラボウ）、中国合同銀行（現中国銀行）、中国水力電気会社（現中国電力）などの大企業を率いた大原財閥の御曹司である大原は、侯徳榜の言葉に衝撃を受けた。「中国の人々は食べる物にさえ困っているのか」――。

大原は、中国にビニロンプラントを輸出することをその場で約束したという。

大日本紡績もまた、衣料や漁網、工業用資材などの用途としてビニロンの量産技術を進め、対中輸出に積極的だった。それは、当時の原吉平・社長（後の日本貿易振興機構＝ジェトロ＝理事長）が、戦前まで中国にあった東亜同文書院大学の卒業生だったこととも関係している。

東亜同文書院は一九〇一年に上海に設立され、商工業の実用的学問を重視した日本人向けの高等教育機関で、多士済々の政財界人を輩出したことでも知られる。原は新中国成立後も日中貿易の重要性を説いており、侯徳榜によるビニロンプラント輸出要請に快諾した。

侯徳榜が大原や原と交わした約束は結局、翌年の長崎国旗事件で中止を余儀なくされたのだが、日中貿易再開で中国は再び両社と接触し、プラント購入に向けた商談を改めて始めていた。

ＬＴ貿易が調印されて日本がプラントを中国に輸出できるようになったため、中国技術輸出入公司視察団が改めて訪日し、ビニロンプラントを輸入する手続きを進めることになった（ちなみにこの時に団長だったのは、侯徳榜に次いで化学工業部長になった楊維哲で、現在の中国人民銀行・周小川総裁の母である）。

北京市と吉林省に

倉敷レイヨンのプラント成約の詳細は、ビニロン日産三〇トン、総額七二億円、頭金二五％、延べ払い期間五年、金利は六％、工場建設予定地は北京市順義区――というものだ。大日本紡績のプラントもほぼ同条件だが、ビニロン日産五〇トン、工場建設予定地は吉林省とした。

プラント成約としては特別大きな規模ではなかったが、日本国内では大きな議論が巻き起こった。中国に輸出入銀行によるローンを認めるべきか否か、という問題である。

林連徳の回顧録によると、日本では「ビニロンは人民解放軍の軍服になるから戦略物資だ」「政府の輸銀ローンを使うのは中共への経済援助になる」といった大反発が沸き起こった。

プラント輸出は本来、通産省による許認可事項だったが、池田首相の外交政策が絡み、商談は難航を極めた。延べ払いを認めるにしてもその条件をどうするかをめぐり、対中貿易拡大に好意的な通産省と、米国の顔色を伺う外務省、韓国や台湾などへの延べ払い慣例の厳格な適用を主張する大蔵省の三省の間で、意見対立が起きたという。

米国も、日本と中国がＬＴ貿易に調印する半年以上前の六二年初頭から、具体的な妨害工作をしていたことが分かる。新聞に大きく報じられることはなかったが、一月にライシャワー駐日大使が、神戸製鋼と大日本紡績の大阪工場をそれぞれ訪れ、商談に〝圧力〟をかけたと国会で問題にされている。

ライシャワーによる米国務省へのリポート「Reischauer to Department of State」（April 7, 1962）によると、中国がビニロンプラントに限らず、三門峡ダムの発電所や鉄鋼、肥料プラントを大規模に輸入したい意向を友好商社を通じて日本に打診していたことを、米国はかなり前から把握していた。

中国に対する延べ払いについては、英国やフランス、西ドイツやベルギーなどが既に認めていたにもかかわらず、米国は日本だけには一層強くけん制した。ライシャワーも外務省に対し、「延べ払いは共産主義国家の援助に等しく、日本はむしろ南ベトナムに援助すべきだという議論が米国内で起きかねない」と警告していたほか、台湾も日本政府への圧力を強めていた。

そこで、松村謙三が動いた。

倉敷レイヨンと大日本紡績（中）

輸銀ローンが政府に認められなければ、倉敷レイヨンと大日本紡績によるビニロンプラントの対中輸出は不可能になってしまう。

松村は六三年四月に、日本愛蘭協会会長の立場として、廖承志に書簡を送っている。「中国から蘭の代表団を日本に直ちに派遣してほしい」――。

松村は蘭好きとして知られてはいたが、急に代表団を送ってほしいというのはどういうわけか。廖承志は戸惑ったが、すぐに「訪日の真意は蘭にあらず」と作意を嗅ぎ取った。

そこで「蘭の花代表団」メンバーに、廖承志の片腕である孫平化、王暁雲、王暁賢の三人を〝密使〟として潜り込ませ、四月二九日に日本に派遣した。

代表団は東京で実際に蘭の交流活動を無難に終えた後、密使役の三人だけが東京に残った。案の定、孫平化ら三人には重要な任務が待っていた。ビニロンプラントの中国輸出をどう進めるか、輸銀ローンを日本政府にどう認めさせるかについて、日本側の支援者と知恵を絞ることである。

渡辺弥栄司との出会い

孫平化らはこの時、松村や高碕、宇都宮徳馬、園田直などの自民党議員や、大原総一郎や原吉平などの民間企業トップや関係官僚など多くの政府関係者と、新聞記者を避け、密かな会談を行うことになった。

松村の狙いは、対中貿易に好意的な閣僚や官僚を孫平化らと引き合わせて支持を取り付け、プラント輸出承認までの〝外堀〟を埋めることだったのだ。

宇都宮は、自宅の大きな庭園にある座敷で歓迎宴を開いた。宴の途中で孫平化を二階の小部屋に連れて行き、プラント輸出を担当していた通産省の谷敷寛・通産課長に引き合わせた。

また園田は、池田内閣で中国理解派の河野一郎・建設大臣を紹介し、建設省の支持を取り付けた。一方、高碕は別の料亭で、外務省の原富士雄・アジア局中国課長を紹介した。孫平化によると、河野はこの時「池田政権が米国の圧力に屈してプラント輸出をやめることはない」と明言したという。

孫平化が紹介された数々の有力者たちの中で最も有力な支援者となったのは、小松製作所（現コマツ）の河合良一社長（後に日中経済協会会長）が紹介した、通産省の渡辺弥栄司・官房長官だろう。渡辺は、河合が通産省重工業品輸出課長だった時の同期入省組の一人である（ちなみに河合は、政商の父・河合良成が社長を務めていた小松製作所に天下り、社長を引き継いでおり、ＬＴ貿易調印時の日本側責任者の一人だった）。

実はその渡辺はこれを書いている今も健在で、東京に住んでいる。渡辺は通商政策局長を最後に通産省を退職し、六五歳で司法試験に受かり、青山に弁護士事務所を開いた鬼才である。

渡辺が四七歳の時である。渡辺によると、五月のある晩、河合と一緒に料亭で孫平化らに会い、プラント輸出の件を相談された。通産省は外務省と異なり、プラント対中輸出の積極派であるのは確かだが、渡辺はこの件ばかりは極めて難しい、と考えた。外交関係がない中国に輸銀ローンを認めるのは不可能で、しかも圧倒的多数の政治家はプラントを中国に輸出しても日本にとって何のメリットもないと感じている、というのが理由だった。

渡辺が話を聞いていると、孫平化が渡辺と同い年であることが分かった。その孫平化が「どうしても中国にはプラントが必要なのです」と熱く語る。その説得力で、「なるほどこれは認めてあげないと」という気持ちになったという。

プラント輸出は、一定金額までは局長である渡辺の決済で輸出許可が出せる。そこで、とにかく通産大臣には黙って輸出許可を出してしまおう、と決断した。

「絶対秘密に」

渡辺は、人民日報（二〇〇〇年一〇月一八日付）にも当時の心境を吐露している。「もし調べられて発覚したら、官房長官を辞して市井の人になろうと覚悟した」という。

渡辺がプラント輸出を進めることを承諾すると、孫平化は逆に非常に驚いてきた。渡辺は「その代わり、約一カ月間は絶対に秘密にして、プラント輸出はうまくいかなかった、ということにしておいてくれ」と念を押した。

そして孫平化との約束を、通産省に持ち帰った。そして通商局長を説得し「全責任は自分が持つから、中国へのプラント輸出許可を出してくれ」と頼んだ。渋った通商局長だが、最終的に承諾してくれた。そこで信用できる部下の七〜八人だけで息を潜めるように輸出許可を出し、輸銀ローンの手続きを完了してしまった。渡辺は「早く判明すると取り消せということになるから、取り消せないところまでいくよう神に念じた」という。

しかし案の定、三週間ぐらい経って事態は発覚した。

渡辺によると、通産大臣の桜内義雄は、まるで火が付いたように慌て、渡辺を大臣室に呼びつけるなり怒鳴った。「なんてことをしてくれたんだ。非常識も極まる。即刻取り消したまえ！」――。

渡辺は、「国際慣行に従えば、既に正式な書類が出されているために取り消せない」と訴えた。

倉敷レイヨンと大日本紡績（下）

そして、「それでも取り消せとおっしゃるのなら日本政府は国際裁判所に訴えるしかないですが、おそらく勝ち目はないでしょう……」と穏やかに説明すると、櫻内は観念したように椅子に体を沈め、大きなため息をついてから押し黙った。

渡辺は当然、自分の首が切られるだろうと覚悟したが、不思議と静かな心境だった。自分の信念でやったことだ、悔いはない。

しかし櫻内は結局、渡辺を辞任させることはなかった。渡辺の信念を理解してくれたのだ。渡辺は「この頃は通産省に〝侍〟がいた時代だった」という。

（この美談に水を差すようで恐縮なのだが、ここであえて注釈を付けたいのは、渡辺はこの対話をした通産大臣を「櫻内義雄」と言っているが、これは間違いなくビニロンプラントが認められる前、つまり六三年半ばの話なので、当時大臣だったのは「福田一」であり、おそらく渡辺の記憶違いではないかと思われる。櫻内が福田から大臣を引き継ぐのは、六四年七月になってからである。筆者もこの点を本人に指摘したのだが、残念ながら記憶があいまいになっている、とのことだった）。

実は渡辺はこの二年後、実際に通商局長を最後に退官している。

しかしそれは、中国との国交正常化を〝民間主導で〟実現しようと計画した岡崎嘉平太から、「私の助手をやってくれ」と頼まれたためだった。日本は米国の属国ではないことを示したいと言う岡崎に対し、「この人は本物だ。ならば私の一生をこのおじいちゃんに捧げて、一緒にやってみてもいい」と思ったためという。

日紡プラントを延期

高碕と松村は密かに池田首相と会談を重ね、池田首相はついに、中国へのプラント輸出に輸銀ローンを用いることに消極的ながらも同意した。

ちょうどその直後、倉敷レイヨンと、大日本紡績の幹部らは、北京で契約書作成の商談を進めていた。政府の正式承認を前に、民間による中国側との契約という事実を前倒しして進める形となった。

商談は北京飯店で行われ、日本側は倉敷レイヨンの矢吹修・常務、と、大日本紡績の飯尾冨雄・常務、取り扱い商社である西日本貿易の華井満氏らが参加した。

中国側は、中国技術進出口公司の崔群・総経理、紡織工業部の李正光・局長、化学工業部の徐暁・局長のほか、外交部、外貿部などの閣僚幹部が参加した。廖承志や孫平化も毎日のように商談を見守った。

高碕は、米国や台湾からの日本政府への圧力が日増しに激しくなる中で、中国での商談を一刻も早く調印させなければ、ビニロンプラント輸出がすべて御破算になる、と焦った。

そこで、LT貿易高碕事務所の大久保任晴・事務局長を急きょ北京に送り、廖承志に会わせ、正式契約調印を急ぐよう促したという。

そして、米国や台湾に対する配慮の片鱗を示すため、高碕の妙案として、同時に進めていた倉敷レイヨンと大日本紡績の二つの商談のうち、大日本紡績プラントの商談については後日に延期するよう助言したのだった。

このため商談の最中だった大日本紡績の飯尾は、後回しにされて帰国せざるを得なくなった。高碕にとっては、まず最初のプラント契約が成立するという実績を作ることが極めて重要であり、商談が長引くことにより二つの契約がともに破棄されればLT貿易の進展さえ台無しにしかねない、という判断があったはずだ。

この時の商談に通訳として参加した林連徳によると、商談は連日徹夜となり、倉敷レイヨンの矢吹が日本に帰国する商談最終日である六月二九日の朝七時に、分厚い契約書の印刷が完成し、プラント輸出契約書はぎりぎり間に合ったのだった。廖承志らが民航局にかけあって、日本側関係者が乗り込む飛行機を何十分も待たせたという。

大同製鋼も

そして日本政府は六三年八月、倉敷レイヨンのビニロンプラントを正式に承認し、二〇〇〇万米ドルの輸銀ローン（金利六％）に調印した。大日本紡績のプラントが認められないという犠牲を伴うものだったが、これは新中国成立後、延べ払いによる日本の大型プラント契約が調印された初めてのケースだった。総額は当時で七三億五八〇〇万円だった。

廖承志はこの調印直後に、高碕に書簡を送っている。そこに、大同製鋼（現・大同特殊鋼）の林達夫・副社長の訪中を仲介してくれたことに謝辞を述べたくだりがある。林達夫は九月から北京や鞍山、武漢、上海などの主要鉄鋼産地を訪問し、一カ月間にわたり特殊鋼製造に関する技術を中国側に提供するとともに、電気炉と線材圧延プラントの商談が進んだ。特殊鋼では世界的な先進技術を持っていた大同製鋼に、廖承志が早くから目を付けていたようだ。

この間の国会議事録を探っても、どうやって池田がプラント輸出を承認することになったのかという政権内部の議論過程は見えてこない。

一般的には、池田は対中貿易拡大の〝積極的支持派〟だったとされているが、これまで見てきたように必ずしもそうではなく、政財界の親中派に押される形での消極的承認だったのは間違いないと思われる。

高碕の死

池田首相が、米国の顔色を窺いながらも対中プラント輸出を認めざるを得なかった理由にはもうひとつ、日本政府が六〇年代に入ってから、プラントの輸出拡大を〝国策として〟進めていたことが背景にあるだろう。

その頃から世界の貿易構造は、東南アジア諸国など発展途上国が開発計画を進めていたが、それに伴い、輸出分野は鉄鋼やセメントなどから、化学工業品に重点が移りつつあり、日本が貿易規模を拡大するにあたって最も有力で効果的なのが、プラントの輸出だったのだ。

プラントの輸出というのは、一件の成約規模が巨額であるほか技術輸出も伴うため、外貨の手取り率や付加価値率が極めて高く、相手国への経済協力効果や市場開拓効果も大きい、というのがその理由だ。

例えば日本は、一九六一年に「プラント類輸出促進臨時措置法」という法律を制定している。プラントを輸出する企業が事前コンサルティングの欠陥で損失を被った場合、その一部を政府が補償するというものだ。中国とのLT貿易が、民間ベースではありながらその翌年にまとまったのも、日本政府がプラントの輸出を促進したいという国策が背景にあったのだ。

ただしその「――措置法」は四年間の時限法で、六三年三月末で失効するところだったため、日本政府は失効直前の二月に、その法を再度四年間延長した上に、対象になるプラント輸出の範囲を拡大することにしていた。まさにちょうど、倉敷レイヨンと大日本紡績のプラントが日中間の民間レベルで交渉中だった時期なのである。

そうした国内要因も考慮したからこそ、池田はプラント輸出という「中国への援助性」を薄めて米国や台湾からの圧力をかわすため、輸銀ローンの金利を当初の四・五%から六・〇%に変更するという条件で手を打ったのだ。

倉敷レイヨンの大原社長が、池田政権の輸銀ローン承認直後、月間誌「世界」（六三年九月号）にプラント輸出成約がまとまったことに関するコメントを載せており、林連徳が紹介している。

「…日産三〇トンのビニロンは、（中国の）六億五〇〇〇万の人口に対して一年一人あたり僅か〇・〇一七キロの繊維を供給するに過ぎないが、繊維が不足を告げている中国人大衆にとって、いささかでも日々の生活の糧となり、戦争によって物心両面に荒廃と悲惨をもたらした過去の日本人の為に何程かの償いにでもなればという以外にない。（後略）」

また大原は、ビニロンプラント建設で北京に出向した社員の家族にねぎらいの手紙を出したという。大原には中国本土に出兵したという経験はなかったものの、彼もまた〝戦争の贖罪意識に突き動かされて〟揺籃期の中国を支援した日本人財界人のひとりといえる。

「二度と現れまい」

プラント調印のわずか半年後――。日中貿易がようやく軌道に乗ろうかという時期の六四年二月二四日に、プラント輸出を池田に認めさせた主役である高碕が病死した。享年七九歳だった。

日本人記者から高碕の死を聞いた周恩来は驚き、哀悼の言葉を述べた。

「高碕氏は死ぬまで日中関係改善に努力してくれた。高碕氏の死去は、中国にとっても大きな損失であり、このような人物は二度と現れまい」――。

高碕は、亡くなる一年前にLT貿易の調印で中国を訪れた際、完成したばかりの河南省三門峡ダムを視察して驚いたというエピソードがある。中国は黄河最大のダムを作ったのに、大量の水をただ放水していたからである。

高碕は周恩来に「エネルギーに変えずに放水するのは、高価な油を流しているようなものです」と伝えると、周恩来は「水力発電プラントをソ連に発注したのだが、ソ連との関係悪化のために放置されている」という。高碕はそこで提言する。

「では、日本製のプラントをどしどし供給させてもらいたい」――。高碕が対中プラント輸出という大事業を進めた背景には、周恩来とのこうした経緯があったからではないかと推測される。

ビニロンプラントという記念碑的な事業に限らず、この時期に中国支援を実行できた政府関係者の中で、最大の功労者は高碕と松村だろう。ただし松村が「アジアの平和」といった壮大な理想に基づく日中関係改善論者であった一方、高碕は中国に対する贖罪意識と共に、より地に足が付いた、人道主義的な意識を抱えていたことがわかる。

対中観をめぐって松村が池田首相の強い信頼を得ていた一方で、そうした高碕の一途な性分がかえって池田に強い警戒心を抱かせていたことが、さまざまな外交文書にもにじみ出ている。

高碕は大阪府高槻市生まれで、「資源の乏しい日本は『水産立国』を目指すべき」との信念から農商務省水産講習所（現・東京海洋大学）を出て水産技師になり、後に東洋製罐を創立。その後三一年に満州に渡り、満州重工業開発の総裁として手腕を発揮して終戦を迎えた後、同地の日本人会会長となり、抑留邦人の引き揚げに奔走した。

日立造船

高碕はその後帰国して初代の電源開発総裁などを歴任し、鳩山内閣では経済企画庁長官を務め、その時期にバンドン会議で周恩来と歴史的会談を行ったことは書いた。また岸内閣でも通商産業大臣、科学技術庁長官などを歴任している。

中学生の時に「資源の乏しい日本は水産立国を目指すべき」との信念を持っていた高碕は生前、さまざまな政財界を経て再び水産業に行き着き、大日本水産会会長の立場で生を終えた。

親中的言動から、晩年にはよく右翼活動家から身の危険にさらされるほどの標的とされたが、死を超越して平然とし、水産業界だけでなく、鉄鋼業界の稲山嘉寛や繊維業界の伊藤忠兵衛など、他業界の多くの有力者から敬愛されていたという。

高碕が他界した約二週間後の三月六日、同じ大阪三区選出の阪上安太郎・衆議院議員が、衆議院本会議で行った追悼演説を行い、感動を呼んだ。

「……日中貿易もようやく軌道に乗らんとする今日、余人をもってかえることのできない高碕先生を今にわかに失いましたことは、水産業界、貿易業界にとって大きな打撃であるばかりでなく、まさに国家にとって一大損失であると申さなければなりません。あなたは、豪放にして、しかもきわめて清廉な人格者であり、若い時代からその果敢な決断力と覇気ある実行力をもって終始されました（後略）」

国貿促関西本部の木村一三が二〇〇五年一月二四日に京都大学で行った講演記録が残っているが、それによると、高碕は河野一郎、鳩山一郎と特に仲がよく、「日本の官僚政治を、なんとか打ち破って政党政治にもっていかなければならない」と、力を入れて河野を応援していた。

高碕が亡くなった後、周囲が財産整理をやったところ、高碕は生前、ある銀行から自宅を担保にして当時の額で八億円もの資金を借り、その八億円をそのまま河野一郎の政治資金にカンパしていたことがわかったという。木村が高碕について述べている。

「（私は）財界人との付き合いが非常に広く、三井、三菱、住友のトップとは親交があったが、自宅を担保にして借金して政治家にそのままカンパしていた財界人というのは聞いたことがない。それくらい清潔無比の私心のない珍しい財界人だった」

高碕が尽力してまとめたLT貿易が調印された後、日中両国の貿易総額は六三年に前年比で六二％増、六四年には一二六％増と飛躍的に伸び、再び息を吹き返した。

貿易額が伸びただけではなく、高碕事務所と廖承志事務所は、事実上の外交窓口となる「貿易連絡所」を相互に設置することや、日中両国の新聞記者を相互に駐在させる日中記者交換協定を結び、民間レベルでの関係は着実に拡大した（ちなみに、現在、中国側に残る対日交渉記録などの資料は、日中記者交換協定を受けて初めて東京に駐在した、新華社や人民日報の記者たちによるものが多い）。

しかしながら、高碕が亡くなったことは皮肉にも、日中関係改善の気運を支えていた柱を失ったことを意味し、やがて来る政治的混乱をも暗示させるものだったと言えるだろう。

所得倍増計画で

中国と日本の双方には、「先倉敷、後日紡」という水面下での合意があった。つまり、「倉敷レイヨンのプラント輸出に調印した直後の六四年内に、ニチボー（六四年に大日本紡績から改称）のプラントを取りまとめる」というものである。

前述したように、両者は高碕の提案により、台湾と米国からの圧力をそらすため、ニチボーのプラントをあえて遅らせていた。

ニチボーによるビニロンプラントは吉林省に建設し、総額一二〇億円で、支払い条件は五年間の延べ払い、輸銀ローン（金利六％）を用いるというもので、倉敷レイヨンとほぼ同様条件で同九月に調印した。

さらに一一月には、中国技術輸出入総公司は日立造船との間でも、貨物船一万二四二〇トンの造船契約に調印している。金額は一一六万英ポンド、同じく五年の延べ払いで、輸銀ローン（金利五・五％）を用いるという条件だった。さらに、尿素プラントの成約も商談が進んでいた。

民間主導で進めたはずの中国へのビニロンプラント輸出が、「プラント類輸出促進臨時措置法」（六一年）の制定による日本政府の国策に合致していたことは前述したが、この日立造船の中国への造船契約もまた、国家的な造船政策に沿ったものだった。

当時、池田が提唱した「所得倍増計画」（六一年）の一環として、造船業を重点政策として積極的に奨励しており、同年だけで一三〇〇万トン相当の外航船を建設する方針を示していたのだ。

台湾は日中の経済関係が日増しに強まることに業を煮やし、

日本政府への抗議圧力を強めていた。そんな中、世間をあっと驚かす事件が起きた。

六三年九月に訪日していた中国油圧機械代表団の通訳を務めていた周鴻慶が、中国に帰国する直前の一〇月七日に亡命を求めた、いわゆる「周鴻慶事件」である。

吉田書簡

六三年九月に中国油圧機械代表団が訪日した際、中国側通訳を務めていた周鴻慶が、帰国直前の一〇月七日に東京のソ連大使館に亡命を求めて駆け込んだ、「周鴻慶事件」である。訪日した中国代表団員が亡命申請した初めてのケースだった。

この事件は当時、政治を巻き込んで大問題になった。周鴻慶は当初ソ連としていた亡命先を、その後日本や台湾に二転三転させたため、台湾政府をも刺激した。台湾政府は日本に周鴻慶の引き渡しを強く求めたのだが、日本政府は周鴻慶を日本海汽船「玄海丸」に乗せて大連に送還した。

ところで、周鴻慶がなぜ亡命したのかについて、報道されていない興味深い話がある。

周鴻慶は当時、中国油圧機械代表団の通訳ではあったが日本語はあまり堪能ではなかったようだ。当時の商社関係筋によると、視察の現場では専門用語が飛び交い、とても周鴻慶が訳せるような状況ではなかった。それを見かねて中国側の通訳も買って出たのが、日本側の通訳で丸紅の中国担当だった星博人（現・霞山会東亜学院長）である。星博人は、満州鉄道病院の医師だった父の仕事の関係で長春に生まれ、中学時代まで中国で育った経歴を持つ。

日本側の通訳が、中国人となんら変わらぬ中国語を操っているのに、中国側の通訳のお粗末ぶりは際立った。これでは中国側の面子は丸つぶれで、帰国したら労働改造所に送られるか、厳しい仕打ちを受けるのは必至だ。そのため周鴻慶は、顔面蒼白になって亡命を選んだのだという。しかも、周鴻慶が台湾の領事館だと思って飛び込んだのは、実はソ連の大使館だった。報道には現れなかった水面下でのトラブルが、「亡命先を二転三転させた」という一見不可解な行動として報道されたのだろう。「周鴻慶の亡命理由が実は通訳のお粗末さだった」ことについて、本人の星博人に尋ねてみたところ、苦笑するばかりだったので真相は不明だが。

さて話を元に戻すと、中国へのビニロンプラント輸出の成約などで、日本と中国の経済関係が強化されつつあったのに加え、周鴻慶事件でも日本が中国寄りの対応を取ったことに対し、台湾政府は激怒した。駐日代理大使を召還した上、日本製品の買い付けを停止するなどの強硬措置に打って出た。日本と台湾の関係は危機的状況に陥った。

日本政府は台湾当局の激怒をやわらげ、関係を修復するため、池田首相は六四年二月、吉田茂に個人の立場で訪台させ、吉田と蒋介石の会談が行われた。吉田はさらに五月三〇日に台湾の張群・秘書長に書簡を送った。書簡の要点は以下の二点である。

◇今後の日本による中国への融資は民間商業融資に限定する

◇日本政府は一九六四年度、ニチボーのプラントに輸銀ローンを認めない

これは「吉田書簡」として、後々まで日中貿易の障害として立ちはだかることになる。

日本政府は吉田書簡の内容を公表せず、国会での野党の追及でも「吉田氏個人の問題。関知せず」（大平）と煙に巻き、さらに矢継ぎ早に台湾をなだめる工作に乗り出す。

七月には当時の大平自身が訪台したほか、一一月には池田の病気退陣の後を引き継いだ、岸信介の実弟である佐藤栄作首相が台湾向けに一億五〇〇〇万米ドルの低利融資まで認めた。そして台湾との摩擦は収束した。佐藤は結局、吉田書簡の内容を閣議決定し、政府方針とした。

東洋エンジと大同製鋼も

ちょうどその頃、当初延期されていたニチボーのビニロンプラント（日産五〇トン、成約総額九二三万英ポンド、五年の延べ払い、金利六％）と、日立造船の貨物船（一万二四〇〇トン、一一六万英ポンド、延べ払い五年、金利五・五％）がそれぞれ九月と一一月、北京で調印された。さらに、東洋エンジニアリングが尿素プラントを、大同製鋼がアーク炉（五〇トン）を、そして神戸製鋼が線材圧延プラントをそれぞれ仮契約するなど、日本のプラントは続々と中国に輸出される準備が整っていた。

日本政府は吉田書簡に頬かむりしたまま、これらの輸出契約を六五年一月に承認したものの、吉田書簡で規定された通りに、輸銀ローンについては一切認めなかった。輸銀ローンを認めないということは、事実上、輸出は不可能であることを意味した。

中国は対抗措置として、四月に日立造船との契約を、五月にはニチボーとの契約をそれぞれ破棄する、と通告してきた。川勝伝の「わたしの中国回想」によると、当時、ニチボーの原吉平・社長は、佐藤政権に対して怒り心頭に発した様子で、「行政訴訟に持ち込んでとことん争う」と息巻いていたという（結局、行政訴訟を起こすことはなかった）。

原の怒りは無理もない。西欧諸国が自国企業の中国貿易をいかに支援するかに知恵を絞る中で、日本政府は正反対のことをしていたのだ。

国会議事録によると、六四年九月の時点で、英国もポリエステルプラントを中国に輸出しているし、日本自身もまた、「共産圏貿易の延べ払い問題については西欧並みにやる」（櫻内義雄・通産相、九月一〇日の商工委員会）として、同じ共産主義国であるソ連に対しては、尿素プラント輸出で八年の輸銀ローンを認めている。

周恩来年譜（中巻）によると、六四年五月一四日に、北村徳太郎や川崎秀二など自民党議員団が周恩来を訪れており、この時、周恩来は議員団に皮肉にも、「見識と実力のある日本の企業人が単独で中国を訪れることを希望する」と述べていた。吉田書簡の存在が明らかになったのはこの直後だ。

中国側の文献を見ても、中国政府がどんな経緯でニチボーや日立造船との契約を破棄する決断に至ったかは不明だ。だが吉田書簡の直後、周恩来は日本の要人と会った形跡はなく、その約一年後の六五年四月一九日に、バンドン会議一〇周年式典に参加するためインドネシアを訪問した際にようやく、スカルノ大統領がアレンジして、自民党副総裁だった川島正次郎とジャカルタで会談している。

周恩来はこの時はまだ「われわれはまだ中日関係に希望を持っている」と川島に述べているのだが、その直後にニチボーや日立造船の契約を破棄したことからすると、川島との会談では希望を見出せなかったのだろう。

プラントの輸出が目玉だったLT貿易の道はその結果、断絶してしまった。

中国の〝底辺政策〟

一九六四年といえば東京オリンピックが開かれた年である。中国は当時、ＩＯＣ（国際オリンピック委員会）が台湾の加盟を認めていたことに反発して脱退していたばかりか、東京オリンピックが開催されている最中の一〇月一六日に原爆実験まで行い、国際的な批判を浴びていた。中国は世界でも孤立を深めていた。

実はそんな中でさえ、日本の産業界は中国技術団との交流を頻繁に行おうとしていたのは注目に価する。例えばその六四年の一年間だけを見ても、周鴻慶事件や吉田書簡といった政治的困難があったにもかかわらず、両国産業界による交流は何の障害もないかのように活発だった。

特に、中国経済・貿易展覧会が東京と大阪でそれぞれ開催され、東京で八一万人（四月）、大阪では一五七万人（六月）もの参加者が詰めかけたことは、産業界による対中貿易への意欲を物語る。

さらに国際貿易促進協会東海総局は九月に北京に赴き、日本の東海地方との貿易や人事交流を進める「共同声明」まで中国側と調印している。また同東海総局は、中国経済友好代表団（四月）、中国特殊鋼技術視察団（四月）、中国金属加工工業代表団（一二月）など、専門技術団を積極的に受け入れるなど、中国との交流を盛んに行った。政治が冷え込んでいたために、民間レベルでの交流を進めざるを得なかったということもあるだろう。

友好商社を優遇

LT貿易が名ばかりになると懸念される中で、日中貿易の唯一の命綱となったのは広州交易会である。

六四年四月一五日から一カ月間開かれた春季の交易会では、日本の商社約一四〇社、約三九〇人以上が参加し、成約総額は二〇〇億円を超えて過去最高を記録した。広州交易会に参加できるのは友好商社に限られていたが、面白いのは、この回の交易会から、中国側が大手商社系でなく、中小規模の友好商社をあからさまに優遇する姿勢が目立ち始めたことである。

中国側は日本の都道府県の、中国に友好的な中小企業にインビテーションを出し、「漢方薬」や「手工芸品」といった中国産の物資を割り当てて損をさせないように配慮し始めた。日本全土に、中国に友好的な商社を自ら育てていこうと動き出したのだ。

卑近な例としては、中国当局は友好商社の出張者が広州から日本に打つ商業電報に関して、二割引の料金を適用する優遇措置を始めたこともその一つ。この仕組みは、他の西側諸国でさえも適用されなかったという。

また中国は通常、自国の輸出を優先する建前から、銑鉄などの輸出品をまず商社側に示し、契約が成立した後でその見返りとして鋼材を輸入するという取引を行っていたのに、この回からは、中国自身が積極的に商社に対して鋼材買い付け注文を出し始めた。

こうしたことは、友好商社に配慮した特別な「対日方針」だったと同時に、トップの政治レベルではなく、日系企業の中で日中貿易に対する関心を呼び起こすための中国当局による効果的な〝底辺政策〟ともいえた。

その政策が功を奏したのか、日系商社の中では佐藤内閣に批判的な層が圧倒的だった。広州交易会に参加していた友好商社の九割に上る一二六社が広州交易会開催期間中の六四年四月に緊急業者大会を開き、◇吉田書簡の破棄◇中国向けの輸銀ローンを認めること――など、佐藤内閣の対中政策に強く抗議する決議を採択し、外務大臣充てに送っている。

その決議文が、外交史料館に保存されている。それによると、

「政府は日中貿易に対しては吉田書簡をはじめとし、一連

の妨害を加え、われわれが堂々として築き上げてきた三億ドル突破の努力を一朝にして危機に陥れようとしています」

と訴えている。商社側による切羽詰まった危機感が表れている。

またこの回から中国は、車両用パイプやステンレス・スチールなどの鋼材輸入について、戦後初めて中国の貨物船による積み出しのＦＯＢ（本船渡し）価格で仕切ってきたのもまた新しい動きだった。これに伴い、八月には日本の輸入でも中国貨物船「燎原号」（六九〇〇トン）が初めて東京、神戸、名古屋に入港し、メイズやタルク、銑鉄などが日本で陸揚げされている。

身動きできない日本

さらに指摘すべきは、この頃から西欧の先進諸国が日本を意識し、中国との取引で猛攻を仕掛け始めていることである。六四年秋の交易会からは、初めて西側諸国のバイヤー数が日本人バイヤーを上回ったのはそのひとつの徴候だ。これは西側諸国がこの頃から過剰生産・設備を抱え始め、そのはけ口を求めていたことがあるが、米国や台湾による呪縛で身動きが取れない日本を尻目に、一気呵成に攻めたい意識もあったと思われる。

共同通信のリポート「外国特信」（六六年五月一一日付）によると、六五年から西欧諸国の商社は一様に、中国市場でわが者顔で振舞っていた日本の商社に一泡吹かせようと、異様なほどの対日競争意識を燃やしていた。

西欧の対日競争意識

特に鋼材の商談などでは、西欧諸国が〝共同戦線〟を張り、連日ホテルの一室で日本対策を練っていた。その結果、六五年秋の交易会では特殊鋼受注の六〇％が西欧諸国に持っていかれてしまった。

英国やフランスの北京大使館員は、積極的に民間の商談を手助けし、中国側貿易担当者との面談の手配を手伝ったばかりか、大使館の公用車を提供して、バイヤーの送迎や商談の世話までしてあげるという熱の入れようだった。その両国だけでなく、西ドイツやイタリア、オーストラリアなど、北京駐在の西欧諸国の大使館は総じて、積極的に自国商社の支援や情報収集活動を展開していた。

そのことを記したリポートは外交史料館のマイクロフィルムに保存されているのだが、外務省アジア課、東西通商課の印が押され、両課で閲覧されたことが分かる。そのリポートの、西欧諸国による大使館の旺盛な活動に触れた部分で、

「（日本政府の外交機能を持っていた）高碕事務所の低活動ぶりと好対照をなしている。」

との文章だけには唯一線が引かれてあり、その部分が日本の外務省に複雑な思いを抱かせたのではないか、と想像される。

中国は、日本を含めた西側陣営との貿易を、六五年に前年比で五一％増と飛躍的に伸ばしていた。中でも顕著に伸びていたのが、西欧からの大型プラントである。日中貿易が吉田書簡でつまずいている間に、西欧諸国がどんどん入り込んでいた。

西欧諸国の中では英国とフランスが群を抜いていたが、イタリアも北京に通商代表部を置いたし、西ドイツ、スウェーデンなども追随した。

六四〜六六年前半までの延べ払いを使った対中プラント輸出例を下記に挙げてみると、中国がプラント輸入先として日本を諦め、西欧に仕向けていたことがわかる。

◇英国＝ポリエチレンやポリプロピレン、合成アンモニアの各プラント。

◇フランス＝アルコールプラント、遠洋貨物船二隻、遠洋客船など、貨物船二隻。

◇西ドイツ＝重工大手のルルギーが原油精製プラントを成約。アクリル、ガラス、鉄鋼の各プラント。

◇イタリア＝尿素、製油、化学肥料などの各プラント。

◇スウェーデン＝発砲コンクリート、鉄鋼などの各プラント。

◇オーストリア＝製鉄、酸素の各プラント。

◇ノルウェー＝ナフサプラント、貨物船。

西欧諸国はこの二年だけで四〇件以上の大型プラントを成約させていた。中でも、米国企業と技術提携していないメーカーが選ばれている。

プラントだけでなく、自動車輸出についても西欧諸国はいち早く中国市場に食指を伸ばしている。フランスはこの時期に、商用車メーカーのベルリエが大型トラック四五〇台を成約したし、プジョーも乗用車の売り込みを開始していた。イタリアはフィアットが大型トラック三四〇万米ドル相当を成約している。この時点では、日系メーカーでは、いすゞが六トン積み中型トラックをわずか数台輸出しているのみだったにもかかわらずだ。

西欧諸国はこの頃から、中国をはじめとした共産国向けの輸出延べ払い期間を長期化し始めており、それは中国市場で、西欧と日本の競争が一層し烈さを増したことを意味する。

中国の貿易相手としては、日本はそれでも自由貿易圏の中ではトップだったが、その内容を見ると、延べ払いを必要としない小口商談のかき集めにすぎなかった。

六四年の倉敷レイヨンのビニロンプラント以降は大型商談は皆無で、ニチボーのビニロンプラント、日立造船の貨物船、東洋エンジニアリングの尿素プラント——の三件の対中輸出がそれぞれ暗礁に乗り上げた。

一九六五年二月二六日の衆議院商工委員会では、高碕達之助事務所の岡崎嘉平太と、日立造船の井上信雄・取締役、東洋エンジニアリングの阿部喜一・社長が、日中貿易に関する参考人として呼ばれている。

岡崎はその時、中国が膨大なプラント輸入計画で、もしも全部を西欧諸国から買うことになった場合、日本からの商品輸出が極めて困難になる、と懸念を表明した。

「プラントを輸出しますと、技術輸出とか、その工場の部品が引き続いて輸出されるとか、また技術の交流をすることによって、将来次へ次へと人間の往来が増える。その人間の往来に伴う貿易もできることになりますので、貿易立国でやっていかなければならない日本民族の将来を考えますと、このニチボーのビニロンプラントの輸出ということは決して小さなことではない、こう考えるのであります」

また日立造船の井上は、日本の造船業界にとって将来残された唯一の市場として、今回の中国向け貨物船輸出を非常に重要視していると指摘した。

「現在中国がすでに英国、オランダ、フランスに対して五隻の貨物船を契約しておるわけです。そのほか中国のいわゆる第三次五カ年計画に盛られておる船をめぐって、既に西独、イタリア、スウェーデンあたりがこの船の受注を働きかけておる。こういった状況で、私どもの貨物船一隻の問題でなくて、日本の中国向けの船舶輸出問題に私どもの船の成否がかかっておるという風に、われわれ造船業界としては理解しておるわけであります」

東洋エンジニアリングの阿部は、「肥料や化学工場のプラント輸出は通常、後進国向けだが、後進国に限らず、共産諸国にも輸出せねばならない。その時に、必ずしも輸銀ローンでなくても、輸銀ベースの安い利息を保証してもらわないと、西欧諸国との競争は不可能になる」と主張した。

「うぬぼれではありませんが、私の方の尿素プラントの技術は、世界的水準に達しておると確信いたしております。しかし、値段を安くする、しかも延べ払いの期間を長くするということが、今後欧州と太刀打ちする意味からいいますと絶対必要条件であると私思います」

先に、西欧諸国は六五〜六六年の二年だけで四〇件以上の大型プラントを成約させたと書いたが、岡崎が高碕とLT貿易の調印で六二年に訪中した際、これら多くのプラント計画について、中国側は「日本さえ売ってくれるなら、欧州から買わず、全部を日本から買いたい」と言っていた。

にもかかわらず、倉敷レイヨンのビニロンプラントの後、前述したようにニチボーや日立造船、東洋エンジニアリングなどの大型商談が軒並み中止に追い込まれただけでなく、数十件に上る大規模プラント成約を、日本は政治的判断でみすみす逃した。日本の産業界が欧州に比べて圧倒的に有利だった大型商談を、日本政府自身がストップをかけてしまったわけだ。

特筆すべきは、吉田書簡というのは「ニチボーのビニロンプラントの輸銀ローンを一九六四年中は許可しない」ということであって、その後一切認めないと誓約したわけではなかったにもかかわらず、吉田書簡を境に大型のプラントが認められなくなったことだ。六四年度限りの時限約束がその後も生き延びたのは、日本政府が再び台湾側と暗黙の合意を交わしていたもの、と想像できる。吉田書簡を受け取った台湾の張群・秘書長が、ちょうど六四年の九月に来日していることもそれを示唆している。

それでも神戸製鋼の高級合金鋼や大同製鋼の高周波誘導炉など、比較的中小規模の機械設備については継続的に取引できていた。つまり日本側も、政治の水面下では現実的に対処していた。ただし、一九六〇年代半ばにかけて、日本が国際政治劇にはまって自国産業界の利益を軽視していた姿は否定しようがない。

富士電機と古河鉱業

また両国間の政治的な風向きが悪いながらも、六四年には多くの中国の経済視察団が日本を訪れたことを書いたが、その中で、古河鉱業（現・古河機械金属）にも、中国から「硫化銅精錬自溶炉技術視察団」が来ていた。銅鉱石を溶解して硫酸を抽出する技術を学ぶというもので、その技術があるのは当時、古河鉱業と住友金属鉱山だけだった。

こんなケースもある。同じ古河グループに属する富士電機も、古河鉱業と共に瀋陽にある国有メーカーとのプラント商談に関わり、一貫生産プラントの図面作成と見積もりで、膨大な作業に携わった。技術視察団を受け入れ、設計もしたのだから当然、設計施工から運転指導まで行うフルターンキー方式の受注になるところだ。

ところがなんと瀋陽側は、その図面を見た後、一貫生産プラントを古河鉱業に発注せず、単体の機械別に直接メーカーに発注したのだ。古河鉱業が準備した膨大な見積もり作業は無駄骨に終わってしまった。しかも、瀋陽側はそれぞれの単体機械を古河鉱業が作成した図面に基づいて組み立ててみたが、案の定、銅の精錬はできず、改めて古河鉱業に生産関連技術を買いたいと申し入れてきたのだった。

文化大革命の余波

一九六〇年代に中国向け製鉄プラントを手掛けた経験を持つ日本人技術者によると、こうした「中国による〝基本設計横取り〟は当時、よくあることだった」という。

例えば古河鉱業と似たような例としては、中国が五〇年代末、鞍山鋼鉄にフルセットで初めて導入した、ソ連製の熱間圧延機（ホットストリップミル）がある。その基本設計を手本に国産の圧延機を作ってはみたものの、案の定失敗したので、コイラーを改めて西欧から後に輸入せねばならなかったというものだ。

また、五〇年代後半に開発された第一世代の大型ジェット旅客機「ボーイング七〇七」を輸入し、分解して見よう見まねで同じような部品を作り、同じような旅客機を作り上げてはみたものの、結局飛ぶことができなかったという笑い話のような話もある。こうしたケースは当時、中国では枚挙に暇がなかったようだ。

これらの背景には、それまで重工業部門でソ連に全面的に頼りきりになりながら、イデオロギー的対立で六〇年からソ連に突然援助を打ち切られた苦い経験がある。中国はそれ以来、「国内経済は基本的に自立更生に立脚すべき」との方針を打ち出し、プロジェクトの基本設計さえ手に入れれば、鉄鋼コンビナートや化学工場、発電所、航空機までも極力自力で作り上げようという方針だったのだ。

他国製プラントの基本設計を横取りしてまでも進めた事情があったことは、当時中国と関わった技術者からでないと聞けない話だろう。実際、六六年から七〇年までの第三次五カ年計画には、こうした「自力更生、奮発図強」のスローガンが盛り込まれたのだが、この第三次五カ年計画がどんな役割を果たしたのかという実績は、中国政府は現在も公表していない。その最大の理由は、六六年から始まった文化大革命にほかならない。

日中貿易促進会の解散

実は中国で文化大革命が始まる直前に、後に始まる「国内統治上の混乱」を予兆する〝事件〟が起きている。三月に日本共産党の代表団が中国を訪問して毛沢東と会談したのだが、イデオロギー面で対立し、日本共産党と中国共産党の関係が断絶するに至った事件である。

この両者の対立は、日本の貿易界に多大な影響を及ぼした。中国は、日本共産党の息がかかった日中貿易促進会に対し、日中貿易上の役割から排除を始めたのだ。

その年の一月には中国国際貿易促進委員会が日中貿易促進会の代表団を北京に招き、両国の貿易発展や技術交流などに関する「共同声明」を発表していた矢先のことだった。

その代表団長を務めた東工物産（現・東工コーセン）社長の川瀬一貫は、一九六六年六月のゴム業界紙「ゴム時報」のインタビューで、この共同声明について、

「（中国国貿促が）政府の仕事を代行しているので、実質的には政府声明と同じ権威を持つことは明らか。あの共同声明が出されたからには、あの趣旨の線に従って日中貿易は拡大し発展するものと思う」

と楽観的に述べている。中国が、自国に最も友好的だった団体のひとつである日中貿易促進会から、運送業務権などの特権を次々に奪っていったのは、その共同声明からわずか半年後のことだ。

中国国貿促は九月、もうひとつの日本の友好貿易団体である日本国際貿易促進協会と北京で会談した。その会談録には、

「双方（中国国貿促と日本国貿促）は、日中貿易促進会が今後、日中経済交流でなんら積極的な役割を果たすことができなくなったと一致して認めた。双方は日本国貿促が今後さらに重大な責任を担うものと考える。」

と記されている。

ここで改めて説明しておくと、「日中貿易促進会」というのは、周恩来と親しかった鈴木一雄がかつて理事長を務め、友好商社・企業の認定など日中貿易で主導的な役割を果たした団体である（28ページ参照）。五〇年代の貿易協定や鉄鋼協定の締結では文字通りの立役者であり、六〇年に発表された日中貿易三原則は、周恩来が鈴木と会見した際に表明したものである。

中国はその日中貿易促進会を、手のひらを返したように見捨てた形になったのだ。日中貿易促進会は存在意義を失って解散に追い込まれ、約一七年間の活動の幕を閉じた。

文化大革命が始まってから、中国で「国内統治上の混乱」が随所に見え始める、と述べたが、日中貿易促進会の解散はそれが如実に現れた例と言えるだろう。

日本の友好商社の多くは、中国の日本共産党排除の姿勢を見て、機敏に付和雷同に徹し、社内から日本共産党色を排除することに努めたという。日中貿易が、中国側の意向にいかに左右されやすいかというもろさを露呈したし、周恩来の声さえも及ばなくなっていたと言えるかもしれない。

第６章　文革と友好商社

1966 年文革初期当時の北京飛行場にて。紅衛兵が乗客に「毛沢東語録」の宣伝活動中。

「北京の飛行場は日本の首相に対して常に空けてある」　　　　――周恩来

中国の変容

少なくとも六〇年代半ばまでの中国は、やみくもに米国にすり寄っていた日本に対して、面子に大いにこだわりながらも、実に辛抱強く対応してきた。岸信介の反中政策や長崎国旗事件、吉田書簡などを機に何度も関係がこじれ、貿易が途絶えながら、一縷の望みを捨てないという〝日本への情〟さえ感じられる。

それは例えば、長崎国旗事件で貿易が中断するという冷え切った両国関係にありながらも、周恩来は、北京に交渉に来た高碕達之助や岡崎嘉平太らに対して、「北京の空港は日本の首相に対して常に空けてある」と何度も伝えていたことからも分かる。

しかし、文化大革命が六六年に始まるや、中国の視点は〝内向的で打算的〟になり、周恩来の日本への情が効かなくなり始めたかのように、日中貿易や日系商社への対応が随所で刺々しくなっていく。

中国内では、廖承志は壁に貼り付ける大型の壁新聞「大字報」などで批判され、日本留学経験もある郭沫若は紅衛兵に自己批判を迫られ、日中鉄鋼交渉で通訳を務めた林連徳はスパイ容疑で下放された。中国国貿促の南漢宸は厳しい批判を受けて憤死したという。中国当局の知日派基盤はすっかり失われていた。

佐藤栄作政権がその年の三月に、社会党が招いた中国人民外交学会代表団の入国を拒否したことも、日本に対する態度をさらに硬化させた背景にあるだろう。

交易会で成約が大幅減

外交文書「一九六六年春季広州交易会について・経通情報No.二五」を見ると、当時の外交官が日本人商社員からの聴取で、中国の変容の空気を感じ取っていることが分かる。外交史料館に保存され、昭和四一年（一九六六年）六月一〇日付で「秘（無期限）」印が押されている資料である。

それには、「中国は政治面では強硬な態度を維持しつつも、実際の貿易面では、経済的な要素を重視するという態度に変わってきた」とある。

この頃までに中国は、取引する商品の自由貿易圏での相場を徹底的に調べ上げており、日本の商社が高値を吹っかけることはできなくなった。友好商社側は「材料費」や「人件費」、「製造設備の償却費」などを算出して輸出価格を提示するのだが、そこに、自由貿易圏では常識的であるはずの「金利」を加えて算出することを、中国側は極端に嫌ったという。

この春季広州交易会での成約額は、合計九一〇〇万米ドル（輸出三二〇〇万米ドル、輸入五九〇〇万米ドル）にとどまり、前年の一億三〇〇〇万米ドルを大幅に下回った。特に輸出が半減したとして、日本の産業界には衝撃が走った。

西欧諸国の躍進も理由だったが、何よりも「中国はどうせ日本から輸入せねばならない」という慢心が日本の商社側にあったようだ。先の外交文書も日本の低迷について、「友好的な政治姿勢だけ取っていれば何とか商売がもらえるといった安易な考えから、中共側の変化についていけなかったというのが真相」と分析している。

友好貿易の危機は友好商社の数にも表れている。

日中貿易促進会が中国から排除された時点（六六年秋）で三二〇社あった友好商社は、わずか二カ月間に約三分の一の一一〇社が撤退した（『日本外交と中国』）。特に「友好商社の御三家」と呼ばれていた睦貿易、羽賀通商、三進実業の三社（69ページ参照）に対してさえも、中国はビザ更新を拒否し、九月までに中国との取引を停止させられたという。

これまでは日本の商社員は国内で「米帝国主義反対」などと唱えるデモに参加することで中国への友好的態度を示し、それが友好商社の認定に功を奏していたのだが、この頃からそれがもはや通じず、単に親中的な友好商社であるというだけでは相手にされなくなっていた。

中国は、日中貿易の中でもLT貿易が進まないことや、大手商社の身代わりであるダミー商社が大型プラント商談を開拓しようとせず、友好貿易のシェアまでも奪おうとしていることに不満を持っていたようだ。

国貿促の登場

友好商社に対する〝政治的要求〟もまた強まった。この頃、友好貿易という表舞台で日本側の「主役」として躍り出たのが、日本国際貿易促進協会である。「国貿促」と略称されるこの民間団体は現在でも存続しており、前衆議院議長の河野洋平が会長を務めている。

日本の国貿促を改めて説明しておくと、もともと五四年に、中国、ソ連の二大社会主義国との貿易促進を目的に、日本共産党の傘下で設立された民間の経済団体である。六〇年の中国とソ連の対立で、国貿促もソ連とは関係を断った。さらに、日中両国の共産党がイデオロギーで対立し、日本共産党の傘下にあるとして日中貿易促進会が事実上解散させられたのは前述したが、国貿促は日本共産党から分派した親中派勢力下に入り、日中貿易を取りしきる主役として生き残ったのである。

国貿促は当時、日中貿易促進会の解散を受け、中国の国貿促との間で、共同声明を発表している（六七年三月）。それは、日中貿易では「政治三原則」「貿易三原則」を堅持した上で、さらに「四つの敵」があることを共通認識とする、という内容だった。ここで言う「四つの敵」というのは、◇米国の帝国主義◇日本の反動派◇ソ連の修正主義◇日本の修正主義（共産党）――というものである。この極めて政治的なイデオロギーは、日本の友好商社にも否応なく押し付けられてしまったのだった。

友好商社エレジー

その「四つの敵」が示された直後の六七年春季広州交易会で、中国貿易当局は、「前年に北九州（一〇月）と名古屋（一一月）で開かれた中国経済貿易展覧会でいかに中国当局の意向に協力的だったか」という基準などを基に、友好商社をランク付けまでしてみせた（『日本外交と中国』）。

その年の秋季広州交易会では、佐藤栄作が台湾を訪問したことに対する反対運動が盛んとなった。日中友好協会の青年部は、中国当局の意向を敏感に汲んで、友好商社の社員にデモ参加を呼びかけ、約三〇〇社の従業員が、国会前での反訪台デモや羽田でのデモに動員された。

この頃の交易会に参加していた日本人商社員の回顧録は数多くあるが、その多くで、初期の文化大革命に翻弄された経験が数多く語られている。当時の複数の商社員たちに実際に話を聞いてみると、現在では考えられないような苦労があったようだ。

例えば、広州で交易会の会場へ向かうためタクシーを拾った際には、運転手は「毛沢東語録」の一節を朗読しないと発車しなかった。

お目付け役である日本の親中派経済団体も、商社員が「中国に非友好的な」言動をした、とみなせば糾弾の会合を開いたり、叱責のために商社員を呼び出したりした。

また文革初期の交易会では、商談が始まる前には必ず「さあ朗読しましょう」と、毛沢東語録の朗読や学習を否応なしに強制された。毛沢東思想に対する態度が取引を左右されてはたまらないと、商社員も従わざるを得なかった。

『黎明期の日中貿易』によると、中国側との商談で暗礁に乗り上げた際には、毛沢東語録の中で国際性を重視する趣旨に沿う章句を探し、あえて相手の前で朗読を希望するなど毛沢東語録を逆手に取るのが関の山だった。

別の商社員は、大連での商談中に紅衛兵に取り囲まれ、「日本人が中国をだまして無用な機械を売り付けようとしている」と断罪され、さすがに怒って席を立ってしまったこともあったという。

また、東工物産に所属していた柴生田清は、六七年に天津で開かれた天津科学機器展覧会に参加した際、国貿促責任者が開会式の挨拶を終えて壇上から降りると、直ちに紅衛兵に両腕を捕まれて連行されてしまった場面を目撃している。

中国ではこの頃、外国人の駐在を認めてはいなかったが、友好商社員に限り最長半年間の滞在ビザを認めていた。後に伊藤忠商事の常務となる藤野文晤は、伊藤忠のダミー商社である新日本通商の社員として北京に駐在していた。藤野は六六年当時、街で数十人の小中学生の紅衛兵に取り囲まれて「お前は何者だ」と何時間も問い詰められ、命からがらホテルに逃げ帰った経験がある。

その頃、仕事で知り合った中国人が毎日のように藤野の自宅に押しかけ、毛沢東語録の勉強をしようと迫った。日本の本社や家族からホテルに、藤野の安否の電話が来ても、電話が盗聴されていたので本当のことは話せなかった。新日本通商の仕事はほとんどなかったが、それでも藤野は北京に滞在し続けねばならないストレスから十二指腸潰瘍を患い、急遽日本に帰国して手術したこともあるという。

替え歌の流行

ところで、そうした刺々しい時代に商談で中国を駆け回った友好商社員たちが、半世紀を経た現在集まると懐かしく口ずさむ歌がある。柴生田清が、同社史「東工コーセン外史」で披露しているので、ここで紹介したい。

「友好商社エレジー」（「王将」の替え歌）

（一）吹けば飛ぶような
ファームオファー（Firm Offer）に
賭けた命を笑わば笑え
進口（輸入）大楼に出口（輸出）大楼
通うタクシーも寒々と

（二）あの手この手でアポイントとって
やっと会えたるその談判も
研究（イエンジウ）研究（イエンジウ）のつれない返事
電報作りも楽じゃない

（三）高い高いと公司（コンス）は言うが
負けぬ負けぬとメーカーは怒る
公司とメーカーの間に立って
作る笑顔のいじらしさ

（四）明日はビッドの最終期限
何が何でも決めねばならぬ
哀れ悲しや友好商社
せめて茅台酒（マオタイ）で
憂さ晴らす

これは作詞者不明だが、大手のダミー商社員が作ったものらしい。三〇代独身の男性が圧倒的に多かった友好商社員の中国での悲哀が、実にユーモラスに表現されて流行った歌である。文化大革命の嵐にあって気苦労が多かった商社員たちに代々歌い継がれたようだ。このほか「北の宿」や「有楽町で逢いましょう」などの替え歌もあり、当時の商社員たちの多くは、これらの歌をそらんじて歌えるという。

日系商社員の逮捕

だが友好商社員の生活は、替え歌で慰められるものばかりではなかった。

文革中のことになると、当然ながら中国側の資料がぱったりと途絶えてしまうのだが、日本の資料には文革と友好貿易の悲劇をあぶり出すものがいくつかある。「黎明期の日中貿易」には、第一通商の社員だった故・森一則の体験談がある。

日本人商社員の多くは当時、広州市珠江沿いの人民大厦に宿泊していたが、朝七時半に宿舎の従業員が集まり、大声で毛沢東語録の朗読と革命歌の合唱を始める騒ぎでたたき起こされる。ホテルの周囲には大勢の紅衛兵が取り囲んでおり、一歩外に出れば尾行されたという。そんな中で起きたのが、友好商社員ら七人が罪もなく勾留された「第一通商事件」である。

第一通商事件

北京には今でも「新僑飯店」というホテルがある。五〇年代初期に華僑資本で作られた、当時数少ないホテルだった。日本の友好商社員が長期滞在するため、「日僑飯店」という別名も持っていた。このホテルに事務所を構えていた第一通商の森一則、谷萩耕一、藤田武彦ら社員六人と、進展実業の社員一人の計七人が一九六七年七月二四日、突然現れた紅衛兵から「スパイ行為をした」と、激しい暴行を受けたのだ。

その後、北京市公安から取り調べを受けたが、公安が主張する容疑らしきものは、市内で写真を撮ったり、紅衛兵新聞を買ったりといったものに過ぎなかった。第一通商の五人は、そのまま新僑飯店から外出が許されない軟禁状態におかれ、勾留されることになった（ただしホテル内では自由で、酒も飲め、部屋のラジオで日本のニュースも聞くこともできたという）。

森ら五人は「認罪書」を書いたため釈放も近いと信じていたが、いつまでたっても当局からは何の音沙汰もなく、勾留はそのまま六九年一一月五日まで、実に二年四カ月間に及んだ。

勾留最後の日、公安は五人に対し、「友好商社の看板を掲げてわが国の大量の情報を収集し、米国や日本の反動派に提供した罪は重大」などとしながら、「罪を認めて改心する態度を示していることを考慮し、即時国外追放に処す」とした（後に中国政府は「第一通商事件は中国側の誤認だった」と正式に謝罪している）。

当時の友好商社員によると、第一通商が狙われたのは、友好商社最大の成約高を誇っていたこともあるが、中国当局が三井物産を米国の手先と決め付けたこととも関係があるだろうという。第一通商が三井物産のダミー商社だったためだ。

それを裏付けると思われることがある。周恩来は六八年三月六日、日本の国貿促幹部との会談で、

「米国が諜報網を張りめぐらせて（中略）、日中関係で二つのルートを通じて諜報活動が行われている。友好商社と新聞記者である。一部の友好商社は、友好とは名ばかりの二面派である。例えば第一通商がそうである」

と発言した（「週間国際貿易」六八年三月一九日付、「黎明期―」）。第一通商はやはり、作為的に狙われたとみられる。

「黎明期―」などによると、第一通商の五人がホテルでの軟禁にとどまったのに対して、実際に監獄に入れられた日本人商社員もいた。

◇六七年九月二五日・日中翻訳協会の中島正義氏
◇六七年一二月一三日・芯華貿易社長の柿崎進氏と娘の久美子さん
◇六八年二月二三日・新陽物産社長の川崎謙吉氏
◇六八年二月二四日・日華貿易興業駐在員の鈴木正信氏
◇六八年四月二六日・日華貿易興業専務の世利展雄氏
◇六八年五月一六日・三貿営業部長の中川博氏――などである。

当時の関係者によると、これらは自ら公表したか報道で明らかになった分だけで、逮捕された商社員はほかにも複数いた。北京に滞在していた山本市朗（40ページ）も軟禁された一人だ。実際に監獄に入れられたり、軟禁にとどまったりしたケースがあるが、その区別の背景については不明だ。

このほか報道関係としては、日経新聞の鮫島敬治記者が、商社員らと同じくスパイ容疑で六八年六月七日に捕えられ、一年半にわたり拘束されている。

兼松のダミー商社である日華貿易の駐在員だった鈴木正信氏（当時三八）は六八年二月二四日、新僑飯店の自室で人民解放軍の兵士に呼ばれ、〝スパイ容疑で〟突然逮捕され、そのまま手錠を掛けられて、北京の監獄まで連れ去られた。彼らが問題としたのは、満州国時代にハルビン大学の学長をしていた鈴木氏の父の前歴だったようだ。後に中国国貿促からは、「有効貿易の旗を掲げながら日中貿易を破壊してきたことが明白になった」などという逮捕の説明があった（「日中交渉秘録」）という。

抵抗もむなしく、鈴木氏は、七三年四月一四日までの五年

二カ月をそのまま北京の監獄で過ごすことになった。

鈴木氏の上司だった世利氏は当時五三歳だったが、冤罪で逮捕されてしまった鈴木氏を救出しようと中国に行くことを決意。四月の春季広州交易会に参加し、中国当局を説得しようと試みたが、皮肉なことに、世利氏自身も、東亜同文書院大学出身であることに絡んだスパイ容疑で、現地で逮捕されてしまったのだった。

ある不可解な商社

世利展雄氏も鈴木正信氏と同じく七三年四月一一日に釈放されるが、これは前年九月の日中国交正常化と無縁ではない(ちなみに国交正常化後は監獄の食事が格段によくなったという)。

同じく芯華貿易の柿崎氏父娘や、新陽物産の川崎謙吉氏、三貿の営業部長だった中川博氏もスパイ容疑という言いがかりを受けて逮捕された。獄中生活は、毛沢東・ニクソン会談が行われた七二年二月二一日までの約四年間に及んだ。逮捕者の詳細は「黎明期―」に詳しい。また柿崎進氏は釈放後、冤罪を晴らそうとし、逮捕から釈放までの経緯を手記「天津監獄一五三二日」にまとめている。

日中友好にも

「スパイ容疑」という冤罪で逮捕されたケースには、似たような共通点がある。大半の商社員が東亜同文書院で学ぶなど中国での滞在歴が長く、中国語に不自由しなかったということだ。その点が、「ホテル内での監禁」で済んだ第一通商の社員らと異なるともいえる。当時友好商社員だった関係者に話を聞くと、紅衛兵や革命委員会側が逮捕者の人数をあらかじめ予定しており、スパイ容疑としての筋書きを創作するのに好都合なバックグラウンドを持つ商社員らがターゲットにされたのではないかと想像できるという。

当時、スパイ容疑の冤罪で逮捕された日本人商社員や家族の数は、日本側の報道では「一二人」とされる。実際はそれを上回るとみられているが、正確な数字は明らかになっていない(上記のほかにも、取材の過程で当時逮捕・連行された日本人の具体的な名前が分かったが、現在存在する商社との関連が明らかになるなどの理由であえて公表しないことにする)。

こうした事件は、文革の時代が日本との友好貿易に与えた最も暗い側面であるのは間違いないが、それでもわずかに溜飲が下がる思いがするのは、日中国交正常化後の釈放後、中国当局が「誤認逮捕だった」として各氏に謝罪したことだ。当局は、各氏を中国への旅行に招待したという。

また特筆すべきは、逮捕された商社員のうち、中国に対して深い怨嗟の念を抱くどころかさらに深く関わり、日中友好に尽くしたというケースまであることだ。

中川氏は、帰国後に中国残留日本人孤児支援などのボランティアで活躍したし、鈴木氏は「中日友好病院」の設立に心血を注いだ。

現在北京にある中日友好病院は、一九八三年に日本政府が初めて無償援助（一六〇億円）を供与して建てた総合病院として知られるが、そもそもこのプロジェクトは中国衛生部の視察団が七九年に日本を訪問した際に意思表明されたもので、衛生部の日本視察を受け入れた会社のひとつが、鈴木氏が勤めていた兼松だった。その時に鈴木氏が交渉窓口の一人として参与したのだった。

日商岩井の経験

これまでは中国に煮え湯を飲まされた友好商社について述べてきたが、さてここで、この時期に〝暗躍した〟友好商社について述べてみたい。

当時、旧・日商岩井（現・双日）の中国関係責任者を務めていた大倉康成によると、一九六八年に日商と岩井産業が合併して日商岩井が誕生したが、その途端、友好商社指定を取り消されてしまったという。

「友好貿易を継続したい」という社長の親書も奏功せず、なぜ取り消されたのか分からず途方に暮れていたところ、中国寄りの日中友好協会の幹部を通じて、中国側から日商岩井に「亜東社に資金援助をしてほしい」と要請が来た。

「亜東社」というのは、社員がわずか三〜四人程度しかいなかったにもかかわらず、中国と有力な関係を持つ友好商社だった（別の元商社員は、「出版が主体の会社だったはず」と証言している）。

日商岩井は考えた揚げ句、当時の額で約二〇〇〇万円を亜東社に援助した。亜東社は、新日鉄向けの鋼材や宇部興産向けの肥料などを中国当局の配慮で一手に引き受け、「約三年間で全額返済できた」という。大倉によると、小さな商社がなぜこんな力を持っているのか、業界では首をかしげていた。

調べてみると、亜東社は日中国交正常化が実現するその直前である一九七一年に、同じく友好商社の河村金属、大武貿易と合併して「三友通商」を結成している。しかしそれも後に廃業した。

廃業した際、亜東社が持っていた書籍部門を引き継いだのが、現在も存在する「亜東書店」である。

しかも亜東社は六七年に、日本共産党員の歴史学者、寺尾五郎の「日中不戦の思想」を出版している。なるほど確かに、寺尾は文化大革命を日本で支持し、当時亜東社の役員を務めていた人物である。中国当局と接点があったと考えてもおかしくない。

大倉によると、中国当局は当時、日本の反体制団体を支援しており、利幅の大きな中国産の「天津甘栗」「ウサギ肉」「クラゲ」の三品目を、特定の友好商社に配慮して分配。友好商社はその利益を反体制の学生運動などに寄付する――という流れができていた。

大倉は「亜東社が消滅し、関係者も全員故人となっているので真相は不明」としながらも、「亜東社は、中国側が欲しがる極秘情報を提供していたように考えられる」としている。

雪江堂と荻村商店

中国が文革初期の六八年ごろ、亜東社などの特異な友好商社を通じて、全共闘などの日本の反体制運動に資金支援していた――というのが事実だとすると、友好商社ライセンスを取り上げられた日商岩井に対して、亜東社への資金支援依頼があったのは、〝ライセンス復活の条件〟という暗黙の意味があったのかもしれない。

当時の商社筋によると、亜東社のような中国当局と強力なコネがある〝実態不明の〟友好商社は、ほかにも複数存在していたようだ。

西園寺公一・元参議院議員の「雪江堂」や、五〇年代から世界選手権で計一二個もの金メダルを獲得した卓球選手、荻村伊智郎の「荻村商店」――などがその代表的なものである。

西園寺は、五八年に家族を伴って北京に移住しており、周恩来に中国の〝民間大使〟として重用されていた（中国側の文献では、西園寺は元共産党員だったとされている）。前述した呉学文の「風雨陽晴」によると、「中国の対日工作担当者はいつも西園寺に意見や指導を求めており、西園寺を『西公』と慕っていた」という。

つまり、西園寺は中国による対日工作上の「特務的立場」にあったわけなのだが、松村謙三の命を受けて政治交渉で六八年一〇月に訪中した田川誠一（衆議院議員）などの代表団は、北京市に住む西園寺を料亭に招待し、中国の様子について無警戒に情報を交換している（「日中交渉秘録」）のは、なんとも痛々しくさえある。この頃日本から訪中する代表団は北京で必ず情報収集で西園寺を訪ねていたようなので、田川代表団だけに限ったことではないが。

話が横にずれたが、西園寺の持っていた雪江堂は、新橋の元・芸奴だった妻の雪江が代表者となって経営したゆえの社名のようで、西園寺が北京に移住した五年後である六三年に東京で設立されている。

中国当局から書道具や美術工芸品など配慮物資を優先的に受ける一方、日本からは鉄鋼や合成繊維、機械設備を輸出するなど大きな商売をしており、商社筋は「当時、商社界では綽々たる名前で通っていた」という。

卓球の荻村も「荻村商店」を経営し、中国側から配慮物資を受け取っていたことはほとんど知られていない。中国ではなく、日本が世界の卓球王国だった五〇年代に、荻村は卓球コーチとして中国に招聘され、中国人の世界選手権優勝者を育て、米中国交回復に結びつく「ピンポン外交」の立役者となっている。その一方で、荻村は並行して広州交易会にも形式的に参加し、潤沢な配慮物資をあてがわれていたようだ（荻村は七〇年に周恩来と数回会談したとされているが、「周恩来年譜」には記録がない）。

当時の商社員らが振り返る際、友好商社の中でもこうした特異な商社について「あの会社は一体何だったのか……」と、肩をすくめていぶかるケースが多い。

中国と強力な関係を持つその代表者にとっては個人的資金源になっていたこともあるだろうし、中国にとっては、日本で反佐藤派を支援する「特務的任務」、もしくは文革の「広報的任務」を期待する意向もあったかもしれない。先の代表者らがそうした任務を心得て活動していた、とは考えにくいのだが。

LT貿易の自滅

文革は、対日貿易上ではマイナスに働いたという印象が強いが、実際の取引高はどうだったのか。当時の日中貿易総額のデータを見てみよう。

六六年＝六億二一〇〇万米ドル
六七年＝五億五八〇〇万米ドル
六八年＝五億四九〇〇万米ドル
六九年＝六億二五〇〇万米ドル
七〇年＝八億二二〇〇万米ドル
七一年＝九億一〇〇万米ドル
（外務省統計「日中貿易額の推移」）

六六年に日中貿易総額はピークを迎えた後、その年の文革開始で二年間は落ち込んだ。ちょうど商社員が逮捕されるなど友好商社にも政治的圧力が強まった頃だ。だが六九年以降は再び盛り返しているのが分かる。

この内訳として、友好貿易とLT貿易の取扱高シェアを比べるとさらに実態がクリアになる。

六六年＝六七・〇％（友）三三・〇％（L）
六七年＝七二・八％（友）二七・二％（L）
六八年＝七九・四％（友）二〇・六％（L）
六九年＝八九・九％（友）一〇・一％（L）
七〇年＝九〇・八％（友）九・二％（L）

七一年＝九〇・五％（友）九・五％（L）と、友好商社が増加を続ける一方、六四年に五〇％近くあったLT貿易のシェアは低下し続け、七〇年に全体の一割を切り、風前の灯火になったことが分かる。日中貿易の総額自体は六九年以降伸び続けたので、LT貿易の自滅を友好貿易がカバーした形になったのだ。

中国は文革を始めた六六年から、「第三次五カ年計画」をスタートさせたが、その経済発展計画に、日本の参画は全く盛り込まれなかった。日本に代わって、西欧諸国が四〇件以上に上るプラントを受注したことは前述した。中国の日本への失望と、日本産業界の中国への渇望の溝を、友好商社が埋める役割を果たしたともいえる。

MT貿易へ

ではここで、文革中にLT貿易がどんな道筋をたどったのかをみておこう。

LT貿易協定は六三年からの五年間を第一次貿易期間としたため、最終年を控えた六六年に契約延長のための条件交渉をすることになっていた。期限が切れる一年も前から交渉し始めたのは、LT貿易のシェアがこの年で三三％にまで落ち込んだことに見られるように、LT貿易の存続が危ぶまれ始めたことと関係がある。親中派の大物である松村謙三を送り、早期にLT貿易の更新確約を取る算段だった。

そこで松村は六六年五月一一日に、同じ農林族議員の竹山祐太郎や外務省顧問の松本俊一などと共に北京を訪問し、周恩来や陳毅・外交部長と会談した。

周恩来の裁断に

外交文書「経済情報No.二三，松村議員の訪中について（昭和四一年五月三〇日付）（極秘・無期限）」には、日本の外交官がこの時の同行者から聞き取った中国情報が記されている。

それを見ると、日本側は第一次LT貿易の内容を少し手直しするだけで更新できる、と比較的楽観していたフシがうかがえる。

だが中国の態度は予想以上に硬く、第二次への更新を渋った。両者は最終的に、「六七年にはLT貿易を継続する」という〝約束〟だけをいったん取り決めた。ただしこの時は、前回を踏襲した「五年間」という期間は明示しなかった。

文書によると、その理由は二つある。「五カ年ということでは、佐藤首相を安心させることになるため」というのがひとつ。もうひとつは、「日本がベトナム問題に絡んでどう転ぶかわからない、と中共側が見ているため」だったという

（中国は当時、泥沼化していたベトナム戦争で北ベトナムを軍事支援して米軍と直接戦火を交えており、LT貿易交渉に際しても、日本のベトナムへの出方を見ていたようだ）。

LT貿易は、中国側にとっても継続したいのは山々だったはずだが、同文書には「最終的に周恩来総理の裁断にまで持ち込んだ趣」とあり、中国側が更新について、かなり逡巡した形跡がうかがえる。結果的に、松村の顔を立てて〝約束〟した形になった。

「商売人に過ぎない」

ところが、その年の九月に佐藤栄作が台湾を訪問し、さらに同じ月、廖承志事務所のある日中友好協会本部の襲撃事件が東京で起きたために、中国は態度を再び硬化してしまった。

その結果、LT貿易は六七年末を過ぎて期限が切れても〝約束〟は実施されず、放って置かれてしまった。

LT貿易が空白状態となる中で、松村の命を受けて、六八年二月から三月にかけて高碕事務所の代表である古井喜美、岡崎嘉平太、田川誠一が訪中し、中国側の孫平化、王暁雲、劉希文と会談を行った。

そこでようやく両者は三月六日に、「政治会談共同コミュニケ」と「貿易取り決め」に調印し、LT貿易はその役割を変えることになった。これまでのような長期取り決めではなく、一年ごとに両者が政治会談を行い、更新する形式とした。

「政治会談共同コミュニケ」というのは、双方が「政治三原則」と「政経不可分の原則」を堅持することを確認した、いわば政治的な決意事項である。

LT貿易を継続するのなら、このコミュニケに基づくことが義務づけられた。要するに、日中貿易はさらに政治色を帯びることが避けられない形になったのだ。（ちなみに調印した日の夜、周恩来は日本の貿易関係者や、古井や田川ら政治家代表団と相次いで会っているが、「諜報活動をしている友好とは名ばかりの商社」として第一通商を名指しして非難した（111ページ）のは、この時に発言したものである）。

また、廖承志と高碕達之助の頭文字を取った「LT貿易」という名称は、中国側の要望により、「Memorandum Trade」の頭文字を取った「MT貿易（覚書貿易）」に改称された。

高碕が既に亡くなっていたということもあるが、文革の真っ只中で廖承志が国内で批判されて苦境に立たされていたことも背景にあるだろう。事実、廖承志は今回の交渉には一度も姿を見せなかった（田川の回想録では、中国側は「個人の名前を公の機構の名称とすることはなくなっているため」と理由を説明している）。

こうして、LT貿易はMT貿易として引き継がれた。五年の長期契約から、一年ごとに更新する形式に変わった上に、中国側の政治原則に沿う形で進めざるを得なくなったわけだ。

中国側は文革が始まって以来、友好商社をあからさまに重用するということは少なくなり、LT貿易と同様に厳しい態度を示し始めたことは何度か書いてきたが、先の文書でも、「『彼らは所詮商売人に過ぎない』（喬冠華・外務部次長）として、（LT貿易と友好貿易を）同一視しているようである」と報告している。

延べ払いが不可能な状態では日本から大型プラントを輸入できず、中国にとってはLT貿易の利用価値は年々薄れていき、単に日本との「政治的パイプ」という認識に過ぎなかったに違いない。

第７章　周四条件と三菱グループ

台湾側当局と会談する三菱重工社長の河野文彦（左から２人目）

「会場に来ている人の熱心さはすごかった。ノートを持ってきて、克明に聞いていく。自分の関心のあるものに対しては、座り込んじゃって全部ノートにとって、二時間でも三時間でも頑張っちゃう。とにかく技術を吸い取ろうとしていましたね。日本に帰ってきてよく聞かれたのですが、中国の技術、工業力が日本に追いつくのには、大体25年くらいだろうと言ったんです。でもその後に文化大革命が起きて。あれで10年、その余波でまた10年。約20年から25年遅れた。あれがなければ、25年前に中国は日本に追いついていたと思う」

——新井清治（元TBS中継課長）、1956年に行われた北京日本商品展覧会をテレビ中継して

藤山愛一郎

松村が六六年五月に中国を訪問したLT貿易の契約更新交渉に関し、先の外務省史料「経済情報No．二三松村議員の訪中について（極秘・無期限）」に、ある人物についての意外な記述があるので紹介しておきたい。親中派議員として知られ、外相と経済企画庁長官を務めた藤山愛一郎のことである。

藤山は、大日本製糖や日東化学工業（現・三菱レイヨン）、日本金銭登録機（現・日本NCR）、日本航空などの社長や会長を歴任した藤山コンツェルンの御曹司で、五七年の岸信介政権の誕生により、民間人として請われて外相に就任し、日米安保改正に取り組み、日米地位協定を制定した背景を持つ。

六三年頃から日中両国の間では、松村が八〇歳を越える高齢だったため、周恩来と会談できる日本側最高権威者としての松村の後継者問題が浮上している。そこで松村は藤山を後継者として周恩来に推薦した、とされている。

それは孫平化が、八五年に藤山が亡くなった際に「人民日報」（二月二六日付）に追悼文を寄稿し、「松村謙三先生が周総理に対して『日本のパイプ役となっている私の後任は藤山さんだ』と紹介した」と書いていることからも分かる。また「藤山先生は、周恩来総理や廖承志とバンドン会議で知り合った」として、藤山と周恩来ら首脳との親密ぶりを匂わせている。

ところが、藤山に対する中国の実際の見方は冷めたものだったようだ。先の史料には次のように書かれている。

「松村氏に替って（原文ママ）日中貿易を推進する人物について話が出た際（松村氏が藤山愛一郎氏を後継者として推薦したというのは誤りである）、中共側は『藤山なんかはお坊ちゃんで、岸に追随して安保をやった男だからダメだ。日中貿易の推進者ともなれば、右翼や米国の圧力をはね返すくらいの人でなければ勤まらない（原文ママ）』と言っていた。」

ここでは「中共側」とひと括りにされているが、その考えは周恩来や廖承志のものを反映している、と考えて間違いないのではないか。松村の相手をした相応の人物であるということもあるし、この時点は文革が始まったばかりの時期で、廖承志が批判されて対日交渉任務から一時姿を消すのは同年一一月頃になってからのことであるためだ。

藤山が周恩来らとバンドン会議で知り合って以来の親しい仲であると、孫平化が言っているのも大げさだと思われる。日本で藤山が語られる際、バンドン会議（五五年）での周恩来と高碕達之助の歴史的会談に、藤山も参加したとされる記述がよくみられるが、藤山はバンドン会議自体に民間から顧問団員として参加しただけで、その歴史的会談に立ち会ったわけではないことは、当時通訳を務めた外交官の岡田晃の手記「水鳥外交秘録」を見ても分かる。

むしろ中国側にとって、藤山という人物は、反中政策を推進した岸信介政権時代の外相を務め、さらに長崎国旗事件でも何の手も打たず、対米追従外交を推進したという印象が強かったのだろう。しかも先の史料は、藤山が外相を辞めてから六年も経ってからのものだ。

藤山が外相時代に、国会でどんな発言をしていたのかを調べてみたところ、案の定親中的な発言はしていない。次のように〝岸政権の外相に見合った〟発言が随所に見られる。

「インドとの関係を別にしまして、中国との関係は、残念ではありまするけれども、国連が侵略者の決議をいたしておるのでありまして、インドと日本とのような関係に、現状においていくわけにはいかぬというふうに私は考えております」（参議院外務委員会五七年一〇月一六日）

「現在日本は中共政府を承認しておりません。また従って中共政府を相手にして政府間の交渉をこの段階においてやることは、私は不適当だと考えております」（衆議院外務委員会五八年三月一九日）

「私は中共側においても、いたずらに己の身を高くする非妥協的態度をとることなく、この際わが国の善隣外交の立場を正しく理解し（中略）、進んで現在の障害除去に努めることを特に希望するものであります。（拍手）」（衆議院本会議六〇年〇二月〇一日）

中国を「侵略者」とまで形容した藤山は、晩年に著した回想録「政治・わが道」では「外相時代の私は日米安保条約の改定交渉に追われながら、その一方で、何とかして日中関係を打開しなければ、と思い続けていた」と記しているのだが。

当時朝日新聞記者だった古川万太郎によると、六八年の自民党総裁選に際し、松村らは「死んだも同然」の派閥ボスである藤山に対し、「日中打開に政治生命を賭ける姿勢」を鮮明にして行動することが、藤山の生きる道だと諭したのだという。それでも藤山は出馬しなかったため、松村一派は政治家としての藤山の優柔不断さに愛想を尽かし、藤山を日中推進派の後継者としてかつぐことに消極的になった。日中関係改善には、藤山のような大局的判断で決断力に欠ける人物では無理だ、ということになったようだ。

中国が日本側交渉者の人物像を念入りに調べ上げるケースはよくあるが、今回も中国は、二年も前に藤山の姿を見抜いていたといえるかもしれない。

〝親中派〟のドンに

藤山愛一郎にこだわるつもりはないのだが、彼に関する話を完結しておきたい。

実はその後、藤山が親中派議員を集めて日中国交回復議員連盟を結成するなど親中姿勢を強調し続けたことで、藤山は七〇年に入る頃には中国から、「日中交渉の最高責任者」である松村の後継者としての信頼を得たようなフシがある。周恩来は七〇年三月、七一年二月と藤山の訪中を認め、両者の会談も実現している。ところが、藤山は二回目の訪中を果たした際、対中経済外交に対する認識の甘さを案の定、露呈してしまっている。

この時のMT貿易交渉は雪解けムードで、日中覚書貿易事務所代表の古井喜実と、中日備忘録貿易弁事処代表の劉希文が共同コミュニケを取りまとめる手はずで進めていたところ、藤山が「案は中国に気兼ねしている」などとして、コミュニケ案に待ったをかけたのだ。コミュニケの日本側責任者は古井であり、藤山は貿易交渉には全く関係がない立場だったにもかかわらず口出ししてきたことに、日本側貿易交渉団の間では憤まんやるかたなしといった雰囲気が充満したという。

この時、交渉団にいた衆議院議員の田川誠一が自著で述べている。

「最も重要なことは、（藤山の）対中認識が覚書関係者とはかなりかけ離れているということだ。現在の中国は原則面では絶対に妥協しないこと、これに対してあいまいな態度をとれば真意を疑われることが藤山氏はわかっていない」

藤山はかねてから「MT貿易交渉とは無関係でいたい」と重責を避けるような言動を示しており、それが日本のMT貿易関係者らには極めて不評だったのだが、この時は前日に周恩来との会談が実現したことで、「松村の後継者として認められた」と過剰な自信を抱いてしまい、見世物にすぎない刀をいたずらに振りかざしたということのようだ。このため日本側は大慌てし、中国側も不快感を表して交渉が中断されたのだが、藤山はその主張を翌日にはあっけなく取り下げた。

親中派の烏帽子をかぶりながら信念に欠け、お坊ちゃんで軽薄な藤山を対中交渉のドンとして据えることに、岡崎や古井といった交渉担当者が疑問を抱いていたどころか愛想をつかしていたことはさまざまな資料から窺い知れる。

松村も六八年以降は高齢による脳軟化症が進行して物事にこだわらなくなっていたようで、藤山を後継者にという意向も、実際に信念があってのものなのか疑わしいようだ。中国が藤山を受け入れたように見えるのも、この頃までにイタリアやカナダが中国の承認に向けて動き出しており、水面下では米国とも接近し始め、対外外交に積極的になっていたという中国側の時代背景もあったろう。

藤山はそれでも、政界引退後に国貿促の会長を一二年間も務めて日中友好に尽力し、〝親中派ドン〟としての顔を維持できたのも確かである。藤山が他界した際、孫平化や林連徳など知日派知識人らが人民日報にそれぞれ追悼文を載せ藤山を偲んでいることからも、中国側から全幅の信頼を得ていたことを示している。ところが実際は、藤山の親中的行動は、晩年に後付けされたものと言えるかもしれない。

古井喜実

最後に付け加えておきたいが、孫平化によると、藤山は日中国交正常化後に北京を訪問した時、孫平化に対して、新中国成立前の新聞や刊行物を集めてもらえないかと依頼している。私費で日中関係などに関する書籍を買い集めて、藤山文庫を作って後世に残したいとのことだった。これら中国近現代史料の数々は「藤山現代中国文庫」としてホテルニュージャパンにあった藤山の事務所に所蔵されたのだが、八二年二月に発生した同ホテルの大火災で全てが焼失してしまった。中国をめぐる藤山を語る上で、これも後味の悪い例の一つと言える。

むしろ、信念に基づいて中国との関係を築いてきた人物のひとりは古井喜実だろう。古井は内務官僚出身の自民党代議士で、五九年に松村に伴って初めて中国を訪問して以来一八年間、日中友好関係の促進に身を削ってきた。親米傾向を強めた佐藤政権への批判を強め、党内でも孤立を深めたようだ。

前述したように、古井は半官半民の貿易ルートであるＭＴ貿易をなんとか死守せねばならないという信念で協定継続にこぎつけるのに成功してきた。この間、自民党内からは「反党的異端者」、「国賊」、「土下座外交」などと非難され、自民党党紀委員から事情聴取を受けたり、自宅に火炎瓶が投げ込まれたこともあった。

その一方、ＭＴ貿易の交渉時には中国から、「自民党反主流派の立場にいながら佐藤の反中国的言動に見て見ぬ振りをしているどころか、佐藤を弁護している」（劉希文）として、痛烈な批判を浴びていた。

しかしながら、ＭＴ貿易の交渉録を読むと、古井が佐藤政権にも中国側にも媚を売らず、純粋に日中貿易を促進させるという観点から、丁々発止の議論をやってのけているのがわかる。

長年日中友好促進に努めてきたにもかかわらず中国当局から厳しい批判を受けたことで嫌気を差し、ともすれば交渉が決裂する危機にもあったが、古井は我慢強く交渉を維持し、ＭＴ貿易という細いパイプを守り続けてきた。

古井は、七二年の日中国交正常化交渉でも外相の大平正芳に多大な助言をして日中共同声明の草案にも貢献したのだが、古井はその年の総選挙では落選してしまった。外交に力を入れたために地元鳥取県への利益誘導ができず、「外交は票にならない」と揶揄されたものだった。

中日友好協会の元副会長・張香山が九三年八月一二日付の人民日報に書いている。

「かつて周恩来総理が古井先生の目の前で、『あなたは表に出ない仕事をこつこつとしている。これは最も称えられるべきことだ』と評価したのを、私は直接聞いた」

古井は日中貿易の土台を作り上げた最大の功労者の一人といえるだろう。

中国産食肉

貿易の話題に戻ろう。

MT貿易は一年ごとに更新すると取り決められていたが、その交渉過程で、中国側から強く糾弾された貿易項目がある。現在日本でも大騒ぎになっている口蹄疫をめぐる問題である。第二次MT貿易交渉で、「日本が早期に中国産食肉を一万トン輸入するよう努力する」と盛り込まれたにもかかわらず、実現されなかったのだ。

これは現代社会の日中貿易の視点から見ても興味深いので取り上げておきたい。劉希文はMT貿易の交渉時（六八年一〇月）、次のように発言している。

「日本は中国の輸出品に対して高関税をかけ、食肉の輸入については政治面から妨害している。皆さんは中国に来て中国産の肉を食べているが病気になっていない。しかし佐藤政府は、中国で口蹄疫が流行しているとデマを飛ばし、供給能力のない台湾から輸入しようとしている」

日本が中国産品に対して高い関税をかけたというのは劉希文の誤解だが、中国産食肉については、確かに日本は一九五五年以来禁輸してきた。この事情について説明すると、家畜の安全基準を定める国際機関、国際獣疫事務局（本部パリ、OIE）が発行した年報に、中国が口蹄疫の汚染地域だと指摘されたのが発端だった。

その後、六八年一〇月の広州交易会では、友好商社約二〇〇社の代表団と中国糧油食品進出口総公司との間で、中国産食肉取引に関する協議書が調印された。これは、「国際基準を下回る価格で、日本が中国産の牛肉や豚肉、羊肉を一年以内に二万トン輸入する」という内容だった。

ところが、佐藤政権は口蹄疫を理由に政府認可を与えず、食肉輸入は結局、頓挫してしまった。先の劉希文の発言はそれを受けたものだった。

協議書の調印は、日中貿易拡大に気乗りしない佐藤政権に業を煮やした友好商社が示した強い意思表示でもあった。このことは、今後ＭＴ貿易が継続できるのか、という大きな問いかけにもなった（この不認可については、「日中貿易が微妙な時期に、友好商社が行き過ぎたまねをして……」といった感情的硬化が農林水産省や通産省など霞ヶ関にあったと国会では指摘されている）。

日本では、政府が中国産食肉の輸入を不認可としたことについて、大きな反発が広がった。友好商社に限らず、小売業者や主婦などが決起集会まで開いたほどだ。

当時は物価の高騰が庶民の生活を圧迫しており、「生鮮食料品は世界一高く、住宅難は世界最悪」といわれていた。特に牛肉などの食肉は値上がりを続け、安い中国産の輸入が切望された。日本政府が輸入に踏み切れば、食肉価格は直ちに三〇％下がると試算されていた。

国内で広く配布された広告が手元にあるが、それを見ると、

「中国から安くてよい肉を！中国食肉の即時無条件輸入を実現しよう！『船上加工方式』は輸入させないためのごまかし」

と書かれている。

ここで「船上加工方式」というのは、日本に輸送する途中に、海上で煮沸殺菌するという手法である。これは貿易業界が考えた妥協策だったが、中国は、その方式を許すということは中国に口蹄疫が広まっていることを認めることになる、として頑なに許可しなかった。

当時の中国をめぐる口蹄疫問題について、佐藤政権の政治的思惑の匂いが感じられる理由のひとつは、実はこの時点で、ＯＩＥの膝元であるフランスを含めた欧州では中国産を輸入していた、ということだ。

田川によると、さらに興味深いことに、中国産食肉の欧州向け輸出にかんでいたのは、西園寺と同じく〝赤い華族〟である嵯峨公元だった。

嵯峨公元の姉は、旧満州最後の皇帝の弟である溥傑の夫人、嵯峨浩である。溥傑と浩夫婦は特別扱いとして北京で生活しながらも文革中に批判を受けており、公元は物資を供給して支援していたという。

口蹄疫

西園寺が中国から特別な配慮物資を受ける友好商社を持っていたように（１１４ページ）、嵯峨は中国産物資用のフォワーダー、冷凍船株式会社を経営していた。アフリカ行きの日本漁船をチャーターして生の中国産食肉を欧州に輸出し、積み荷を降ろした後は、魚を積んで日本に輸送する――という三国間貿易に携わっていたのだ。

嵯峨は、中国産食肉を欧州で冷凍船から降ろした後も船を格別消毒などしないまま、魚を積み込んでいた。それを聞いた田川も、もしも中国産食肉が口蹄疫に感染しているのなら、日本にも間接的に口蹄疫が当然入り込んでいるはずだろうと指摘した。

友好商社がせっかくまとめた大型の食肉商談を日本政府が反故にし、中国政府も意固地になって「船上加工方式」を拒否する——という構図は、口蹄疫の問題で検疫を語らず、政治ゲームにすり替わってしまったようなところがある。

実は日本の農林水産省は五六年、六五年、六六年の三回にわたり、民間団体に委託して中国の家畜衛生調査を実施している。その結果、中国の家畜衛生管理は戦前に比べて改善されており「特に六二年以来は口蹄疫の発生はない」という回答を得た。

中国産食肉の輸入を解禁すべきだという声は国会で再三再四取り上げられたが、一向に埒があかなかった。

政府は過去の口蹄疫の発生状況や撲滅方法などについて中国側に問い合わせ続けたのだが、中国は十分回答せずに何年も放置し続けた。

では、輸入禁止は何年まで続いたのだろうと思い、農水省消費安全局に尋ねてみると、実は国交正常化の後どころか現在に至っても続いている。その理由は、依然として「口蹄疫」である。中国の食肉をめぐる問題は、実に半世紀以上も延々とくすぶったままなのだ（加工肉については現在、農水省指定施設での加工を条件に輸入できる）。

余談だが、最近、産地偽造とみられる日本の高級牛肉「神戸牛」が、中国各地の高級日本食レストランなどで公然と売られていることが中国で問題化したことがある。

中国で神戸牛の偽装というのはよくありがちで驚く話ではないが、それよりも「そもそも中国に持ち込むことができなかったのか」という、別の意味で驚きが広がった面がある。

中国は二〇〇一年に日本で狂牛病（ＢＳＥ）感染の疑いがある牛が発見されて以来、日本産牛肉の輸入を禁止したままだからである。

香港やマカオが日本産牛肉を輸入しているのに本土が頑なに解禁してこなかったのはもしかすると、日本が半世紀以上も中国産牛肉輸入を禁止してきたことと関係しているのではと思わず疑ってしまうところだ。

それでも偽装神戸牛が話題になった頃、中国の消費者の間では「日本産牛肉の輸入禁止はいささか時代遅れでは」と解禁への期待も芽生えていたのに、宮崎県での口蹄疫パニックで、解禁はさらに一〇年単位で先送りになるだろう。

五〇年前の日中両国の食肉をめぐる事情が、微妙な政治臭を匂わせながら、相も変わらず進展していないのは皮肉といわざるを得ない。

工業展覧会

中国の文革と佐藤政権の反中政策が相まって、六〇年代末にかけて日中関係は冷え込み続けた。そうした政治的動きにあらがうように、日本の産業界が中国で展覧会を開催し続けたことは、象徴的ケースとして指摘しておきたい。

六三年から六九年までの七年間で、日本工業展覧会を三回開催し、天津でも科学儀器展覧会を成功させている。ここで注目したいのは、六九年三月から北京と上海で開かれた工業展覧会である。

日本の産業界は開催に先立ち、通産省に七〇〇〇品目に上る展示品の出品を申請したのだが、通産省は直前になって、一九品目についてはCOCOM（共産圏輸出統制委員会）の規制対象品目であることを理由に、持ち帰りを条件に許可した。展示後の中国への販売を禁止するというものだ。

これは日本の産業界と中国側を憤慨させた。当時、英国やフランス、西ドイツなどは既にCOCOM規制を修正し、対中輸出物資を拡大していたのに、日本政府は相変わらず米国の顔色をうかがってCOCOM実施に熱心だったためだ。

日本の工業展覧会主催団体は日本政府を相手取り、条件取り消しを求めて東京地裁に提訴。上海での展覧会は中止に追い込まれてしまった。

このことで周恩来が非常に苛立ったことを示す史料がある。北京での展覧会が開幕した直後の四月、古井喜実と宇都宮徳馬、周恩来らが人民大会堂で会談した内容を記録した外務省史料「古井・周恩来会談の記録・昭和四四年四月一四日中国課（極秘無期限）」である。

その中で周恩来が、六〇年代初頭から日中国交正常化を主張してきた異色の自民党代議士である宇都宮を、古井と区別して、冷たくあしらった場面がある。

「あなたが宇都宮さんですか、宇都宮さん、日本工業展の開幕式にも出席できなかったそうですね（外務省注：周の宇都宮に対する皮肉）。佐藤政府は政経分離策をとっているが、子供だましではないですか。私たちは佐藤政府並びに蒋介石のとっている政策に屈服してまで日中貿易をやろうとは思っていません。それならやらなくてもよいのです。上海の日本工業展も中止することになりました」

周四条件の波紋

それは、北京の日本工業展開幕式で中国が佐藤内閣批判を展開することになっていたため、宇都宮徳馬が会に欠席したことで、反中国に汲む人物であるという烙印を周恩来に押された、ということを意味した。

周恩来はこの会談で、同じく開幕式に欠席した岡崎嘉平太に対しても、その会談の場にいないにもかかわらず、名指しして嫌味を言っている。しかも会談が終わると、周恩来は皆を玄関まで送って一人一人と握手したのだが、「人によって握手の仕方が異なり、古井氏には非常に親しげに、宇都宮氏の時は他人と話しながらそっぽを向いて握手した」という。

先に書いた藤山愛一郎に対しても同じだが、中国は日本の親中派要人に対して、是々非々に基づく日中友好といった半端な態度ではなく、強硬な信念に貫かれた筋金入りの親中姿勢を暗に要求してきたところがある。そのスタイルは明らかに日本外交にはないものだ。中国の姿勢は、先のような周恩来の性分が如実に反映したものといえるかもしれない。

（ところで、この会談は「六九年四月六日午後六時半から八時まで人民大会堂内で行われた」（同史料）とある。周恩来のほか、李先念・副首相などが出席した公式会談であるにもかかわらず、行動記録の「周恩来年譜」には、この会談もすっぽりと抜け落ちている）

大きな転機

文革は三年を経ると混乱が収束しつつあったが、中国の日本への批判姿勢は相変わらず厳しさを増していた。その頃、中国をさらに苛立たすニュースが相次ぐ。六九年一一月に、佐藤栄作はワシントンでニクソン米大統領と会談し、「日米共同声明」に署名して日米安保条約を堅持すると表明、さらに、台湾への政府借款供与を決めた。

これにより、周恩来は七〇年四月一五日、日本の国貿促など七経済団体との会談で、「佐藤政権や米国の台湾政策を支持する企業とは貿易をしない。われわれは敵と見方を区別する」と貿易停止も辞さずという強い構えを示した。

さらに一九日には、松村謙三訪中団との会談で、対日貿易の四原則に触れる日系企業とは貿易を行わないことを明らかにした。四原則とは以下である。

【一】台湾の蔣介石による大陸反攻や、韓国による北朝鮮の侵犯を助けようとしている企業

【二】台湾、韓国に大規模投資している企業

【三】米国によるベトナム、ラオス、カンボジア侵略に武器を供与する企業

【四】日本にある米国と日本の合弁企業か米国の子会社

これは後に、「周四条件」と呼ばれるようになる。日本工業展覧会での日本政府による出品規制や、日米共同声明、台湾への政府借款など相次ぐ佐藤の〝反中政策〟に苛立つ中国が、「貿易」という最後の切り札を出した形になった。それは、中国を取るのか、台湾・韓国を取るのか、という二者択

一を日本の産業界に迫るもので、政治家よりも企業が先に現状打開に向けて動き出すという大きな転機となったのだ。

この会談が行われた一九日は、ちょうど七〇年春の広州交易会が開催中だったため、中国輸出商品交易会の呉曙東・副秘書長は交易会上で、日系企業に対して四条件について詳細に説明した。

すると日系企業は大騒ぎになった。今までの友好商社の選定をさらに厳格化し、ＭＴ貿易にもこの条件をあてはめ、一条件でも違反していれば、たとえ契約が調印済みでも破棄するという。商社はいずれかに抵触していないか自己審査し、将来も違反しないと約束して初めて交易会への参加が許されることになったのだ。

しかしこのままでは、大手の日系商社は、軒並み日中貿易から外されることになる。台湾との貿易の方が、中国よりも圧倒的に大きいからである。呉曙東はこの時、「日華協力委員会」の会員企業との取引停止を発表した。日華協力委員会というのは、岸信介が蒋介石と五〇年代末に作り、台湾とのつながりが濃い財界人や政治家、日系企業などで組織されていた団体である。

その中には、三菱重工、三菱商事、三井物産、伊藤忠、丸紅、帝人、住友化学工業など大手のほか、日米合弁の旭道などが含まれていた。三菱重工の河野文彦・社長や新日鉄の永野重雄・社長らは崖っぷちに立たされ、東京で直後に開催された委員会の総会には、約七割の会員が出席を取りやめたという。

さらに中国は、委員会に出席した企業とは取引を停止すると明らかにして追い討ちをかけ、それに黙従した日本の国貿促や友好商社も、「三菱商事や三井物産などは中国貿易から排除されるべき」とした声明を発表した。

一方で、周四条件を直ちに支持する企業もあった。日立造船、東洋工業（現マツダ）、富士銀行などは、中国との貿易を発展させるため、周四条件を受け入れると発表した。また住友金属工業の日向方斉・社長や、南海電鉄グループの川勝伝・会長など、中国に代表団を派遣しようとする経営者まで現れ始めた。

住友グループ

ここで、大手商社が中国の友好貿易用にダミーとして保有していた友好商社を改めて列記しておこう。

◇第一通商と啓明交易（ともに三井物産）◇明和産業（三菱商事）◇新日本通商（伊藤忠商事）◇大華貿易（住友商事）◇和光交易（丸紅）◇大豊（日商岩井）◇日華貿易興業（兼松江商）◇南海興業（トーメン）◇豊島商会（安宅

産業、後に伊藤忠に吸収合併）――などである。

こうした友好商社は、背後に存在する大手商社と手を切らない限り、中国貿易を続けることができなくなった。台湾や韓国との貿易が大きい大手商社と異なり、中国貿易が専門の商社であるため、大手商社と直ちに関係を断ってのみ、中国貿易の権利を維持できる。そして大半の友好商社は親会社に吸収合併されるか、資本を切り離すことになった。

当時の関係者によると、中国側は友好商社がどう行動するかを注意深く見ていた。単に切り離すだけで済まそうとすることをよしとせず、「親会社の商社に、周四条件を飲むよう熱心に説得しているかどうか」を見て、交易会での発注量に反映させていたという。

迫る交易会最終日

周四条件が提示された時は広州交易会の最中だったが、鉄鋼業界では住友金属工業がまず率先して受け入れを表明した（住金は当初、専務の名前で表明したが、中国側に社長名にしろと言われ、日向方斉社長が記者会見を開き、声明文を発表している）。

続いて、鉄鋼では川崎製鉄、日本鋼管、神戸製鋼が受け入れた。新日鉄はこの時受け入れなかったため、交易会に参加していた新日鉄ミッションは全員日本に引き揚げた。

三菱商事や三井物産、伊藤忠、丸紅などは、とても台湾や韓国を見捨てるわけにいかないと受け入れを拒否しており、当然、住友商事も逡巡していた。数日前までは「やあやあ」と言い合っていた中国側担当者が、急に顔を背けて挨拶もしなくなり、中国側に提出していたカタログやオファーシートも返却された。

この時、住金が受け入れたのに、住商がまだ態度を保留しているとして、国貿促や日本側参加者の間では大問題になっていた。「周四条件を飲んだ住金が商談を続行するのはいいが、住商が同じ住友ミッションに参加しているのは理不尽だ」というものである。周四条件を受け入れた別の友好商社の商談は次々にまとまっており、住商の商権は侵され始めていた。

住商系大華貿易のＯＢが集まった座談会録がある。それによると、交易会に参加していた機電課（化学品担当）の秋田幸作はこの時、「交易会が大変なことになっている」と東京本社に矢継ぎ早に電報を打ち続けた。閉幕は五月一五日で、あと二週間しか残されていない――。

大華貿易は、住商と一体になって周四条件受け入れに取り組む姿勢を明確にしていた。だからといって、住商がやすやすと受け入れるわけにもいかない。

案の定、住商の台湾と韓国事務所は猛反発し、本社の部長ら別の幹部も受け入れの選択肢はあり得ない、と断言していた。しかしこのままでは、交易会は何の実りもなく、代表団は手ぶらで帰らねばならない。切迫した事態に直面した住商の津田久社長は、「これは大局的観点に立たねばならない」と決断し、次のように述べたという。

「平和国家の日本にとって、隣国中国との貿易には、たとえ細くとも強力なパイプを残しておかねばならない。上位四社（三井、三菱、伊藤忠、丸紅）が周四条件受諾を拒否した以上、この役割を引き受けるのはわが社をおいてほかにない。貿易でさえパイプが細くなるようでは、日中関係の将来はゆゆしき大事となることを憂える――」

「タイプを止めろ！」

津田の英断により、住商は大手商社としては初めて周四条件を受諾した。交易会の住友ミッションの団長をしていた小山弘・中国貿易部長は、最終日のわずか二日前である七〇年五月一三日の夜に本社から電報を受け取り驚愕した。「住友商事が周四条件を受け入れる」と書いてあったのだ。まさに青天の霹靂だった。

秋田が翌朝、交易会の会場に行くと、中国側当局も住商受諾の報を知っており、大いに喜んでいた。そして中国の担当者は、他の友好商社への発注文書を打電するタイピストたちに「今打っているタイプを止めろ！」と叫んだかと思うと、大華貿易への発注に書き換え始めた。みるみるうちに自分たちへの注文書がたまっていくのが分かった。秋田はそれを見ながら人目もはばからず、いつまでもおいおい泣き続けたという。

大華貿易はその直後、中国貿易部門を住商に統合し、住商の名前で中国貿易を続けることになった。

住商がいち早く周四条件を受諾することができた背景には、津田の英断があったのは確かだが、住商が兼松江商や日商岩井、安宅産業などと共に、台湾や韓国との取引が比較的少なかったことも影響しているといえる。

そしてもうひとつ、津田は戦前、住商の北京や大連事務所に駐在していた経験があり、中国への思い入れが強かったこととも無縁ではないだろう。

丸紅

住友商事はこの時、やや政治的な意図を含んだかのように、周四条件の受諾表明をしたものの、実は実際の「友好商社認定」や「中国貿易再開」という面では、別の大手商社に大きな後れを取ることになる。（津田が周四条件を受諾した同年の直後に社長を退いて会長となった頃から、なぜか不思議なことに、住商の中国政策はやや軌道修正され、中国市場の重要度を低下させたように見える。そしてそれが、中国市場での伊藤忠などライバル商社の躍進という事態を後に許すことにもつながる。そのことは後述することにしよう）

ただし住友グループの中で、同じく周四条件を受け入れた住友金属や住友化学は、親中的な政治的意図はなかったようだ。当時、化学大手六社は総じて周四条件を受け入れると表明していたが、住友化学の長谷川周重社長は、「もともと純粋に経済的立場から親台湾団体の日華協力委員会に加盟したのであって、政治的意図は全くない。中国側に痛くもない腹を探られるのは心外なので退会する」と、淡々と述べている。

日中貿易はこの一九七〇年の四月に入ってから急速に伸びた。同月の貿易相手国では、中国が前年同月の一六位から、米国に次ぐ二位に躍進し、今後も着々と伸びる可能性を秘めていた。しかも、保護主義傾向を強める米国に対して、鉄鋼などを相当量輸出することが困難になり始めており、欧州も国内市場も限界が見えていた。従って、中国などの共産諸国と原材料を含めた貿易を拡大していくしか道は残されていなかったともいえる。それこそが、住友金属や川崎製鉄が周四条件を受け入れた背景だった。政治的な意図どころか、台湾や韓国と取引を停止してまでも、中国市場の将来は魅力的に映ったのだ。

一方、東芝や三井物産、三菱商事、伊藤忠、丸紅などは台湾や韓国との関係が極めて密接で、周四条件を受諾するという明確な表明ができなかった上、日華協力委員会から退会するとも言えなかった。業を煮やした中国は、こうした大手企業とは「貿易関係の一切を断絶する」と通告した。

和光交易

和光交易は五〇年代初頭に設立された友好商社だが、丸紅が同社に四〇％出資し、ダミー商社として傘下に治めていた。周四条件で、和光は御他聞に漏れず中国貿易上の権益を守るため、独立の道を選んだ。和光の社長は、筋金入りの親中派だった国分勝範で、五二年に高良とみや帆足計、宮腰喜助が調印した初の日中貿易協定にも立ちあった人物である。

国分は、丸紅が周四条件を受諾できないとみるや、「日中関係を改善するには、佐藤政権を打倒するための闘争を続ける必要がある」という強い口調の声明を発表し、丸紅との資本関係を断絶した。丸紅はこの時、中国に特別なこだわりがあるわけではなかった。

丸紅の当時の社長である檜山広が、七一年二月一〇日、翌年度予算への意見陳述のため、衆議院予算委員会公聴会に呼ばれている。この時、周四条件への対応を問われ、煙に巻いたように述べている。

「あの四条件というのをよく読んでみますと、そう抵触するようなことをやっておる業界はないんじゃないかというふうな気がしておるわけです（中略）。ここでどっちが得かどっちが損かということも今申し上げかねるわけです。（ただし）中共の貿易で二割というのは対日で、おそらく中共のいいお得意さんだと思うのです。だからヨーロッパに取られてしまうとかいうようなことは、まずないのじゃないかというような気がします」

七一年二月というと、中国の国連加盟は時間の問題と見られていたのだが、檜山の発言は、この時点に至っても中国に秋波を送ることのなかった丸紅のスタンスを表している。ところが、実は檜山には意外な策士の側面があったようだ。それは後述しよう。

新日本通商

新日本通商は、複数の中国貿易プロパー人材を寄せ集めて作った友好商社である。その後伊藤忠が一〇〇％を握り、ダミー商社とした。この会社の初代社長になったのは、当時はまだ海産物貿易会社の社員にすぎなかった村田震一である。

実はこの村田は、第三次日中民間貿易協定に調印し、日本の国貿促の初代会長でもあった村田省蔵（第一一回「暗号通信」）の息子だった。

村田は、東京で貿易会社に勤務していたある日、周恩来に招かれて北京に赴いたことで日中友好を誓うことになる。一方で、伊藤忠は友好商社を持つにあたり、中国当局に強いコネを持つ日本人を必要としていた。そこで伊藤忠は新日本通商の社長に迎える人物として、村田に白羽の矢を立てたという経緯があった。

新日本通商は当然、中国貿易を継続するには伊藤忠に資本を引き揚げてもわらねばならない、と考えた。もともと中国貿易プロパーの集団であり、伊藤忠の資本や人材が引き揚げたからといって困るわけではない。伊藤忠は仕方なく新日本通商と手を切った。

明和産業

大手の友好商社のうち、唯一本社と切り離されなかったのは明和産業である。明和は三菱商事の一〇〇％出資子会社で、明和の社長は、慣例的に三菱商事の役員経験者が就任していた。

三菱重工（一）

そのため明和の社長は、本社の三菱商事側に強い発言力を持っていた。当時の社長は、中国が脚光を浴び始めて周四条件が出されたからといって、明和の人材を三菱商事が吸収してしまうのは納得できない、と主張した。そこで、三菱商事は明和を吸収合併せず、資本関係も完全には切り離さないことにした。三菱商事の若手を明和に出向させて研修させるといった関係は続くことになった。

三菱グループが周四条件を容易に受け入れられなかった背景としては、いくつか説明できる。

他の大手商社グループが商業資本を主体としているのに対して、三菱グループは重化学工業を主体としたグループである。商業資本は短期で利益を得る傾向があり、早急な市場参入が欠かせないのに対して、重工資本であれば「飛行機に乗り遅れたらバスに乗ればいい」と、泰然自若と構える雰囲気が当時はあった。中国市場に焦って出なくても利益は稼げるという見方である。

そしてさらに重要で見逃せない点は、蒋介石をはじめとした台湾の首脳と、三菱グループ首脳との極めて密接な関係である。

河野文彦

台湾は六五年に米国からの無償援助が切れていたが、これを日本が助けたのは前述した（128ページ）。日本は、中国向けには輸銀ローンを認めないと台湾側に確約した「吉田書簡」の直後、さらに台湾に一億五〇〇〇万米ドルもの低利融資までも認めていた。

台湾はこの頃まで、戦前に日本が築いた産業基盤があったが、それでも大きな商売としては、輸入が台湾米やバナナ、パイナップル、砂糖、輸出は化学肥料などといったものに限られていた。それらの大きな商権は、三井物産と伊藤忠が握っていた。

その上に、台湾向けの巨額低利融資の実施で、プラントなどの重工業利権までも三井や伊藤忠に握られては大変なことになる。焦燥感を強めた三菱グループはその六五年に、三菱商事、三菱重工、三菱銀行をはじめとした三菱グループ一三社による大規模ミッションを台湾に派遣する。団長は、三菱重工の副社長である河野文彦だった。

三菱重工はもともと、戦後の財閥解体により、三菱日本重工（東日本重工）、新三菱重工（中日本重工）、三菱造船（西日本重工）の三社に分割されていたが、六四年に再び統合し、新生「三菱重工業」が誕生したばかりだった。この再統合を主導したといわれるのが、三菱日本重工の社長で、兵器工業会の会長でもあった河野である。「ゼロ戦」の生みの親の一人と言われる人物である。

統合された三菱重工の初代社長に就任したのは藤井深造で、

河野は副社長に就いていた。三菱ミッションを率いたのはその直後のことだった。

河野は、台湾政府主催による歓迎晩餐会で、台湾首脳の度肝を抜かすことになる。

河野はなみなみと注がれた紹興酒で、すべてのテーブルの一人ひとりと乾杯を交わし、コップを空けていく。だが、いくら飲んでも河野はびくともしない。酒に強い台湾政府首脳たちが、目を丸くする光景だった。酒が強いだけではなく、河野の威風堂々とした風格や人格は、たちまち蒋介石の琴線に触れた。以来、河野と蒋介石の人間同士の付き合いが始まることになる。

実は、河野がこの時三菱ミッションを率いたのは、台湾側との大型提携事業が進んでいたからでもある。台湾造船公司との提携をめぐり、三菱重工は石川島播磨重工（現・IHI）と争っていたのだ。

台湾造船の前身は、戦前に三菱重工、日本郵船、大阪商船などが共同出資して設立した台湾船梁株式会社である。戦後に公営企業の台湾造船となってから、台湾は造船業を米国の造船所の技術支援に頼っていたが、その米造船所が破綻したため、六〇年初頭から日本に支援を求めていた。

台湾政府はそこで、台湾造船が技術支援を受ける提携先として、三菱重工と石川島播磨の二社に絞った。台湾造船にとっては、三菱重工は生みの親だったが、石川島播磨とも五〇年代に技術協力関係にあった昵懇の仲である。必然的に、三菱重工と石川島播磨の熾烈な争いが繰り広げられた。

台湾の関心は、日本の協力で、造船設計、技術指導をどこまで得られるのか、だった。三菱重工と石川島播磨はそれぞれ長期の技術指導計画を台湾側に提出する一方、水面下では、両社による我田引水工作が熾烈化していた。

台湾側関係者によると、河野はミッションの日程で台湾の経済担当大臣に会った際、厳しい苦言を呈されている。

「三菱重工と石川島の、提携獲得に向けた水面下での裏工作が常軌を逸し始めている。わが方は一部大臣の首が飛びかねない状況です…」

河野は驚く。

「何ですって？それは初耳です…。台湾にそれほど迷惑をかけているなら、わが社は降りましょう。ですが、私の一存では決められないので、今晩社長に電話しますから一晩待ってください」

河野は社長の藤井に電話した。

三菱重工（二）

藤井は最初戸惑うが、「河野さん、それはあなたに任せるよ」とだけ話し、台湾造船との提携事業入札から撤退することに了承した。

実は藤井が了承したのも当然だったともいえる。藤井は、三菱ミッションが台湾に渡る前から、三菱重工社長の任務を降り、河野が引き継ぐ手はずが整っていたのだ。

そしてその翌日、河野は新社長に就任し、撤退を台湾側にひっそりと伝えた。台湾造船は直後、石川島播磨との技術提携を大々的に発表した。

台湾造船は石川島播磨との提携の後、七〇年代にかけて大型船の建造能力や収益性を格段に改善していった。

当時の業界関係者によると、台湾造船が石川島を選んだのは道理があったようだ。

三菱重工が提出した条件は、造船修理を軸とした技術提携案だったのに対し、石川島の計画案は貨物船建造を軸とした技術提携案で、台湾政府の意向と合致していた。台湾側が負うコストも石川島案が圧倒的に優位だったという。台湾政府は石川島案を当初から望んでおり、三菱重工はもともと不利だった、というものである。

たとえそうだったとしても、河野の判断が台湾首脳の目に潔しと映り、三菱重工への信頼感が増したこともまた事実だったろう。

河野は、台湾首脳の前ではほとんど商売を売り込むような話をしなかった。が、台湾ミッションの後、ふたを開けてみれば、三菱重工、三菱電機を軸に、円借款に伴う台湾事業を三菱グループ各社は結束して次々に受注した。当時、三菱グループを称して「眠れる獅子が目を覚ました」といわれるほどだった。

以前にも親台湾団体の日華協力委員会について述べたが、この会は通常年に一回、台湾に代表団を派遣しており、周四条件直後の七〇年にも派遣している。

この時のエピソードがある。

初日の晩、代表団を迎える台湾行政委員長主催のパーティーで、蒋介石から直々に、ある日本人に最高勲章が授与されるとの発表があった。日本の勲一等に相当する最高勲章である。

会場のだれもが、台湾造船の復活に貢献した石川島播磨の元社長で、経団連の会長でもある土光敏夫の名が呼ばれるものと思った。参加者の視線が最前列に座る土光に寄せられた。土光も口元を引き締めて、名前が呼ばれるのを待つように背筋を伸ばしていた。

ところが、「台湾経済の発展に貢献した」として呼ばれた名前は、最後列に座っていた河野文彦だったのだ。民間の外国人で、しかも経団連の役職さえない人物の受賞は初めてである。会場は静かなどよめきに包まれた。土光はいたたまれなくなったのか、その場で席を立ってしまったという。

　七〇年というと、周恩来が周四条件を示し、中国貿易を望む日本企業に対して日華協力委員会から脱退すること求めていた時期である。最高勲章を河野に授与したのは、周四条件を飲まなかった三菱グループへの感謝と、台湾に対する継続的な協力要請の意が含まれていたともいえる。

　しかしそれ以上に、河野は蒋介石に息子の蒋経国・国防部長に会って欲しいと頼まれるなど家族的付き合いを深めており、完全に蒋介石の信頼を得ていたのだ。

　筆者は先に、三菱商事が周四条件を飲めなかった理由のひとつとして、「蒋介石をはじめとした台湾首脳と三菱グループ首脳の極めて密接な関係」がある、と書いたが、つまり蒋介石と河野の関係への配慮があったのだ。

（ところで先に、河野が紹興酒で台湾首脳を驚かせたと書いたが、その二年後に、三菱グループは中国でも似たようなことをしている。

　七二年に田中角栄が訪中して日中国交正常化が実現するが、その直前の八月、三菱重工社長の古賀繁一、三菱商事社長の藤野忠次郎、三菱銀行頭取の田実渉――の〝三菱三首脳〟がそろって、田中訪中の〝露払いミッション〟として中国に招かれている。実はこの時、古賀が人民大会堂で、茅台酒（マオタイ）で中国の首脳を驚かせている。「ゼロ戦」の設計に携わった河野に対して、古賀は元・長崎造船所長で「戦艦武蔵」の設計者の一人である。この古賀については後述することにしよう）

第８章　伊藤忠・住商・丸紅の中国復帰工作

丸紅が訪中して友好商社に認定。左から廖承志、市川忍・会長、
劉希文・元対外貿易部副部長、檜山広・社長。北京ホテルにて。

「中国貿易には、隠花植物しか育たない」　　　　　　——大手商社員

伊藤忠の遠謀（一）

周四条件の受諾では住友商事に先を越されたものの、実際の中国進出争いという意味では、水面下で最も精力的に動いた大手商社は伊藤忠商事だろう。

七〇年春の交易会が終わった後、大手商社は仕方なく、北京の新僑飯店に構えていた事務所兼宿舎をたたんで、駐在員全員が帰国せざるを得なくなっていた。

当時、伊藤忠の北京事務所にいた藤野文晤は、失意のうちに日本に帰国したうちの一人である。

伊藤忠は当時、中国に鉄鋼や繊維、食料などの大きな商権を持っていた。周四条件を受け入れないことでそれらをみすみす放棄し、中国と完全に縁を切っていいのか——。

打ちひしがれていた藤野は、同僚たちと本社に行き、会社が周四条件を飲むよう直談判した。

伊藤忠の政策を担う業務本部は「台湾と韓国を捨てるわけにはいかない」と話し、藤野たちの提案を一蹴した。そうして、北京で共に働いた中国担当者は藤野を除いてみな、日本の各支店へ散り散りになった。

瀬島龍三の暗躍

この時の伊藤忠の社長は、越後正一である。越後は戦前、綿糸布の主産地である中国の青島に八年間駐在したこともあり、後に綿糸布で大儲けし、伊藤忠を世界有数の繊維商社に押し上げる立役者となった人物である。

越後は五〇年代後半から考えていた。三井物産、三菱商事は、当時から日本では群を抜いて強い総合商社である。両社が本丸である江戸の大名だとすると、伊藤忠や丸紅は、関西の野武士のような存在にすぎない。繊維商社の伊藤忠を近代化し、三井、三菱に引けを取らぬ有数の総合商社にのし上げるにはどうしたらいいのか——。

そこで越後が雇ったのが、元日本軍の大本営司令部参謀で、シベリア抑留から帰国していた瀬島龍三である。瀬島に与えられた任務は、伊藤忠を近代化した総合商社にすることである。

瀬島は、それにはまず会社の体制・組織を改革しなければならない、と考えた。しかし、越後も含め、繊維を扱ってきた近江商人、伊藤家の丁稚から這い上がった当時の役員では、組織の大改革を進めるのは不可能だ。越後が瀬島を雇ったのは、新しい風を吹き込む荒療治だったのだ。

瀬島はやがて社内の既得権益に挑戦し、かつて率いた陸軍参謀本部をモデルにした「瀬島機関」と呼ばれる部下たちを作り、強引に伊藤忠の体制改革を進めていく。

それは、社内で抜き難い確執と大混乱を生んだ。だがそうして初めて伊藤忠は、瀬島によって舵を大きく切り、総合商社に向かって帆を進めていくことになる。

越後は、中国との取引再開を画策するのは非常にリスキーである、と当然知っていた。取引先は、圧倒的に欧米や中国以外のアジアである。わずかな友好商社だけが担当する中国など微々たる存在であり、日本の発展にはほとんど関係がないはずだ。しかも、反中の佐藤栄作が内閣を率いており、伊藤忠が中国との取引を再び言い出せば、官僚にも叩かれるのは間違いない。

しかしこの巨大な中国を、ただ指をくわえて見ていていいのか。重要なことは、中国が近い将来どうなるのか、だ。新日鉄や三菱重工など重工系企業グループを抱え込み、巨大な力を誇示していた三井、三菱に勝てる盲点があるとしたら、それは何なのか。そして、たどり着いた答えが「中国」だったのだ。

戦前に限ると、伊藤忠は繊維取引を中心に、中国では最も取引の多い商社でもあった。いかに三井、三菱に追い付くかと、五〇年代末から悩みに悩んできたことの答えが、七〇年初頭になってようやくめぐってきた。周四条件で迎えたピンチは、大きなチャンスでもあったのだ。

年が明けた一九七一年の正月、瀬島は越後の自宅に新年の挨拶に訪れた。客間に瀬島を通すと、越後は挨拶もそこそこに落ち着かない様子で、「実は今日は、あんたに重要な命令がある…」と切り出した。

「瀬島さん、伊藤忠は今年、中国と組みたいと思う。それも三井、三菱よりも早く、真っ先にだ。それをあんたが手配してくれ。だが極秘に進める必要がある。万が一、日本の政財界や台湾、韓国にばれたら、全てが台無しになる」

瀬島は静かに頷く。そして「…了解しました。必ず成功させます」とだけ言い、そのまま黙り込んだ。

初出勤となったその三日後の一月四日――。瀬島は秘書を通して、全く名も知らぬ平社員である藤野を、電話で呼び出した。緊張してドアの前に立ち尽くす藤野をソファーに案内すると、「君が藤野君か。実は、中国の勉強をしたいと思ってね。是非とも君に、中国に関するリポートを書いて提出してほしい。期限は一〇日後だ」と言った。

かつてあった中国課の担当者数十人は全国やロシアなどの共産圏に散らばって一人も本社におらず、残っていたのは外国部アジア担当の藤野だけだった。

中国に関するリポートなら、藤野にとってはたやすい仕事である。藤野は全身全霊を捧げ、中国に関するさまざまな問題を分析して予測を立て、そして伊藤忠として将来どうするべきかを、数十ページの報告書にまとめ、ちょうど一〇日後に瀬島に提出した。
藤野はそのリポートで、「伊藤忠は直ちに中国進出の準備をするべきである」と結論づけた。その理由として、二つの重要な予測を示した。

【一】中国は、日本に戦時賠償を要求してこない
【二】一九七二年頃、日本と中国は国交を正常化する

この二点は、後にそのまま現実となるのだが、当時は外務省も含め、米国寄りの見方が趨勢で、まだ容易に受け入れられるものではなかった。

伊藤忠の遠謀（二）

中国は日本と国交を回復したいと願っており、戦時賠償の問題を持ち出すことがそれを遅らせることを十分知っていた。さらに藤野は、「中国は、戦争に負けて米国の占領下に置かれた日本から戦時賠償を求めるような国ではない」と確信していたという。

瀬島は藤野の報告書を独自の人脈を使って分析させ、いずれからも高評価を得ていた。シベリアに一一年間抑留された経験を持つ瀬島は、ソ連に怨念を抱いてはいたが、中国進出に対しては何のわだかまりもなく、藤野の考えを受け入れるのは困難ではなかった。報告書提出から一週間後、瀬島はまた藤野を呼び、計画の全貌を打ち明けた。

「実は越後社長が、今年中国に乗り込むと言っている。君も手伝ってほしい。ここから先は、越後と私と君の三人だけで進めたい。計画は同僚どころか、家族にさえ話してはならない」

藤野は顔を紅潮させ、血沸き肉踊るのを感じた。これで再び中国と関わることができる。

日本の政界への根回しは瀬島が担当し、中国に関する情報収集と裏工作は藤野が任され、越後は表舞台でリスクを背負う――という役回りである。目標とする中国市場への復帰は、七二年四月の広州交易会とした。つまりあと約一年後だ。

香港に“潜入”

藤野はその日から瀬島の直属の部下になったが、それも伊藤忠社内では伏せられた。だれも藤野が何をしているか知らない。あらぬ筋から情報が漏れて、圧倒的親米派の外務省などに知られれば、よけいなことをするなと妨害されるのがオチだ。三井物産、三菱商事に知られるのはさらにまずい。

藤野は独自に中国情勢調査を開始し、友好商社などから情報収集に努めたが、いい情報が集まらずに閉口した。確かに、日本でうろうろしていても中国情報が得られるはずがない。

中国情報が集まる場所は唯一あった。世界に情報網を張り

巡らせた華僑が集まる香港である。幸い中国駐在時代に知り合った華僑も香港にいた。そこで、香港に駐在させてもらうよう瀬島に頼んだ。瀬島はひとつ返事で承諾したが、伊藤忠とは関係がなくなったことにし、極秘での〝潜入〟が条件だという。家族にさえ香港滞在の目的を告げてはいけない。伊藤忠の香港支店には顔を出さず、日本人とも一切接触してはいけないとされた。

くしくもこの一九七一年初頭、藤野が香港に渡るのと軌を一にして、富豪の華僑が香港に戻り始めていた。というのも香港では、文革に触発された六七年の大暴動（六七暴動）で大暴落していた不動産や株式市場が落ち着きを取り戻して大建設ブームが始まっており、未曾有の好景気に突入しようという時期だった。

余談だが、世界最大の華人財閥を作り上げた李嘉誠も、ちょうどこの年にデベロッパーの長江実業を設立している。香港は不動産業だけでなく、世界の繊維産業基地としても活況を呈していた。日本の大手繊維商社やメーカーは先を争ってこの年に香港での繊維ビジネスの強化方針を決めていた。

「文化大革命」や「周四条件」は日系企業を確実に中国から遠ざけたが、それらがあったからこそ、日系企業の中国商売の舞台は香港に移り、大量の華僑資金が流れ込み、香港を繁栄せしめたともいえるのだ。

藤野は九龍のホテルに潜り込んで生活した。日本人とは接触せず、華僑ビジネスマンとの交流を深め、香港の新聞を毎日片端から読み漁った。香港の新聞や人脈からは、時に重要な情報がもたらされることがあったという。

藤野が香港に潜入したのと同じ頃、ＭＴ貿易交渉団が七一年二月一三日から三月一五日まで中国を訪れ、会談コミュニケを妥結している。佐藤内閣は中国政策を前進させる姿勢を少しも見せていなかったのだが、貿易交渉では雪解けムードが芽生え始めていた。周恩来は日本側交渉団に次のように挨拶した。

「一九七〇年代になって世界は変わった。最近、遠いカナダやイタリア、ナイジェリアが中国を承認した。にもかかわらず、最も近い隣同士の日本とは国交が開かれていない。日本は米国より遅れてもいいのだろうか。（中略）中国は一日も早く日本との国交回復が実現することを望んでいる。」

実際、前年の七〇年秋の国連総会では、中国の国連参加を求める「アルバニア決議案」の支持が総会の過半数を上回り（「重要問題決議指定」で三分の二以上の賛成が必要だったため採択はされなかった）、中国をめぐる国際情勢が大きなうねりを見せ始めたことを物語っていた。

米中が水面下で、着実に接近し始めていた兆候は確かにあった。三月一五日には、米国政府が米国人の中国への旅行制限を撤廃。四月七日には名古屋を訪問していた中国の卓球チームが「米国の卓球チームを中国に招待する」と発表した。中国が米国の卓球チームを受け入れると日本で発表したのは、日本への政治的効果を狙って仕組まれたものだった。

外務省の呻吟

米中を隔てていた溝は、まず経済という外堀から先に埋められた。

七一年四月一四日には、米ニクソン大統領が◇米中間の貿易決済に米ドル使用を認める◇中国人の米国入国制限を大幅に緩和する◇中国船舶、航空機への米国領土内での給油を認める◇米国籍船舶、航空機による中国産品の輸送を認める――などの対中貿易緩和の五原則を発表した。

ニクソンは「機会があれば訪中の用意がある」と発言。さらに六月一日には、七月一五日までに中国に関する新しい政策を発表すると表明した。

ニクソンはさらに中国への接近に踏み込む。直後の六月一〇日に、対中禁輸の一部を解除したほか、中国産品に課していた原産地証明制度を廃止した。

香港にいた藤野は同じ頃、米中の政府関係者が香港で会う回数が増えていることにも気が付いた。米中が共に、ソ連への対抗上、手を握ろうとしている証拠で、両国が近く国交を回復するのは間違いない――そう確信した。

「米国より先に国交正常化」

当時の香港総領事だった岡田晃によると、当時日本政府や外務省の認識は非常に遅れていたという。岡田は、米国に追従することしかできない日本を批判しつつ、「当時、東京の外務省において、このような考えを持つ者は私以外には一人もいなかった。すっかり孤立無援、袋だたきにあって悄然と過ごしていた」と述べている。外務省は、米国と中国の〝卓球外交〟などを表面的なパフォーマンスに過ぎないとたかをくくっていたという。

岡田の言うように、当時の政府や外務省は米中が接近していた事実を見落としていた、というのは今でも定説のように語られる。ではなぜ明白な情勢を見誤っていたのだろうか。

そこで当時の外交文書を漁っていると、こんな文書を見つけた。外務省アジア局がまとめた「わが国の中国政策（今後の方針）」（極秘無期限・七〇年一〇月二六日付）である。ここで「内外情勢の変化に柔軟性を持たせ、かつ過去の中国政策との一貫性を維持したい」などという、実に苦しい内部方針が決められている。そこで興味深いのは、

「一、日中間のあらゆる問題につき話し合いを行い、かつ極東の緊張緩和を図る方策を日中間で検討するため、中共に対し、政府間接触（大使級または閣僚級会談）を呼びかける」

とした部分である。これには重要な注釈が付いている。

「中共に対し、あらかじめ、極秘裏に然るべき方法で、わが方の前記一の構想を申し入れ、中共が話し合いに応ずるという見通しが立つまでは、公表しないこととする。なお、わが方がいう『日中間のあらゆる問題』のなかには、日中国交樹立に関する諸問題が含まれる旨を確言する。（中略）日中国交樹立に関する話し合いが妥結すれば、わが国は北京政府を中国の正統政府として認めることとなろうから、その結果として、わが国と国府（台湾）の公式の関係は断絶することとなる」

七〇年一〇月という比較的早い時点で、外務省は日中国交樹立さえも選択肢に含めた協議を計画していたというのはいささか意外だ。岡田の回想録とは食い違っている。

まだ第三次佐藤内閣が始まって一〇カ月、周四条件提示からするとまだ半年しか経っていない時期のことだ。カナダに続き、イタリアやベルギー、オーストリアなど続々と中国を承認すると予想される国々が増え出したことに、アジア局が危機感を感じていることが伝わるかのようだ。

さらにもうひとつ面白い文書がある。外務省中国課による「日中関係と日米関係（極秘無期限・七一年一月一九日付）」である。これは、日中の国交が回復すれば日米関係はどうなるのかを予測分析したものだ。

「日本が米国より先に日中国交回復をはかるという行為が、日米関係に全く影響をあたえないということはありえない。しかしながら、その影響の性格と度合いは、日中国交回復の（ⅰ）タイミング（ⅱ）態様及び（ⅲ）対米説明ないし説得振りによって大きく変わり得るものと考えられる。結論的にいえば、（中略）日中国交回復は日米関係を基本的に悪化させることにはならないと考えられる」

これは「中国課の構想」に過ぎない可能性を差し引いても、〝米国よりも先に〟中国と国交を正常化させる、という意向に踏み込んでいたことを示すものだ。

これらの史料から見ると、岡田が言っていたような、「外務省は外堀を密かに埋めつつあった米中関係を冷ややかに見て、たかをくっていた」という〝定説〟は的を得ていないと言えるかもしれない。世界情勢の変化に気づき、米国の顔色を窺いながらも中国との距離感を測りかねて呻吟していた、というのが正解だろう。

ピエロの外相

ただし当時新聞などでは、米国べったりの日本政府や外務省の無策について際立って報じられていたのは事実だ。日本経済新聞（七一年六月九日付）は「米国側よりもさらに国府（台湾）擁護の態度をとる日本。〝世界の物笑い〟の愚を、いつまで日本政府は続けようとするのだろうか」と書いている。

外務省は七〇年九月に、愛知揆一・外相主催で、アジア太平洋地域の大使や総領事が集まる非公開の公館長会議を東京で開いている。岡田によると、そこである大使から「米国は対中政策に関して、何月何日に何をするというタイムテーブルが既に決まっていると聞いている」との発言があった。これに対して外務省はそれを重要視せず、愛知外相が次のように総括したという。

「自分のルートでも確かめてみたところ、かかるタイムテーブルはないというのが結論である。（中略）米国が対中国関係において日本を飛び越えて何かやるということがよく言われるが、これは絶対にないと思う」

これが結局、外務省の〝正式見解〟となった。愛知が「自分のルートで確かめた」というのは、米ロジャース国務長官に聞いたら知らぬ存ぜぬ、と返されたということらしい。愛知はこの時の発言で「国際情勢の変化はない」とまで言い切っている。先に示した外交文書にあるように、外務省は実際には米中接近の匂いを嗅ぎ付けていながら、外務大臣にピエロの役回りを演じさせていた形になっていたのだ。

余談だが、ここでひとつ記しておきたいのは、岡田は著書で、外務省の本省の主張に反して対中交渉を急ぐべきとする意見を持っていたとしているが、中国との唯一の交渉パイプだった日本のMT貿易交渉団の記録には、岡田が親中派を妨害していたかのような記述があることである。

MT貿易交渉に積極的に参与してきた代議士の田川誠一によると、交渉団は七〇年三月二〇日に第八回目の交渉で北京を訪れている。親中派最大の重鎮議員である松村謙三は、この時八七歳の高齢で、最後の訪中となった。

交渉団はまず香港に寄り、恒例の岡田総領事主催による夕食会があったのだが、松村は岡田を嫌い、当初夕食会に出席するのを固辞したという。岡田が外務省の会議で「松村は訪中するべきではない」と発言したことが、松村をひどく憤慨させたためだった。田川も松村に同調し、

「私としても、外務省の一貫した対中国の無策については不愉快に感じていたので、宴会などには出る気はしなかった」

と述べている。田川はその翌年、七一年一二月にも第九回目のMT貿易交渉で再び香港に立ち寄っている。その時も

「外務省と岡田総領事に対する不信感の表明」のため、岡田が主催した夕食会を再び拒否している。

岡田は自著では、「自分が外務省では唯一中国承認派の言動をしていた」と主張しているのだが、中国承認に向けて最も活躍していた親中派議員団に対しては非協力的で、すこぶる評判が悪かったのである。外務省にしろ、六〇年代にかけての日中貿易交渉での通産省にしろ、民間に勝手なことをさせまいという霞ヶ関の意識が随所にみられてきたのは日本特有といってもいいかもしれない。

日本の頭越しに

七一年六月、香港にいた伊藤忠の藤野は、香港の華僑人脈から「米中が近く国交を回復する」という情報を得た。念には念を入れて各方面に確認し、「間違いない」という確信を持った。

この情報は伊藤忠の命運をかけるものになるかもしれない。藤野は押っ取り刀で香港から東京に舞い戻り、瀬島に報告した。

その直後の七月一五日、ニクソン米大統領は「キッシンジャー大統領補佐官が密かに中国に行って周恩来と会談し、自分も訪中する」と重大声明を発表した。日本の頭越しでの電撃的発表だ。しかもこの七月一五日というのは、ニクソンが当初匂わせ、外務省の公館長会議で言及されたタイムテーブル通りだった。

瀬島と藤野は読み通りの展開にもろ手を挙げて喜んだが、同時に、計画を急がねばならないと気を引き締めた。そして中国当局と独自に、水面下での交渉を開始した。

社長の越後は、藤野の根回しで、東京で中国のＭＴ貿易事務所代表の趙自瑞に会い、伊藤忠の中国復帰の意思を密かに伝えた。

中国復帰の第一歩としては、まず周四条件を受け入れなければならない。しかしそれを公表するということは、三井物産、三菱商事どころか、日本全体に公開されてしまうということである。しかも公式には、日本の国際貿易促進協会（国貿促）を通じて表明しなければならない。公表のタイミングは極めて重要だ。

瀬島と藤野は、日本の政界と、台湾政府、韓国政府の了承を得る工作に乗り出す。瀬島が政界の有力者に接触する一方、藤野は台湾・韓国を担当した。周四条件を受け入れれば、台湾・韓国の取引に重大な影響をもたらすことになる。当然、伊藤忠の台湾と韓国の支店には何も話していなかった。

台湾には伊藤忠顧問の伊藤英吉、韓国には副社長の藤田藤がそれぞれ赴き、越後社長の親書を両政府当局に手渡した。親書の内容は以下のような内容だった。

伊藤忠の圧勝

「商社は国境を越え、イデオロギーを越え、グローバルな経済活動に従事せねばなりません。われわれ伊藤忠は、相手が中国共産党といえども貿易関係を持つべきだと考えます。しかしながらそれは、あなた方とこれまで築いてきた友好的な経済関係を阻害することには絶対になりません」

実際は、台湾と韓国との取引は現状を維持するしかない。しかし現状維持だとすると、台湾や韓国と関係のある商社とは取引しないとした周四条件を受け入れたことにはならないのではないか——と藤野は危惧した。そこで瀬島と相談した結果、改めてダミー会社を作ることにし、実際に青山に法人登記まで済ませた。今までは新日本通商という伊藤忠系のダミー商社を使っていたが、既に資本を切り離していた。今度は伊藤忠独資の商社を通じて中国と取引するということだ。これなら中国も納得するに違いない。

社長の越後は、国貿促関西本部の木村一三を通じて、中国側に「伊藤忠中国復帰」の要望を伝えると、しばらくして中国側から「歓迎する」との返事が返ってきた。木村については既に何回か取り上げているが、伊藤忠を皮切りに、企業の中国進出を水面下で画策していたようだ。これについては後述しよう）

「副社長ではなく社長を」

その直後、大きなニュースが世界を揺るがす。一九七一年一〇月二五日の国連総会で、前年に否決されていた「アルバニア決議案」が承認され、中国はついに国連復帰が認められた。その結果、台湾は抗議の意を示して国連を脱退した。中国が国際舞台へ登場するうねりは、大きくなる一方だった。

伊藤忠は同年一二月、周四条件受け入れを発表し、戸崎誠喜・副社長を団長とした訪中ミッションを、七二年早々にも派遣することを中国側に申し入れた。伊藤忠は初めて本社に「中国室」を設け、本格的な中国進出準備が始まった。「伊藤忠が出る」——産業界は大騒ぎになっていた。

年が明けると、中国側から大きな知らせが舞い込んだ。「中国に進出する際、ダミー会社を使う必要はなく、伊藤忠本体を友好商社に認定する用意がある」というのだ。しかし条件が二つあった。「台湾、韓国との取引は認めるが、現在以上増やさないこと」そして、「ミッションには副社長ではなく、社長が来ること」だ。

中国が周四条件を大幅に緩め、台湾、韓国との取引の現状維持を認めるということは、中国の対日貿易政策が大転換したことを意味するものだった。そして、ダミー会社を使うという日中間特有の希有な貿易形態は、これで正式に終わりを告げることになった。

またそのことは、中国当局が「日本と国交を正常化したい」というメッセージを織り込んでいたことを示していたともいえる。伊藤忠が直接中国に進出すれば、国交正常化を後押しするのは間違いない。当時は反中の佐藤内閣が退陣することは目に見えており、中国当局は、ポスト佐藤栄作が一体誰になるのかに異様なほど興味を示していたという。

しかし越後は、自分自身が訪中することをかなり躊躇していた。台湾や韓国、日本の政財界など、これだけ周囲に根回しして進めてきた重大プロジェクトだが、もしも自分が中国に行って交渉に失敗したら、社長生命が絶たれるほどの大打撃を受ける。中国当局は伊藤忠を受け入れると伝えてきてはいるが、本当の意向は確認できない。越後はしばらく逡巡していたが、最後に「よし分かった。わしが行かない手はない」と決断し、迷いを振り切った。そしてミッションの団長は急遽、副社長から越後に変更された。

七二年三月五日、伊藤忠ミッションが北京空港に到着すると、対外貿易部の担当者が出迎え、「あなた方を北京飯店にお泊めします。これであなた方への扱いはお分かりになるでしょう」と言った。同行した藤野はこの時、交渉の成功を確信したという。当時の北京飯店は国賓級のゲストしか泊まることがない最高級のホテルで、商社員などの民間人が泊まることはあり得なかったためだ。

そうして中国当局は、伊藤忠を正式に友好商社に認定した。「七二年四月の広州交易会までに中国に復帰する」としていた当初の目標をついに果たしたのだ。友好商社の認定証書が読み上げられている時、伊藤忠側の参加者は思い余って泣いていた。当然、藤野も泣いていた。中国復帰後初めてとなったその広州交易会では、伊藤忠は次々に商談をまとめていき、他の商社を圧倒した。

北京郊外にある燕山に年産八万トンの化学プラントを建設する事業など、日本に引き合いが来たプラント案件は、伊藤忠が大勝してしまったほどだった。燕山のプラント事業では、三井グループ以外と組むのは不可能とまで言われた三井石油化学工業（現・三井化学）と組むことも可能にし、中国と調印した。なにしろ総合商社は伊藤忠しか中国に出ていないため、三井物産が入り込めなかったのだ。

だが伊藤忠の中国復帰劇を、冷静に見ていた人物がいた。丸紅の社長、檜山広である。

住商と丸紅の追随

極秘で進められていた伊藤忠の中国復帰工作は、仕上げ段階になると、実は外部に漏れ始めていた。伊藤忠の動きを密かに観察していたのが、住商と丸紅である。

伊藤忠社長の越後は木村一三と親しく、中国進出策については一九七一年後半から相談していた。そのため伊藤忠の水面下の一挙一動は、木村の〝暗躍〟により、後を追随していた住商や丸紅に筒抜けになっていたのだ。

しかし関西拠点の木村にしてみれば、リークしたという意識はなく、関西系の伊藤忠と丸紅、住商を総じて支援しようと動いていた。その背後には、周恩来との合意があったようなのだ。

複数資料によると、木村は七一年と七二年の初頭に訪中し、周恩来と極秘に会っている（「周恩来年譜」にはその頃木村と会ったという記録はない）。七一年の訪中の際、木村は日本の財界の大物たちを訪中させる約束を周恩来と交わしており、伊藤忠の越後、丸紅の檜山、住商の津田への支援はその一環だったとみられる。

木村が七二年に訪中する直前に東京の料亭で壮行会が開かれたのだが、それに参加したある関係者によると、木村の訪中は、外相の大平正芳と親しい関係にあった渡辺美智雄がおぜん立てしたものだった。田中角栄が後に訪中するための〝露払い〟を目的に、多彩な人脈を持つ木村を黒子として使い、財界の大物を訪中させて政治の舞台に引っ張り出す工作を進めていたのだ。

純血主義が落とし穴に？

伊藤忠の訪中直後の三月、木村の根回しで、社長の津田久は自分を団長とした住商ミッションを組織し、訪中を実現させた。

この時参加したのは津田のほか、加藤五郎、岡橋純男、日高準之助、前田国盟など住商幹部の面々である。伊藤忠の時と同じく国賓級の扱いで北京飯店に滞在したが、丸一日ホテルで待たされたという。これだけ待たされるのは、住商にとって何か不都合なことがあるのかもしれないと不安がよぎり始めた頃、ようやく中国当局から呼び出しがかかった。そして長い文面を読み上げて、「明日からは住友商事の名義で取引することを許可します」と言われ、全員が感激したという。そして住商は、伊藤忠の一カ月後の七二年四月三日に友好商社認定を受けた。

四月三日ということは、その年の春の広州交易会に「住商名義」で参加することに間に合ったということである。ではなぜ先に書いたように、交易会での伊藤忠の躍進を許すようなことにつながったのだろうか？

当時の住商関係者によると、「住商名義で初めて中国との取引が認められることになったことで、今まで付き合いのあった従来の友好商社を冷遇してしまった面があった」という。

例えば伊藤忠は中国復帰後も、プラントを受注する際にまだ「友好商社を噛ませ」、共同で受注していた。ところが住商は「うちは既に友好商社なのだから」と〝純血主義〟を貫き、従来の友好商社を袖にしたため、彼らが住商から離れていく傾向にあったという。

しかし、商談で中国側が渋い反応をした場合、それが値引きを引き出すための誘い文句なのか、本当に深刻な状態なのかといった判断は〝表〟情報だけではできないケースが多く、友好商社が持つ〝裏〟情報を必要としたのは確かだった。友好商社は依然として、中国貿易上では実質的な力を持っていたのだ。

それが一因で、住商は中国復帰後、大量のプラントを受注した伊藤忠を横目に、数年間苦戦を強いられることになったのだ。

丸紅檜山のブラフ?

丸紅も木村からの情報を頼りに、中国進出工作を極秘で進めていた。伊藤忠が台湾・韓国に対する現状維持方針を決めたとの情報が入ると、「うちもそれで行くしかない」と、周四条件受諾の意思を固めた。

当時の商社関係筋によると、実は丸紅社長の檜山は、六〇年代から社内の中国畑の専門人材を海外支店に流出させないよう社内人事にまで踏み込み、虎視眈々と中国への復帰を準備していた。かつて六二年から日本側のＬＴ貿易を一手に担った高碕事務所の中に大久保任晴がいる。この大久保は表向きはプロパーの事務局員とされているが、実は丸紅の社員であることを隠していた。中国に詳しい者を紹介してくれと高碕に頼まれた檜山が、事務所に潜り込ませた丸紅のスパイだったのだ。このことは長期間にわたり疑問さえ持たれず、多くの丸紅の社員でさえ知らなかったという。これにより、ＬＴ貿易の対象品目についてはいつも丸紅だけがいち早く知ることができ、丸紅が受注を独占したこともあるという。

筆者は先に、檜山が七一年二月の衆議院予算委員会の公聴会に呼ばれ、周四条件への対応について参考意見を求められた際、さほど中国に関心がないことを印象付ける檜山の発言を引用した（１３２ページ）が、実はそのスタンスは対外的なブラフだったのだ。

丸紅が中国復帰の希望を中国側に伝えてあることを公表したのは七二年三月三日。伊藤忠が訪中した三月五日の二日前である。そして四月に周四条件を受諾し、六月に訪中する。伊藤忠、住商と比べて三カ月遅れということだ。しかし檜山は「伊藤忠から数カ月遅れなら影響は大きくない」と踏んでいた。

丸紅の訪中ミッションには通訳の星博人を含めて六人（当時会長だった市川忍、檜山広、松尾泰一郎、池田松次郎、春名和雄）が参加したが、これらのメンバーを見ると面白いのは、ほぼ全員が後に社長になっていることだ。檜山が肝入りの部下を連れていったということがわかる。

当時の関係者によると、丸紅の訪中ミッションも同じく北京飯店に滞在した。

廖承志の復活

最初の二日間ほどは中国当局との儀礼的な交渉があったものの、その後数日間、中国当局はうんともすんとも言ってこなかった。最高級のホテルといっても当時は冷房などなく、丸紅ミッションの参加者は暑い部屋に閉じ込められたような状態になってしまった。

当時の日本側関係者によると、檜山らはさすがにしびれを切らして、当局とアポイントを取ってくるように部下に何度も指示するが、中国側はせかされたといって動くはずがない。部下らはそこで、しばし外を散歩して時間をつぶしてホテルに戻り、「アポイントは無理だとのことです……」と檜山に報告せざるを得なかった。それを何度も繰り返したという。

丸紅ミッションの間に「もしかすると中国は丸紅とはやらないつもりではないか……」という不安感がもたげてきた頃、対外貿易担当の幹部がようやく出てきた。そこで中国側が長い認定文を読み上げている間、ようやく友好商社として認定されたのだということが分かった。丸紅参加者は中国滞在の気苦労も手伝って、感動を抑えられなかったという。

奇妙な〝缶詰〟体験

友好商社認定を受ける前に、一～二日間北京飯店で缶詰にされるという奇妙な状況は住商の時にも言及したが、いずれの商社も同じような目にあったようだ。

ある関係者によると、これは当時の中国特有の交渉術のひとつであるという。第三者から見ると、いったい何のためにそんなことを？——と思うかもしれないが、中国側の与える友好商社認定に、より重い意味を持たせるための中国らしい〝演出〟とでもいえるだろう。実際、先の三社ともに、感涙にむせぶ参加者が続出して効果的だったことがわかる。

ある外務省史料

ところで、伊藤忠、住商、丸紅の三社がそれぞれ北京を訪れた時に、友好商社認定式でいずれも最後に登場したのは、長い失脚から復活したばかりの廖承志だったという。

やや脱線するが、一九六六年までは最も重要な対日政策のブレーンだった廖承志が、文革中の約五年間姿を消していたことについて言及しておきたい。

廖承志の不在に対する中国側の公式見解は、「廖承志は六七年頃に心臓病を患い第一線から退いていた」というものだが、日本では文革の初期に紅衛兵などの極左勢力に批判されて失脚したというのが定説になっている。

周恩来は、七一年二月に行われた第九回MT貿易交渉で、日本側代表団に「廖承志は心臓病で療養中である」とし、廖承志が無事であることを初めて公表した。その年の一〇月に廖承志は、中国友好協会会長という肩書きで失脚後初めて公式に姿を現した。

さらに二カ月後の一二月、第一〇回MT貿易交渉が行われたが、中国側が友好ムードを盛り上げるための演出として、MT貿易代表団が廖承志の自宅に招かれて本人と対面している。その時自宅に赴いた田川誠一によると、廖承志は「六九年に心筋梗塞で倒れて入院し、一時は危ない状態になってから回復した」と本人が言ったという。つまり、廖承志が心筋梗塞で倒れたのは失脚してから三年も後のことなのである。

また、極左勢力に批判されたとされていたが、その具体的な原因は何だったのかについては明らかにされていなかった。実はそれについて外務省史料「中共内政」（一九七一年一一月六日付『秘』）に意外な情報があるので紹介したい。

それによると、廖承志は一九六六年一〇月、インドネシア華僑と会見した際、海外の華僑に対して慰問の言葉を述べたのだが、その際に毛沢東と周恩来の名を挙げながら、林彪には言及しなかった。それが大きな問題となったようだ。さらに数カ月後、廖承志は林彪を無視したとして紅衛兵新聞に批判されることとなり、これが姿を消す決定的要因となったのだという。要するに、失脚の原因は、文革で日本との深い関係をとがめられたものではなく、極めて国内政治的要因にすぎなかったようだ。

「抓政治保険、抓生産危険」

廖承志が五年後に復活したのは、心臓病が回復したことよりも、周恩来のバックアップが背景にあったとされる。それと共に、文革が落ち着きを見せており、中国をめぐる国際情勢が雪解けムードになりつつあったことも挙げられるだろう。

別の外務省史料「中共経済の新動向（K情報）」（岡田総領事発・一二月一日付『秘』）によると、七一年一二月頃には、中国内で文革により農村に下放されていた技術労働者や知識人たちが元の技術職に続々と復帰しつつあったという。

文革中は、上は政治機関から下は工場まで、「抓政治保険、抓生産危険」（政治をしっかりやることは保険となり、生産をしっかりやることは危険である）という従来とは逆の風潮が国民の間に蔓延していた。ところがそれによって生産が大打撃を受けたため、その反省から、この頃までに先の風潮を猛烈に批判するラジオ放送が繰り返されたという。

　つまり中国政府の工業生産に対する方針は、この七一年末時点で完全に修正されたものといえる。「政治第一」から「経済第一」に変更されたということだ。廖承志の復活も、そうした国内事情が背景にあったといえる。

第9章　三菱重工の方針転換

周恩来と会談する三菱重工会長の古賀繁一（左）

「中国側は、プラントや技術だけを導入するという考え方はしません。つねに『自力更生』の方針を基に、商談では自国の技術水準を向上、発展させるという考え方、姿勢で臨んで来ます。そのため、商談の対象となったプラント・技術に限定しようとするわれわれ日本側との間にトラブルが頻繁に生じたのです」

——大手商社員

関西経済界の主導

商社と同じように、主要経済団体も関西系が東京を先導する形になった。「ニクソンが訪中すると言ったからにはもはや何者にも気兼ねする必要がなくなった」という気運は、先に関西で高まり、堰を切ったように訪中ブームが訪れた。

これは、国貿促関西支部の木村一三が周恩来との約束で、国交正常化の足場固めを目的に、関西の経済界リーダーをまず訪中させようとしたものだ。

これにより七一年九月には、関西の経済五団体で構成される「関西経済代表団」の訪中が実現した。主要メンバーは、近鉄グループ総裁で大阪商工会会頭の佐伯勇、鐘ヶ淵化学工業（現カネカ）の中司清、住友金属社長の日向方斉、敷島紡績（現シキボウ）社長の室賀国威、日立造船社長の永田敬生、住友信託銀行頭取の山本弘、サントリー社長の佐治敬三――などだった。

関西経済代表団は中国滞在中、「政治三原則（中国を敵視しない、二つの中国を作らない、日中両国の関係正常化を妨げない）」と、「平和五原則（領土主権の相互尊重・相互不可侵・内政不干渉・互恵平等・平和共存）」を認めると宣言した。その上さらに、東京の財界リーダーにも訪中を促すことを中国当局に約束したという。

新日鉄の参加

東京の財界リーダーの訪中計画は、関西とは別に進められていたが、東京の財界は中国に対してやや保守的で、当初は関西ほどには積極的ではなかったようだ。

そんな中で、七一年七月一五日のニクソンによる電撃訪中発表があり、東京の財界も雰囲気が大きく変わり始めた。その変化に拍車をかけたのが、それまで周四条件の受け入れを拒んできた新日鉄の参加である。

新日鉄会長だった永野重雄の回顧録によると、永野は社長の稲山嘉寛と話し、世の流れには抗しきれずと「周四条件」を飲み、親台湾の日華協力委員会と、親韓国の日韓協力委員会から脱退し、訪中団に加わることをついに決めた。ニクソン発表の四日前である七月一一日のことだ。新日鉄が参加することで、東京財界代表団の訪中はがぜん注目を浴びた。中国側は、新日鉄がニクソン発表よりも前に、受け入れを決めたことを評価したとされている。

そうして関西経済界から二カ月遅れた一一月一二日に、東京の主要経済四団体（経団連、日商会、日経連、経済同友会）による「東京経済人訪中団」が実現した。参加したのは永野のほか、日本専売公社の元総裁である東海林武雄、東京電力社長の木川田隆、富士銀行頭取の岩佐凱実――など一五人である。

『周恩来年譜』によると、周恩来は日程最後の一八日に訪中団と会い、次のように話して歓迎した。

「中国は日本からプラントを買い、日本は中国から原材料を買う。中国は明らかに今後一〇年、二〇年で経済発展し、日本との貿易機会は増える。中国人の生活もますます改善し、購買力も高まるでしょう」

ところで、この「東京経済人訪中団」というミッション名は、東京財界の訪中が一筋縄ではいかなかったことを示している。

東京財界の中には、関西が「政治三原則」と「平和五原則」を認めてきたことを嫌気する向きがあり、参加メンバーの政治的意思が関西ほどには統一されていなかった。参加メンバーはそのため、企業を代表しない「私人」として参加することになり、ミッションの名称も「東京経済人訪中団」とされたわけだ。当時企業や経済団体の役職を持たなかった東海林が団長に選ばれたのもそのためだという。関西とは対照的に、東京は依然として政治に利用されるのを避けようとしていた。

東京が保守的だった背景には、台湾とつながりの深い三井、三菱グループや日本政府の存在があったといえる。また、東京の国貿促には関西の木村一三のような強力なフィクサー的役割がいなかったことも理由かもしれない。

こうして見てくると痛感するのは、日本が新中国と国交を正常化させる過程で、粘り強く経済交流を積み重ねてこれたのは、与党よりも野党、政治家より経済界、官僚や外交官より民間人、大手商社より友好商社、東京よりも関西――というように、日本の〝相対的にリベラルな存在〟が、共産主義の中国との細い糸を紡ぐ役割を先導してきたからだといえる。その〝対極にある存在〟の田中角栄は、最後の扉を開けるという役回りだったに過ぎない。

ここで時系列に沿って訪中した企業・経済団体などを列挙してみると、以下のようになっている。

◆七一年九月、関西経済代表団
◆七一年一一月、東京経済人訪中団
◆七二年二月、ニクソン米大統領訪中
◆七二年三月、伊藤忠、住友商事
◆七二年四月、日本化学肥料代表団（昭和電工社長の鈴木治雄団長）
◆七二年六月、日本海運友好代表団、丸紅、三和銀行、東洋綿花（後に豊田通商と合併）、住友銀行
◆七二年八月、名古屋経済代表団

では、伊藤忠、住商、丸紅の関西系商社と比べ、出遅れていた三菱商事と三井物産はどういう対応をとったのだろうか。

三菱グループの暗闘（一）

東京経済人訪中団は、日本最大のタカ派企業だった三菱重工業をも動かした。

訪中団が中国に向かうその前日の七一年一一月一一日に、三菱重工社長の牧田与一郎が急きょ記者会見し、「今後は中国の了解なしには台湾に新規に投資しない」と明らかにしたのだ。これは台湾、韓国に肩入れしてきた三菱重工の大きな方針転換だった。三菱重工は台湾で冷房用コンプレッサー工場を作る計画を進めていたのだが、調印直前に棚上げしてまで発表した声明だった。

新日鉄が「周四条件」を受け入れた後は、三菱重工は唯一残った〝反中国〟の大物メーカーだっただけに、その方針転換は日本全体に影響を与えた。三菱重工としては、化学や重機械などのプラント販売で、中国と本格取引を始めなければ完全に取り残されるとの判断があったのだと思われる。

この会見で牧田はさらに、来年の七二年中に、三菱商事の藤野忠次郎社長、三菱銀行の田実渉頭取（ちなみに牧田と田実は、妻が従姉妹同士という関係である）と共に、「三菱グループ三首脳」が訪中ミッションを出す計画があることも発表した。三首脳の中でも〝ハト派〟だった田実は、〝タカ派〟だった牧田や藤野を何度も説得し、訪中を働きかけていたのだ。

ただし牧田はこの時、「周四条件を飲む」とまでは言及しなかった（そして牧田は、その年末に病死してしまった）。

一方、これで大手商社として出遅れていた三菱商事と三井物産の「周四条件」受け入れの準備は整った。両社は、まるで示し合わせたかのように、七二年六月一四日午後に周四条件の受け入れをそれぞれ会見で発表した。三菱商事の藤野と三井物産の若杉末雪の両社長が、前日に打ち合わせていたのだった。

藤野は「黒白はっきりさせるため、三菱商事として商売再開の話をしたい」と言及。若杉は「アヒルの水かきなどは使わず、正式に中国と文書で交渉を行う」と明言した。これで財閥系二社が揃い、大手五商社の「周四条件」の受諾表明は出揃った。

三菱重工の社長を継いだのは、ハト派の古賀繁一だった。戦前に長崎造船所の所長を務め、「戦艦武蔵」の建造部長でもあった人物でもある。

古賀は三菱重工の「周四条件」受け入れにあえて踏み切り、それを表明はせずに、三菱商事と共に「周四条件」受諾の正式文書を中国側に送った。

古賀はさらに、親台湾企業が集う日華協力委員会には、今後いかなる形でも代表を出席させない方針を決めた。三菱重工の中国傾斜で、三菱グループの訪中のお膳立てが整った。

三菱の優遇

三菱と三井は対中国で歩調を合わせるかのように見えた。だが、両財閥に対し、中国側は三菱の方を異例の速さで対応して優遇した。そして三菱三首脳の訪中は八月一七日と決まった。

三菱優遇はひとつに、日中の国交正常化を控え、日本最大の企業集団である三菱グループと中国が友好関係を築かないままならば、日本を挙げての正常化とはいえないという気運があったようだ。

また、三菱重工による自主開発技術であるエチレンプラントに大きな関心を示すなど、中国は重工・機械企業を傘下に持つ三菱グループを国づくりとして最も必要としていた。そのため他商社とは異なり、三菱だけはグループでの招聘となったのだ。周恩来も、三菱三首脳の訪中を日本産業界リーダーの訪中の締めくくりと見ていたという。（事実、孫平化と肖向前は七二年七月二〇日に東京で、三菱商事の藤野忠次郎、三菱銀行の田実渉、三菱重工の古賀繁一、三菱化成の篠島秀雄、三菱製鋼の中島正樹、三菱倉庫の松村正直（松村謙三の長男）、日本郵船の菊池庄次郎、の三菱グループ七人と面会し、訪中を要請している。）

韓国・台湾への根回し

一方、三菱重工会長の河野文彦は台湾の蒋介石と昵懇の間柄にあったほか、藤野は韓国の朴正熙大統領と親しい関係にあったことから、中国復帰工作の過程で、台湾や韓国への水面下の根回しは密かに行われていた。

三菱三首脳が訪中する直前に、藤野は自ら韓国に飛び、そして親しい朴正熙と面談してこう伝えた。

「三菱グループは中国市場に復帰することを選びました。しかしそれは、三菱と韓国との絆を断つものではありません」――。

朴正熙はそれに理解を示した。胸をなで下ろした藤野は、次のように提案する。

「近い将来、中国は韓国とも交渉せねばならないでしょう。朴大統領と周恩来首相の仲介者の役割を、私が引き受けます」

朴正熙もそれを快く受け入れたという（実際に藤野はその後訪中する度に、周恩来に対して朴正熙のメッセージを伝えている）。

「三首脳が北京入りする直前に、蒋介石に仁義を切らねばならない」――。台湾向けの根回しは、河野が自ら行った。

古賀、藤野、田実が北京に向けて発つ八月一七日の午前八時、河野が同じ日に極秘で台湾に向けて飛び立つ予定だった。

名義上は、台湾向けの四千万米ドルの原子力発電所の契約についてだった。

しかしあいにくの台風で台湾行きの飛行機がキャンセルになり、沖縄に飛んで天候が落ち着くのを待った。結局、福岡から発った飛行機に乗り、台北松山空港に到着した時には、既に深夜の零時近くになっていた。

三菱グループの暗闘（二）

河野は直ちに台湾総統府ナンバー二である張群・秘書長に電話した。

「たった今到着しました。非常に大事なことをお伝えせねばなりませんので、もしお許しいただけるなら、今から伺いたいと思いますが構いませんでしょうか……」

張群は、遅れた事情を知っていたようで「お待ちしておりました」とだけ言った。総統府に到着し、河野はさっそく切り出した。

「実は三菱グループの三首脳がたった今、中国との交渉で北京に入っております。われわれ三菱グループは、台湾と深い関係にありましたが、将来中国とも商売せねばなりません……」

搾り出すように言い終えると、河野は、直後に不快感を表す返事が返ってくるもの、と体を硬直させた。ところが、張群の返事は意外なものだった。

「あなた方は企業家です。それは当然ではないですか。しかし、だからといって、古い友達との付き合いを切るようなことはなさらないでください」

河野は深く頭を垂れ、大きく息を付いた。

ただし張群は後に回顧録「我与日本七十年」で、

「新日鉄、三菱重工、東芝などが次々にわれわれから離れていく。『政経分離』の原則が『不談政治、少談経済、多談文化』に変わってしまった」

と寂しげに述べている。

河野が台湾に入ったことは、翌朝には直ちに中国の当局者に伝わった。当局者は北京に到着した三菱三首脳に対して、さっそく「三菱重工の河野会長が張群に会ったそうですね」と伝えると、団長の田実は耳を疑った。他の二人に目を向けると、古賀と藤野はやや気まずそうに下を向いている。

河野が仁義を切るために訪台したことを、団長格でありながら田実だけは事前に知らされていなかったのだ。そのため田実は「メンツをつぶされた」と激怒したという。

田実は三社のうち唯一、中国と解決すべき問題を抱えていなかった三菱銀行のトップだっただけに、河野の訪台という政治的に敏感な裏工作は田実には伏せられたということだろう。

当時の関係者によると、〝日本実業界の大物〟という河野の人物評は、周恩来にも届いていた。周恩来は日本との国交回復直後、岡崎嘉平太に対して「河野文彦という立派な人物がいると聞いた。是非会わせてくれないか」と頼んでいる。

岡崎は「お安い御用です。北京に連れて来ます」と容易に引き受けたものの、河野は「私は蒋介石と友人関係にあるから」となかなか北京行きを承諾しなかった。周恩来は再び要請してきたが、二度目も断った。そして三回目の要請で、河野はようやく重い腰を上げて訪中に応じ、北京で三顧の礼をもって迎えられたという。

台湾派の人物を毛嫌いしてきた周恩来が、まして蒋介石と昵懇だった河野に絶大な関心を示していたというのは実に意外だが、当時の関係者によると、周恩来は、明治以降の日本の国づくりに参与してきた三菱重工の重要性を認識していたのと同時に、台湾に最大限の義理立てをした河野の人間性を見ていたのだという。

中国に復帰した大手商社グループの中で、三菱グループが遅かったのは前述したが、台湾への義理立てという意味では、一番最初に中国に復帰した伊藤忠の場合はどうだったのだろうか。伊藤忠も台湾に密使を送りはしたが、社長の越後が訪中した伊藤忠ミッションの直前に、瀬島龍三が自ら台湾に赴いて義理立てすることはなかった。

興味深いエピソードがある。

瀬島は、日中国交回復後も日華協力委員会の最高顧問を務めていたが、台湾関係者によると、その東アジアミッションで台湾に出向いた際、台湾当局は瀬島に対して「不義理をしておいて、今頃のこのこと現れた」といった評価を密かに下していたという。

そのため、台北松山空港の荷物受け取り所ではミッション参加者の中で、瀬島の荷物だけが厳しくチェックされ、一向に出てこないというアクシデントに見舞われた。業を煮やした瀬島は「わしは帰るぞ。お前らがぼやぼやしているからこんな恥ずかしい思いをしたのだ」と周囲に八つ当たりし、激怒したという。瀬島が戦前に台湾と関係がありながら、中国復帰の際に顔を見せなかったことに台湾当局は不快感を抱いていたようだ。荷物受取所の件は、〝アクシデント〟ではなかったのだ。

河野や瀬島の件も含め、そうした中国や台湾による対応を見ると、中華民族が、政治的イデオロギーを越えて、「相手のメンツを立てるべく義理を通したのかどうか」を非常に重要視し、年数を経てもその人物に対する評価として刻印していることがうかがえる。

話を元に戻そう。

三菱グループ三首脳の訪中は、田中角栄訪中の「露払い」の役割があったことは前述したが、中国側も外国企業集団の訪中としては最高級の歓待で迎え、万里の長城などの観光面でも万全の接待を用意した。何よりも、外国企業のトップ程度では通常出てこない周恩来が最後に現れたことでも、三菱重視の姿勢が窺われた。

それでも中国側との会談では、三首脳は、旧三菱財閥と現在の三菱グループとの関係や、軍需産業との関わりなどについて、数時間にわたって細かく質問を受けた。

三菱グループの暗闘（三）

ただしそうした質問は詰問調ではなくむしろ穏やかで、中国側は既に十分に回答を知っていながら儀式的に聞いている様子さえあったという。河野が台湾に義理立てに行ったことも、以前なら中国は絶対に受け入れないところだったが、今回ばかりは黙認していた。すべて、中国側の寛大な手の平にのせられて進められているようだった。

そして八月二三日には、周恩来が三首脳の前に現れた。中国側は、過去の日本企業グループによる一連の訪中ミッションの中で、周恩来が直に会見するのは今回の三菱グループが初めてである、と強調した。確かに伊藤忠、住商、丸紅のミッションでは周恩来は顔を出していなかった。

三菱グループは七〇年時点で、グループ総従業員数は日本の人口比で三〇〇分の一に過ぎなかったが、利益総額は日本の国家予算に相当する最大企業グループになっていた。また、日本の全研究機関を合わせた開発費の七・三%を三菱グループが占めていた。中国はこの時、第四次五カ年計画（七一〜七五年）をまとめたばかりで、三菱グループのような大企業集団との協力を渇望していたのだ。周恩来は三首脳に言った。

「日本の経済界で大きな役割を果たしている三菱グループの力を、中国にも貸してほしい」

それに対して古賀は、「中国の国家建設に誠心誠意の協力を約束します」と述べ、田実は「中国のインフラ建設は巨大で一企業の力だけでは足りません。われわれは三菱グループとして中国との経済交流を望みます」と話した。

さらに藤野は「友好企業の認定を受けるからといって、直ちに日中間の商売に割り込んで、これまで日中貿易を守ってきた『古い友人』たちに迷惑をかけるつもりはありません」と話した。

友好商社にあえて配慮するかのような発言だったが、それは三菱商事にとって今後日中貿易が大きな比重を占めるようになるにはまだ長い時間が必要だろうという、大商社としての悠長さもあったとみられる。中国市場への後発組としては、友好商社のパイを奪うことなく大規模に中国から輸入できるのは、鉄鉱石などの資源しか残されていなかったためだ。

その数日後、中国の国貿促は三菱商事、三菱重工、三菱銀行の三社を友好企業と正式に認定した。これは、その一カ月後に迫った日中国交正常化への大きな政治的な布石になった。

初の円元決済を導入

三菱グループ訪中の成果を受けて、日本の産業界全体が、なだれのように対中傾斜を加速させた。日中間の貿易決済環境を整える金融業界もその一つである。

三菱銀行だけでなく、東京銀行、三和銀行は七二年八月に訪中団を送り、中国銀行との間で、これまで英ポンド建てだった日中貿易を、円と人民元での決済を認めることで調印した。

新中国成立後、これで初めての円・元決済が実現することになった。当時の為替レートは固定で、一元＝一三五円八四銭と、現在水準と比べて約一〇分の一の円安レートだった。それまでの日中貿易業界は、ポンド安などの不安定な為替環境で取引しており、ポンド建てでは日本側の利益が吹き飛んでしまうケースが多かった。円・元決済は、特に大型商談を狙う商社やメーカーにとっては恩恵があった。

さらに同じ時期には、外為を扱う邦銀一二行が、日本輸出入銀行の台湾向け第二次円借款への参加を辞退すると申し入れた。対中接近を図る最中に、中国をこれ以上刺激したくないとの思惑があったとみられる。それに先立ち、日本政府は中国に対して既に、吉田書簡で輸銀ローンの供与を認めていた。

こうしたことからすると、「円・元決済の実現」そして「輸銀ローンの中国向け供与」が整ったことは、国交回復直後に中国向けプラントや大型商談が怒涛のように実現することを予感させるものだった。

事実、この七二年七月の時点でも、日立造船が年産三六万五〇〇〇トンのアンモニア製造プラント（当時約七五億円）の引き合いを受け、見積書を出している。中国は七一年だけでも約三〇〇万トンに上る化学肥料を日本から輸入しており、国産化する狙いだったようだ（日本企業の中国向けプラントの受注ラッシュについては後述したい）。

自動車業界

三菱重工が友好企業になったことに伴い、傘下にある三菱自動車も当然続いた。台湾や韓国とはノックダウン方式で関係が深かった三菱自動車が周四条件を受け入れたことで、自動車業界の対中進出は全てが出揃った。

トヨタは既に、対中輸出を実施していた。その背景には、七〇年一二月の時点で、韓国に予定していた合弁乗用車工場を放棄してまで周四条件を受諾していたという経緯がある。トヨタは受諾後、社内に中国問題研究会と中国語講習会を設立して、いち早く中国進出に備えていたという。

ヘゲモニー争い

当時専務だった豊田章一郎（現トヨタ自動車名誉会長）は、七〇年の四月に中国の卓球チームが名古屋を訪問した際（144ページ）、随行した中国の貿易責任者だった王暁雲を、トヨタの名古屋工場の視察に招いている。王暁雲はトヨタの先進的な工場設備に驚き、中国の自動車業界の発展には日本の工場がモデルになると直感し、その場でトヨタの乗用車を輸入させることを決めた。トヨタもそれに対し、台湾と韓国への直接投資はしないことで応えた。

続いて日野、日産ディーゼルも乗用車やトラックの輸出を開始し、ホンダや日産、スズキ、東洋工業（後のマツダ）も周四条件の受諾を表明。自動車業界も一気に中国に傾斜していった。

ある団体の訪中

実は、周恩来が三菱三首脳に会ったちょうど同じ日に、もうひとつ重要な日本の経済ミッションが北京入りしている。「中国アジア貿易構造研究センター」という経済団体である。

新日鉄の稲山嘉寛社長が団長で、富士銀行の岩佐凱実会長、日立製作所の駒井健一郎会長、出光興産の出光計助会長、三井物産の水上達三相談役、住友銀行の堀田正三会長などのそうそうたるメンバーで、間近に迫っていた「国交正常化の後の日中貿易の在り方や拡大の方向を探ること」が目的とされた。稲山は「中国が日本に何を期待しているのか、日本はどんな分野で協力できるのかを調査してきたい」と述べ、日本を発っていた。

しかし稲山が話したその〝目的〟は、漠然としているので、背景を説明する必要がある。「日本外交と中国」などによると、この研究センターは、国貿促の専務理事だった田中脩二郎（第二五回「友好貿易」）が、財界リーダーを入れて日中関係を研究する役割を担うよう構想した組織だった。田中は七〇年ごろ、この組織を国貿促の内部に設立しようとしたが、まだ台湾とのつながりが太い財界リーダーが多いことを嫌う層が国貿促に多く、内部反発にあったという。

そこで田中は新日鉄や富士銀、住友銀などが出資した資金をもとに、同研究センターを正式に設立し、自らは仕方なく国貿促を退会した。一方、国貿促は、その機関誌「国際貿易」（七一年七月二七日付）で「研究センターは国貿促とは無関係」とあえて断罪してみせた。両者の関係が切れたわけだ。

つまり田中が設立した研究センターの訪中ミッションは、筋金入りの左派だった国貿促に対抗する窓口機関としての役割を探りに行ったもの、といえるのだ。表向きは「日本と中国の経済協力分野の調査」という漠然としたものだったのはそのためだろう。

また、国交が正常化するとその歴史的役割を終えるMT貿易（覚書貿易）事務所も、国貿促に対して不安を抱いていた。MT貿易の中心メンバーだった岡崎嘉平太や渡辺弥栄司などは、「国交が正常化した後の日中関係の窓口機関を、国貿促に任せることはできない。新しい組織が必要だ」と考えていた。そこで元通産官僚だった渡辺が仲介し、通産省管轄の経済団体を新たに設立することになった。

そこで、稲山が率いた研究センターの訪中ミッションが帰国すると、「研究センター」と「MT貿易事務所」を発展的に解消し、両者を統合させるような形で、一一月に通産省が関与した「日中経済協会」が設立されることになった（初代の代表理事には、稲山が就任した）。

するともうひとつ、別の動きが現れた。日中経済協会が発足したのと同じ頃、今度は経団連が主導して、「日中経済協力委員会」を設立しようとしたのだ。親台湾の日華経済協力委、親韓国の日韓経済協力委の中国版である。

これを推し進めようとした中心人物が、経団連会長の植村甲午郎や、新日鉄会長で日本商工会会頭の永野重雄だった。中国から石油資源を輸入する窓口機関を作るというのが目的だったが、日中関係の融和が決定的になった途端、どの団体が中国向けの主導権を握るかというヘゲモニー争いが展開されたのは興味深い。また新日鉄は、社長と会長でそのスタンスが割れるという異色の展開になっていたわけだ。

ただし、中国側が国交回復後の窓口機関を「日中経済協会」と認め、「日中経済協力委員会」は必要なしとしたため、ヘゲモニー争いは必然的に終息した。ちなみに、現在でも、国貿促や日中経済協会は存続している。

ところで、先に言及した研究センターの稲山ミッションの時に、重要な契約が中国側と調印されている。鉄鋼と肥料の長期輸出契約である。日本は中国から鉱産物、繊維、工芸品、農水産品を輸出し、中国は石油を輸出するというものだ。一九五八年の長崎国旗事件の影響で、日本長期鉄鋼貿易協定（52ページ）が破棄されてしまって以来、一四年ぶりの大型貿易契約が、国交回復直前にまとまったのだった。

田中角栄、訪中へ（二）

重要なのは、中国当局は国交正常化を直前に控えたこの時、日本による製鉄技術協力を稲山に直に依頼していることである。

これは具体的には、鉄鋼圧延プラントを建設するプロジェクトを意味した。そこで稲山率いる新日鉄と、川崎製鉄が、西ドイツ企業と共に設計・技術・操業指導の引き合いを受けたのだ。（このプラントが、中国が誇る武漢鋼鉄に納入するものと判明したのは引き合い後かなり後だった。このプロジェクトは、新中国が初めて日本から導入した製鉄プラントであり、「宝山製鉄」にもつながる技術支援という意味で重要なものだ）。

海外の最新技術を積極的に導入して重工業政策を進めるという政策としては、毛沢東が主導して失敗に終わった「大躍進」に対して、「洋躍進」がある。「洋躍進」は、現在では「文革後の七七年から華国鋒・国家主席が主導した経済政策」と定義付けされている。それが七八年末からの鄧小平による改革開放につながっていくわけだ。

だが前述したように、日本製を中心とした大量のプラント導入の布石は、「洋躍進」の五年も前、日中国交正常化の直前に行われた稲山訪中で、既に敷かれていたといえる。

「日本の首相に空けてある」

さて、日中の国交が回復するまでの〝政治的動き〟については テーマから外れるのだが、ここで改めて整理しておこう。

七二年七月七日、自民党総裁選に勝った田中角栄が組閣し、田中内閣が成立する。田中はその初めての閣議で「中国との国交正常化を急ぎたい」と言及した。

これに周恩来は早急に反応する。九日にはイエメン政府代表団との宴会上でのスピーチで「田中内閣による国交正常化の決意は歓迎に値する」との声明を発表した。

田中は一方、どうやって国交正常化を進めるべきかの手順を考えあぐねていたところ、もともと一二日に訪中する予定だった社会党元委員長である佐々木更三が、訪中直前に田中と会談を求め、田中の考えを質した。「本当に日台条約を破棄するつもりがあるのか」という点である。

すると田中は「それは当然のことだ。私には台湾問題を処理する自信がある」と答えた。佐々木が「周恩来に尋ねられたらそういっていいのか」と念を押したところ、田中ははっきりと「必ず実行する」と答えたという。

そこで佐々木は訪中し、周恩来に会う。田中の考えを伝えると、周恩来は「田中首相が北京に来られることを歓迎します」と表明し、ここで初めて田中訪中が決定的となった。

ちなみにこの時の会談で、周恩来は田中らが北京に来る際に、「香港経由ではなく直航便で来てください。北京空港は彼らのために空けてある」と話したという。

周恩来が佐々木との会談で直航便に言及したのはその場の思いつきではないだろう。というのも、先にも紹介したように周恩来は約一〇年前の六〇年代初頭から、長崎国旗事件で貿易が中断するという冷え切った両国関係にありながら、高碕達之助や岡崎嘉平太らに対して「北京の空港は日本の首相に対して常に空けてある」と、同じ表現で何度も伝えていたからである。（ちなみにこれを受けて、一カ月後の八月一二日には、羽田・上海間で直航テスト飛行が戦後初めて実現し、九月九日には東京・北京間で初の直行便が就航している）。

また、周恩来が佐々木と会談した際に述べた言葉が、同行者のメモに残っている（『日中戦後関係史』）。

「社会党に外交権がないので、むろん田中総理との間に正常化いたしますが、こういう状勢を作ったのは日本人民のたゆまざる努力の結果であります。その努力に対して、周恩来が感謝と経緯を表していることを、帰ったら日本の人民にお伝えください」

帰国した佐々木に続いて、今度は公明党委員長の竹入義勝が訪中する。田中がこの時点でまだ訪中に躊躇していたため、田中の密使的役割を担い、周恩来に会いに行くことになったのだ。

竹入に同行した公明党議員の正木良明のメモによると、竹入は田中の要望を周恩来にいくつか伝えたが、その中に「中国が戦後賠償を請求しないことを確認したい」――という点があった。（ここで不可解なのは、外務省が後に公開した文書「竹入・周恩来会談」の全文を読むと、竹入がその確認をあえて周恩来に求めた部分が公開されていないことである。〃公式の〃会談記録では、周恩来が自分から「毛主席は賠償請求権を放棄するといっています」と話しているのみで、竹入が確認を求めたようにはなっていない）。

中国側はそれらを聞いた上で、共同声明の中国案を提出してきた。竹入はその内容を見て感激し、日中国交の回復を確信した。日本案に近い形でまとめられていたからである。（ちなみにこの時の竹入の会談記録こそが、現在の国際情勢でも大きく注目されている「竹入メモ」である）。

田中角栄訪中へ（二）

ここで再び横道にそれるが、「戦後賠償の請求」について、旧通産省の元通商政策局長でMT貿易交渉に携わった渡辺弥栄司（86ページ）が、同省元審議官の一柳良雄と話した対談録が面白い。

渡辺によると、田中の訪中日程が模索されていた同じ頃、軽井沢でゴルフをしていた田中に、渡辺が面会を無理押ししたことがあるという。

「用件を手短に言え」と機嫌が悪い田中に対し、渡辺は「訪中した際には、周恩来をごまかしたりしようと思いなさるな。あなたと周恩来を比べて、向こうは十倍ぐらい人間が上です」とやぶからぼうに言った。プライドの高い田中の顔が、不愉快でみるみるうちに真っ赤になった。

渡辺は「特に戦後賠償のことでだまそうと思わず、賠償金を払いたいと言うべきです。外務省は何とかその辺をごまかして、賠償金を払う必要はないという方針でいこうと思っているが、それは通用しない」と主張した。田中は一～二分黙って聞いていたという。しかしこの渡辺の忠告は案の定、実現しなかった。

小坂善太郎の失敗

さて、田中の訪中は九月二五日と決まった。

その直前に、最後のMT貿易交渉が七二年九月九日に行われている。これまでのMT貿易交渉を担ってきた古井喜実と田川誠一らが、五〇年代半ばから日中の橋渡し役を果たした重鎮である高碕達之助と松村謙三の二人の遺影を抱え、北京に降り立った。

「交渉」といっても、日中の国交回復を直後に控えた期に及んでは特別な議題はない。むしろ、長年の旧交を温めあう懇談会のような会合だった。

だが、ここでひと悶着あった。

社会党の佐々木更三、公明党の竹入義勝などが先に周恩来との折衝を担ったことで、「日中関係の夜明けに向けた舞台作りをしているのは野党ばかり」という印象を嫌った自民党が（実はその通りなのだが）、二三人の自民党訪中団を組織したのだ。その先頭に立ったのが、池田内閣での外相として「中共を国連に入れることはふさわしくない」と言っていたはずの小坂善太郎である。

佐々木や竹入は、「地ならしに行くのか、ぶち壊しに行くのかわからない連中が訪中するというのは選挙区向けのPRに過ぎない」と憤懣やる方なしだったという。

ひと悶着というのは、この小坂代表団が一四日に訪中し、周恩来や廖承志と会談した時に起きた。田川の手記によると、そこで小坂は、自民党内の率直な台湾派の意見を中国側にわざわざ紹介したため、周恩来もさすがに堪忍袋の緒が切れたようだ。

そこで周恩来と廖承志は、小坂代表団に対して長文の抗議文を渡したので、さすがに小坂もがっくりと肩を落としたという。この抗議文を読んでみると、小坂は中国側に対して『台湾の蒋介石総統の恩義』まで持ち出したようだ。小坂が中国から抗議を受けたのは六六年の訪中に次いで二度目という。

このトラブルは、田中訪中まであと一〇日を残すのみで、日中共同声明案が検討されていた、実に微妙な時期に起きたものだ。

田中訪中の〝自民党によるお膳立て〟をアピールしようとした小坂代表団だったが、長文の抗議文まで出されてしまっては大失敗に終わったと言えるのだが、この小坂代表団についてはなぜか中国側の多くの史料では無視されているばかりか、「田中訪中の促進材料となった」（『戦後中日関係史』著・林代昭）などと強引に肯定的評価でまとめているものもあるので失笑させられる。

ただし小坂代表団のお粗末も、国交回復に向けた大きな流れに幸いにも飲み込まれたようなところがあり、大勢には影響なかった。

小坂代表団の滞在中、実務上、日中関係の改善に尽力していた古井と田川は、北京で息を潜めて見守っていたが、外務省中国課長を通じて、外相の大平正芳から「小坂訪中団と一緒に帰国して欲しい」との要請を受けた。田中訪中の意義が薄れるからという理由は明らかだった。

五〇年代からの、長く冷たく暗い日中関係を細々とつむぎ、表舞台にも出てこずに苦労してきた古井らは、国交回復の舞台を最後に独り占めしようとした自民党による工作に激怒し、田川も手記で「不愉快でたまらなかった」と記している。

両氏は小坂訪中団と同じ日には帰国しなかったが、外務省から再び「自民党に配慮するため、田中首相が訪中している時には別行動を取ってほしい」と要請された。これで、さすがに帰国を決意したという。

両氏が帰国することで、周恩来は宴会を催した。

「飲水不忘掘井人（水を飲む時には井戸を掘った人のことを忘れない）」

という周恩来の有名な言葉が出たのはこの時である。古井や田川はまさに日中関係の井戸を掘った本人である、とねぎらったのだ。

古井と田川は翌日、国交回復のセレモニーを北京で見ることなく、ひっそりと帰国した。

そして翌日の九月二五日、田中角栄は中国を訪問した。世界はその歴史的ニュースを大々的に報じた。

第10章　国交回復と日本企業

江南造船が建造した輸出船第1号調印式の写真パネル（江南造船博物館）。イメルダ夫人の右隣に立つのが古賀繁一。

「経済界の友だちは会うたびに、日中貿易などやってもうまくいかないぜ、と言うんですね。ぼくは、いや違う、やらねばならないと同時に、これは先々、日本の運命を決するものであるから、君らもできる限りやりなさいと説きました。なかには住友のように耳を傾けてくれる人もありましたが、大方は面と向かっては言わないまでも、反対ないし白眼視する雰囲気ができていて、それをひしひしと感じましたね」

——川瀬一貫（東工物産社長）、1950年代は御苦労の多い時期だったんでしょう、と聞かれて。

三井物産の追随（一）

第一通商事件のトラウマ

国交正常化に至る日中の過程を見るにはさまざまな視点の軸があると思われるが、特に経済という軸で見る場合、田中角栄の訪中は単に、現状を追認する〝儀式〟に過ぎなかった。

述べてきたように、両国の経済的雪解けは、日本の政権中枢にあった自民党首脳や外務省のイデオロギーとは全く無縁で、また国交正常化以前から既に始まっていた。日本では中国視察団の受け入れ、中国では日系企業訪中団の受け入れが既に大きな流れを作っていた。国交正常化という政治的〝儀式〟は、それが経済交流に結びつく大きな扉だったのではなく、当時の経済関係を「公式に」追認するものでしかなかった。

ここで、大手商社の中では唯一取り残されていた三井物産について書いておきたい。六月一四日という三菱商事と同じ日に周四条件の受け入れを発表した三井物産だったが（158ページ）、三菱グループ重視という中国の意向により、三井物産のミッション派遣や友好商社指定は後回しにされていた。

三井物産が中国進出に遅れた背景には、台湾と韓国での絶大な商権の存在という理由もあったが、それ以上に心理的なものがあったともいえる。文革初期に起きた「第一通商事件」のトラウマである。

中国側が三井物産を米国のスパイと決め付け、三井物産のダミー商社である第一通商の社員五人を軟禁したこの事件については既に書いた（110ページ）。

事件は既に風化していたものの、社内にはその後、中国市場を積極的に開拓することには抵抗感があったようだ。それは他の商社のように友好商社として認めてくれるのかという躊躇でもあり、まだ社員の安全を確保できないのではという警戒でもあった。

しかしもはやそんなことは言っていられない。当時、三井グループとしては、早くも三井東圧化学や三井石油化学（後に両社が三井化学として合併）、東洋エンジニアリングが中国側から既にプラントの引き合いを受けていた。にもかかわらず、コンソーシアムリーダーを務めたのは三井物産ではなく、伊藤忠だった。さらに、三井と関係が深い東芝も、グループ外のニチメンと組んでいた。

三井グループ企業の中で、新市場に尖兵となって本来出ていくべき三井物産にしてみれば、歯ぎしりする思いだった。

それが、ちょうど田中が訪中した九月二五日にようやく、中国から三井ミッションのインビテーションが届く。中国側に申請してから約二カ月が経っていた。

意外な〝演出〟

当時の三井物産の関係者に話を聞くことができた。

三井ミッションは、国交回復の余韻がまだ冷めやらぬ一〇月五日に日本を発ったのだが、南昌経由で北京に到着したのは、なんと五日目だった（航空機が何かのトラブルに巻き込まれたらしいが、御多分に漏れず中国側からの説明は一切なかった）。

参加したのは八人（社長の若杉末雪、副社長の後藤達郎と石黒規一、長亨、竹中正三郎、水野要、島田顕、横堀谿）である。このメンバーを見てみると、幹部としては、業務部長を務めた長亨が戦前に三井物産の武漢支店にいたくらいで、中国と業務上関わった経歴を持つ人物はほとんどいない。

若杉は、別の大手商社から、北京ではどの商社も例外なく、交渉では意見を述べてからホテルに缶詰めにされ、数日後にやっと中国当局の意見が返ってくるという形式だと伝え聞いていた。そこで北京到着直後にかしこまって交渉準備をしていると、劉希文（対外貿易部副部長）から意外にも、「堅苦しい形式はよして懇談しましょう」という申し入れを受けて驚いたという。

さらに会談では、日中貿易の在り方について三井物産の考えを述べると、劉希文は「これをもって今日から日中貿易に参加していただきます」と話し、あっさり友好商社認定を受けてしまったので拍子抜けしたという。国交正常化を果たした直後で、商社との交渉でもよけいな演出は必要なくなったということのようだ。

ただし中国らしい「演出」という意味では、別のエピソードがある。

中国は通常、外国からのミッションを格付けし、その重要性に合わせた国内の要人を引き合わせるのが通例だ。伊藤忠や住商、丸紅の各ミッションには登場しなかった周恩来が、三菱グループのミッションには登場したのも、三菱グループの重要性を認識していたからである。

一方、三井物産側は、グループを引き連れたミッションではないので周恩来には会えない、と思っていた。

劉希文は二日目、国交正常化を記念して開催された「日中水泳競技大会」があるので観戦しませんかと誘ってきた。わけもわからずついて行き、スタンドの特別招待席で観戦していると、突然ざわめきが起こり、観客が総立ちになった。

三井物産の追随（二）

周恩来が会場に現れたのだ。周恩来が三井物産ミッション団員の近くに来たので、当局に促され、若杉社長らは周恩来と立ち話ができた。その間、一〇分程度だった。

三井物産という民間企業一社と周恩来の正式会談を設けるのは厳しい。三菱三首脳と会談したことと釣り合いが取れないからだ。しかし、三井物産にも土産を持たせたい。そこで廖承志が、日中水泳大会をダシにして心憎い演出を用意したもの、と当時の関係者は推測している。

ところで、若杉などミッション参加者は、帰国後に座談会を開いており、その記録が三井物産の社内誌「MBKLife」（七二年一一月号）に掲載されている。それを読むと、周四条件に抵抗し逡巡してきた商社としての面影は微塵もない。一方、こんな部分もある。

――若杉（社長）「中国の経済復興のスピードは非常に早いだろうという意見と、いや五年、一〇年ではどうということはあるまいと観測する向きもあるようです。しかし、（中略）われわれはむしろ、経済的に中国が輝かしい国となるには二〇年、あるいは三〇年、五〇年くらいかかるかもしれないというつもりで、隣国のリビングスタンダードの向上に大いに協力していく覚悟が必要だと思いますね」

――石黒（副社長）「その際には日本として、援助してやっているんだという態度を示すと非常に問題が生じやすいから、よほど注意してかからなくてはいけませんよ」

――後藤（副社長）「そう。責任者の人たちと話し合った時もはっきり『日本の協力は仰ぎたいが、援助など受けるつもりは毛頭ありません』という意志を態度の端々に表してましたね」

この対話は、座談会上での単なる美辞麗句だったかもしれないが、謙遜を美徳とする日本の企業人の対中姿勢と、戦後賠償金をはねつけたプライドの高い中国首脳の対日姿勢を象徴しているかのようだ。

実際、七八年からの改革開放前後から、三菱グループによる大規模な対中技術支援や、新日鉄を中心とした宝山製鉄所の建設など、数多くの日系企業による中国への技術協力や、日本政府による資金援助の動きが雪崩のように始まる。

当時の関係者を訪ねて話を聞いたり、文献を調べると、商談での中国側の理不尽な対応に辟易したり、散々な目に遭いながらも、実に我慢強く、誠実に対応してきた日系企業の姿が浮き彫りになる。

その背後には、中国がこれから覚醒していく過程で、戦争の贖罪意識も相まって、〝国づくりに役立ちたい〟という使命感のような意思を日系企業トップたちが持っていた、というのは決して言い過ぎではないだろう。それは現在の中国では語られず、決して評価されることはないが、まさに「隣国のリビングスタンダード向上に協力したい」という姿勢だったのだ。その具体例は後に紹介したいと思う。

「どちらに先見の明が…」

さて、三井物産が友好商社に指定されたため、国交回復後初となる七二年秋の広州交易会には駆け込みセーフで滑り込んだ。これで伊藤忠、住商、丸紅、三菱商事、三井物産と、五大手商社の全てが秋の広州交易会に出揃う形になった。

先に筆者は、中国市場に一番乗りした伊藤忠が春の交易会に大手の中では唯一間に合ったため、伊藤忠が躍進したと書いた（149ページ）。だが他の商社関係者の話や当時の資料などを総合すると、必ずしも順番が早かった先発組の大手商社が、中国政府の恩寵を受けて受注も多かったわけではなかった実情が浮かび上がる。中国は従来の中小規模の友好商社を守るため、当初の交易会では大手商社をあえて冷遇したのだという。

伊藤忠が復帰直後の春の交易会でまとめた商談は約三〇億円と多かったが、それでも全体の五％に過ぎず、それも大半が繊維品や大豆、トウモロコシといった輸入もので、輸出商談は少なかった。

丸紅も、復活直後の秋の交易会では全く引き合いを受けず、仕方なく欲しくもないライチとリュウガンを無理やり五トンずつ買った。各商社の取引は、微に入り細にわたって中国の対外貿易部に報告されており、それが今後の受注を左右するため、取引実績をまず作る必要があったのだ。そこで果物や雑貨類を、採算度外視して買いあさらねばならなかった。ちなみに丸紅が買ったライチとリュウガンは、日本で全く売れず、すべて社員に配るはめになったという。

住商も復帰直後の交易会で苦戦したことは既に書いた。「平和国家である日本の商社として周四条件を受諾する」という殊勝なセリフで、大手商社の中で最も早く受諾表明した住商の津田久会長は、後発組である三菱、三井が悠々と後を追ってくることに対し、「三菱などは中国市場から締め出されていた間、韓国・台湾との間で大きく稼いでいた。今度は中国へというわけだが、長い目で見ると、経営者としてどちらに先見の明があったか、私にはわからなくなってきた」（七二年七月二五日付朝日新聞）と、不快感をあらわにしたという。

日系商社の悲喜劇

さて日中の国交が回復した後は、日本の商社にとって、劇的に貿易環境が改善された、という印象を持たれるかもしれない。だが実に意外に思われるかもしれないが、貿易の面で国交回復の前後で改善したことはほとんどなかったのだ。

それを具体例を挙げて書いておきたい。

言及してきたように、国交がなかった日中間の貿易窓口となっていたのは、「日中覚書貿易事務所（ＭＴ貿易事務所）」と「国際貿易促進協会（国貿促）」の二団体である。

ＭＴ貿易事務所は、政府保証で行われた半官半民的な貿易を取り仕切り、国貿促は友好商社を中国政府に政治的に保証する「友好貿易」を取り仕切ってきた。

日中国交回復後、貿易全体の一割にも満たなかったＭＴ貿易の事務所は当然消滅したのだが、もう片方の国貿促はその役割を終えることはなかった。極めて特異な友好貿易の形態が存続したからである。

日中間で政治的な友好関係の基盤ができたにもかかわらず、中国貿易は、東京が国貿促、関西は国貿促関西本部が一手に握っていた。貿易は相変わらず春秋二回の広州交易会を通じてのみ行われ、国貿促の会員でないと貿易が認められなかったのだ。そのため、日系企業の悲喜劇が、国交回復の後も約一〇年以上にわたり展開されることになる。

ベッドが足りない！

例えば日本の商社は、広州交易会に参加するために広州市内のホテルのベッドを確保しなければならない。ところがホテルは国別に割り当てられており、日本人が広州で泊まるホテルは当時「広州賓館」だけだった。そのベッドを商社に割り振るという〝絶大な権限〟を唯一握っていたのが、国貿促だった。

国交回復後初の交易会に参加したある大手商社は、初の交易会だということで一部屋しか割り当てられなかった。一部屋には二つのベッドがあるが、交易会開催の一カ月間、一ベッド当たり三人以上利用してはいけない、という不思議な規則を国貿促から受けた。つまり、同社で広州交易会に参加できるのは一人約一〇日ずつ、合計六人のみということだ。

だが通常、大手商社はメーカーやユーザーの担当者を連れていかねばならないので、圧倒的にベッドが足りない。そのため商社は、国貿促にベッド数の融通を依頼し、あっせんされた零細規模の友好商社から〝ベッド権を買う〟のが慣行になっていた。「ベッド権取引」という、世界でもまれにみる珍妙な取引が行われていたのだ。

不可解な零細規模の友好商社が存在していたことについては先に書いたが（113ページ）、貿易実態さえない会社も多かった。

こうしたことは、中国政府が依然として特別に中国と関わりのある団体や企業、人物に、大豆やカズノコといった「配慮物資」の取引を利権として提供していたことを意味する。

当時の関係者によると、配慮物資は大手商社がいくら計画書を書いても中国政府は引き合いを出してくれなかったが、貿易の仕方もわからないような一般の日本人女性などが、配慮物資の引合書を大手商社に持ち込んでくることがあった。商社としては「いったいこれをどうやって手に入れたのか」と驚くが、そうした人物たちは概して、中国に貢献したと認められた日本人やその子孫だったという。

ベッドの話に戻す。商社が広州交易会に参加するには、中国からのインビテーションを受ける必要があった。商社はそこで、ベッド数や参加人数分の申請書類を国貿促に提出する。その際、申請書類を書き損じると、新しい申請書類をもらいに行っても、国貿促は「書き損じたのは商社側の責任だ」として新しい申請書を渡すことを断固として拒否するようなこともあったという。

また、ある大手商社員は、申請書類に台湾への留学経験が記載されていたため、国貿促に呼び出され、「台湾でどんな教科書を使っていたのか」といった〝メンタルテスト〟を受けたという。国交回復前には、国貿促から反日本政府デモに強制的に動員させられた商社員も多い。

中国側ではなく、日本側の貿易機関だったにもかかわらず、こうした国貿促の当時の〝特異さ〟は、商社員の間で声をひそめながらもよく話題に上る。

当時の国貿促には中国政府とつながっていた極端な親中派が多く、中国による日系企業の監視という代替的役割を果たしていた。せっかく国交が回復し、政治面では霞ヶ関による親中派に対する圧力がなくなったというのに、貿易面では依然として国貿促という機関が巨大な利権を握っていたのである。（ただし国貿促の名誉のために言うと、現在の国貿促は全くもって正常な機関として、日中貿易のサポート事業を広範囲に行っていることを、あえて書き加えておかねばならない）。

中国は国交回復後も依然として、日本企業に対して〝徹底的な親中的態度〟を要求し、企業を徹底的に調べ上げていた。その槍玉に上がった会社の一つにソニーがある。

中国の対日戦略

ソニーは、中国向けに技術交流団を派遣する予定だったが、中国側が「ソニー製のテレビが米軍の北ベトナム爆撃用スクリーンに使われている」として、国交回復直前に一方的に交流団派遣を無期延期させられた。周四条件の第三条「米国によるベトナム爆撃に武器を供給する企業」に触れるというわけだ。

中国はこの時期でも依然として周四条件にこだわっていたことを示しているが、ソニーによると、これは米軍が勝手に市販のソニー製テレビを改造して使ったものに過ぎなかったという。

ある新聞記事

中国は、日本と国交回復を果たすまでの約一〇年間、日本の国貿促や友好商社を利用して、つまり民間経済を使って、日本の政治体制の変革を試みてきた側面がある。

日中国交回復をめぐる現代史では、日本の政治は経済を後追いするものに過ぎなかったと述べたが、磁石を向けられた釘のように日本企業が一斉に中国に顔を向ける中、政治的保守派は、経済の怒涛のうねりに対抗できなかっただけのことである。

その意味では、中国の試みは結果的に大いに奏功したと言えるだろう（近年のレアアースなどをめぐる中国の政経不可分の強硬な態度を見ると、こうした対日戦略ベースは依然として健在だと思ってしまうが）。

一方、中国が日本との国交回復という一定の目的を達成してからも、国貿促の貿易利権や友好商社による特殊な貿易形態がその後一〇年以上も生き残ったのは、政治目的ではない別の側面があるといえる。

国貿促や友好商社を〝利用する〟という中国側の必要性は国交回復後に極端に薄れたはずで、「国貿促を通じてでしか中国と貿易できない」という貿易形態が巨大な利権と化し、羊のようにおとなしくなった日本の商社が抵抗することもなく、貿易手法だけが残ったに過ぎないと思われる。

中国による〝対日戦略〟に関連しては、意外な親中派議員の関わりもあったようだ。七三年一一月二一日付「サンケイ新聞」にこんな記述がある。

「川瀬さんが（中略）東工物産（現・東工コーセン）を設立して日中貿易に乗り出したのは、ひょんなキッカケからだった。当時、川瀬さんと親交のあった社会党の代議士、帆足計さんが北京で日中民間貿易協定を結んだ。中国側は労に報いる意味で何％かを帆足さん個人に割り当てたが、帆足さんがその分を『これまで随分世話になった君にやるよ』と川瀬さんに差し出してくれたからだった」

これは友好商社だった東工物産の社長、川瀬一貫についての平凡な人物紹介記事の一節で、つい読み飛ばしそうになるところだが、確かに中国は貿易協定でまとまった成約の数％を帆足計に配分した、と読める。五二年に帆足計と高良とみ、宮腰喜助の三人の代議士が、日本政府の意向に反しながらも、第一回日中民間貿易協定をまとめた件については書いた通りである。

これが本当であれば、高良や宮腰にも配分されたということだろうか。中国政府からのリベートだとして問題にならなかったのは、混沌とした時代の鷹揚さゆえだろう。同協定は、新中国成立後初の公式な日中交流だったので、中国による袖の下を使った〝褒美外交〟は、こんな風に確立されてきたのだろう。

ただし、帆足らが褒美の餌に釣られて対中貿易の推進に奔走したわけではないのは、国会での長年にわたる発言から容易に想像できる。

「すべての台所に一台のミキサー、一台の電気洗たく機があれば、私は命が四、五年延びるのではないかと思う。なぜ日本の重工業は奮起して、すべての国民に一台のミキサー、一台の電気洗濯機、そしてすべての活動する者には一台の国産自動車というような、熱意と腕力をもって御努力なさらないか、まことに不思議だと思っております。南北を問わず、アジア諸国民のサービスのために日本の重工業が万丈の気焔を上げ得るように、もう少し業界の方々に、ヒューマニズムというか、人間性に徹して、全従業員が社長の話に対して涙を流して傾聴するような哲学と気魄を持って進まれる、そういう態勢でなければ、アジア諸国に日本の商品が売れるということは困難だろうと私は思います。旧来のような軍国主義の思想を持って、自動車工業をいつでも戦車に切りかえるというような下心を持ってやったのでは、インドのネールも、インドネシアも中国も受け入れないと思うのです。」（一九五五年七月五日、衆議院特別委員会）

「われわれは中国にチャクリに行くのでもなければ、パクリに行くのでもないのです。中国国民の欲するいろいろな品物を仔細に調べて、できるだけわれわれ はよいサービスをする、そうしてその一環として繊維工業も高く評価してもらって買ってもらう、こういう心構えが必要なんです。これを哲学的にはヒューマニズムというのです。今日ではこれは常識であるわけです。教養ある商人はかくあらねばならない。」（一九五六年二月二五日、衆議院商工委員会）

「日本はインドに対しても、インドネシアに対しても、今独立して平和のうちに建設しようとする国民に対して、やはり理解と愛情を持つ必要がある。そういう哲学的な、常識的な背景を持ちながら貿易をすることは非常に重要だと思うのです。貿易は、いつか中共が、日本以外に売る場所がないから、泣きついてくるだろう、中国との貿易はフグ屋へ行ってフグを食うようなものだとか、座談会などでそういう言葉が出ておりますが、そういう人食い人種の座談会のような観点で中国や東南アジアに対処したのでは、それはやはりうまくいかないと思うのです。前の岡崎外務大臣というのになると、これは言語道断である。ああいうような態度で東南アジアや中国に対処したのでは、先方が相手にしないと思うのです。」（一九五七年二月二〇日、衆議院商工委員会）

帆足は、何度も「ヒューマニズム」という言葉を使って、貿易というものは単に商品の売買ではない、お互いに尊重しあう人間同士の助け合いなのだということを力説している。こうした観点は、まさに帆足の政治的信条だったのだろう。

「一省一工場」計画

さて、日中国交回復による経済効果としてまず言及すべきは、両国の視察団交流の活発化が挙げられる。

中国からは造船、自動車などの工業部門や、土木や建築、水産養殖など幅広い業界からの視察団が相次いで日本を訪れたし、日本からも個別の民間企業のほかに港湾運輸業界などの代表団が中国を訪問した。

当時の記録や日本側関係者の話を聞くと、中国のいずれの代表団も実に熱心に日本側の説明者に質問を浴びせ、視察が終わっても夜遅くまで宿舎で勉強していたようだ。例えば造船視察団は、約二カ月の日本滞在で日立造船を中心に五六社・六四工場も視察し、日本企業の自動化造船技術に感嘆の声を上げたという。

また中国自動車視察団はトヨタグループが招き、約一カ月半滞在し、トヨタ工場や日本電装（現デンソー）、アイシン精機といったグループ企業を中心に、日産やホンダ、いすゞなどの他社工場も視察した。中国へのプラント輸出といった大型商談を狙い、工場視察の受け入れ希望は一〇〇社以上に上ったという。

中国には、ソ連の技術で作られた吉林省長春市の第一汽車などの大型メーカーが既に存在していたことは確かだが、国内の大半は自動車修理工場を改造した程度の技術水準の低いメーカーが大半だった。

中国は、豊富な鉱物資源を輸送するための運搬手段に頭を痛めており、「一省一工場」で自動車工場を設立する計画を進めていた。中国は、日本の自動車メーカーの最先端技術を必要としていたのだ。

プラント商談の苦労（一）

日本企業による技術輸出という貢献が中国で爆発的に顕在化したのは、日中国交正常化直後である。両国の経済史上、この時期は「〝経済交流〟が活発化した」というように語られるケースが多いが、これは〝交流〟というよりも事実上、中国の近代化を助ける〝一方通行的な技術供与〟だった。それについて述べてみたい。

石化プラントラッシュ

この時期で最も注目されるのが、石油化学プラントの商談ラッシュである。七二年一二月下旬から七四年一月までのわずか一年間に一四件、当時の金で一〇〇〇億円以上が成約された。一四件のプラント事業をここで成約順に列記してみよう。

◆ユニチカ、東洋エンジニアリング（エチレン、一三〇億円）
◆三菱油化（現・三菱化学）、三菱重工（エチレン、九〇億円）
◆旭化成（アクリロニトリル、八〇億円）
◆クラレ（ポバール、六九億円）
◆三井東圧化学、東洋エンジ（アンモニア・尿素、一一〇億円）
◆東レ（ポリエステル、一三〇億円）
◆住友化学、日本揮発油（現・日揮）（BTX、一四億円）
◆三菱油化、日立（高圧法ポリエチレン、五八億円）
◆住友化学、石川島播磨（高圧法ポリエチレン、一二〇億円）
◆三井東圧化学、東洋エンジ（アンモニア・尿素・付帯設備、一一〇億円）
◆三井石油化学、三井造船（ポリプロピレン、七〇億円）
◆帝人（ポリエステル紡糸、五〇億円）
◆新日鉄（熱間圧延・ケイ素鋼板）
◆東邦チタニウム（ポリプロ重合用触媒、一四億円）

こうした一連のプロジェクトが日本に集中的に発注されたのは、国交正常化による政治的な配慮ともいえるが、ユニチカのエチレンプラントを皮切りに、日本による中国向け輸銀ローンが復活したことも理由であるのは間違いない。またこの時期、「名刺代わりの輸出」という言葉が流行したように、メーカーは巨大市場をにらみ、採算が低くても中国での認知度を優先したようだ。

文革末期でもある中国が石化プラントを重視した背景には、国内事情がいくつかある。大慶油田に代表されるように、中国の石油生産高は、七三年時点で年産五〇〇〇万トンと、飛躍的に伸びていたことだ。

また中国は当時、繊維原料は依然として圧倒的に綿が主流で、膨大な綿花栽培の作付けが食糧生産用の農地を圧迫していた。綿花の作付けを農産物に転用する必要があり、合成繊維のプラントは必須だったのだ。

あきれ返る担当者

では、日系企業は中国との商談をどう進めていたのだろうか。関係者に話を聞くと、中国との商談は実に長い時間がかかり、苦労話が尽きなかったことが浮き彫りになる。

商談はまず引き合いから始まるが、「関係」を重視する中国は、必ず視察団交流などで関係を築いた企業にのみ、引き合いを出した。

引き合いを受けてから正式商談に入るが、その第一関門として、中国当局への技術説明が行われる。交渉窓口は、対外貿易部傘下の中国技術進口（輸入）総公司である。国交正常化直後に、読んで字のごとく「技術輸入」のためのプラント購入専門公司を独立させたのだ。

交渉には、同公司の技術者が出てきたが、日本側が名刺を渡しても相手は名刺どころか、名乗ることさえなかった。しかし中国の技術者は実に研究熱心で、重要な技術についてはいつ何日でも執拗に質問してくる。技術説明の「目的」はいつしか、プラント導入ではなく、彼らの知識教育になっていた。

そのため、日系企業はその技術説明だけで数カ月を要し、例えば三菱油化は三カ月半、東レは約四カ月を費やしたという。

技術説明が終わると、次に価格交渉に入るが、今度は技術者とは別の担当者が出てくる。彼らの価格交渉力はすさまじく、日系企業はほとんど血が出る見積り価格を提示しているのに、毎回さらに厳しい値下げ要求を出してくる。

しかも、石化プラント商談にもかかわらず、「原油の組成はどうなのか」「プラントを何基建設するのか」「どこに建設するのか」といった基本条件さえ、中国担当者は言わない。原油組成やプラント建設地が分からないと、プラントを見積もれず、価格も提示できるはずがない。

中国側はそうした情報は「成約してから教える」と頑なに拒むため、日本側担当者はあきれ返り、交渉は当然、長丁場となった。通常のプラント商談よりもストレスや負担が非常に大きかったという。

プラント商談の苦労（二）

価格交渉中に中国側が「では、ここで手を打ちましょう」と言ってきたので、やっと理解してくれたかと胸をなでおろしたら、中国側は少しも価格で妥協しておらず、目が点になるというケースも多かった。そして最終的に成約される価格は、もともと利益が望めない日本企業側の見積り価格を、さらに約二〇％下回るのが常だった。

例えばある商社が担当したプラントのケースでは、プラント一基の価格を血の出る価格で成約したら、中国側は再び

「実は三基買うからもっとまけろ」と言ってくる。だが一基だからその程度の損失で我慢したのに、損失が三倍になるのはどう考えても無理だ、と商社側が悲鳴を上げたという。

価格で合意しても契約書の作成でもめる場合も多く、不必要に時間を費やした。通常、契約書は日本語と中国語の二種類を正本としたが、同じ漢字で意味が異なるケースがあるとして、中国側が一字一句すり合わすよう要求してきたためだ。

また交渉でも突然になって「明日は学習会がありますので休みます」と伝えてくる。当時は決して大げさではなく、「中国との鉄鋼・プラント商談は一〇〇日かかる」と言われた。実際、旭化成のプラントは、契約書作成だけで三カ月以上を費やしたという。

実はこの七三年時点から一五年もさかのぼる五八年に行われた日中鉄鋼協定交渉でも、新日鉄の稲山嘉寛が、中国側の価格交渉態度にほとほとあきれて帰国しようとした顛末については先に書いた（第一七回「稲山嘉寛（上）」）。こうした中国側の交渉手法は、国交正常化後も一貫して変わっていなかったことがわかる。

ところで商談での価格交渉で、いったいなぜ中国の担当者はそれほどまでに「秘密主義」を採っていたのだろうか。

実はそれには文革の影響がある。相手に情報を提供することはスパイとみなされる風潮が色濃く残っていたのだ。いかに情報を相手に与えないまま交渉して安く買ったかということは、担当者の「実績」となる。交渉を作為的に長引かせるのも、ぎりぎりの価格で買ったのだ、ということを上部に示すための理由作りの側面があった。そうしなければ「国益を売った」などと担当者が批判され、罰せられる可能性があるからだ。

逆に、日本企業のだれがいつ、どんなことを話したのかは、克明に記録されていた。日本側の担当者が雑談などで胸襟を開いて「この部分はうちの技術の弱点でして……」などと一言でも漏らすようなことがあれば、成約には致命的になったという。

やっとのことで成約しても、着工されるとまた問題が浮上した。例えば三菱グループが七三年に受注した、上海市金山のエチレンプラントは象徴的なケースだろう。建設工事を担当する中国側が、現場で旧ソ連式の建設手法を固持したためである。

中国では当時、建設用地を七～八カ所のエリアに分割し、各エリアごとに工期を競わせる仕組みになっていた。土木工事、配管、建設などそれぞれに責任者がいたが、部門責任者の間で情報が共有されることはなかった。そのため三菱側の担当者は、エリアごとに毎回同じ技術説明をしなければならない徒労を要した。

また、三菱側が「パイプラインは現場合わせだ」と何度も伝えるが、現場は設計に過度に頼っており、エリアをまたぐパイプラインが合致しないなどというトラブルは頻繁に起きた（こうした混乱は、有名な宝山製鉄プロジェクトでも同じだったようだ）。

日本は漢字の特許料を払え

中国との商談では、さらに大きな問題があった。特許や技術料の取り扱いについてである。

中国は、導入した技術は「人民が所有する」という前提で公開を原則としており、特許や技術料の支払いを頑なに拒んでいたのだ。中国語で特許は「専利」と言うが、これはもともと「一種の優秀技術」を意味する代名詞として使われていたに過ぎない。

むしろ中国は「日本は中国から漢字を導入したのに特許料を払っていないではないか」と真顔で抗弁するほどだったという。

そのため日系企業側は、プラントに付随する特許技術を他目的に使用してはならないと理解させるのに非常に苦労した。最終的には、契約書に「技術内容を第三者に公開しない」と明記させたといわれるが、国内に〝第三者〟など存在しない中国で、どれだけ守られたのかは分からない。この時の特許に対する認識や、外資企業に「技術の公開を求める」という手法は、現在の中国にも受け継がれているかのようで興味深い。

見てきたように、人海戦術による増産が限界に来た中国は、ちょうど日本との国交回復を好機と見て、先進諸国に追いつけとばかりに、急速に工業化を進めようとしていた。

中国による外資からの技術導入というと、一九七八年の改革開放に焦点が当たりがちだが、その約六年前の時点で既に、日本からのプラントや技術導入はすさまじい勢いで始まっていたのだ。しかもそれらは、クラレのビニロンをはじめ、三井東圧化学の尿素、東レのポリエステル、日本ゼオンのブタジエン、三菱油化のエチレンなど、日本企業の独自技術が多かった（ただし中国側はクラレなどのプラントをコピーし、それを「自力再生」だと内外に誇示していたようだが）。

第 11 章　鄧小平の訪日

鄧小平

「金はかかってもいい。国内の２大造船所である江南造船所と大連造船所を徹底的に改造するのだ。日本に支援を頼め。もうひとつ別の造船所を造ってもいい」

——鄧小平

「四三方案」

ここで、中国側が外資を導入しようとした背景を簡単に説明したい。

周恩来は一九七二年二月に、毛沢東の同意を得て、李先念らがまとめた日本などの先進諸国から先端技術を導入するという報告書を承認している（文革中に下放されていた李先念はこの時、周恩来の下で経済政策を補佐する経済担当副首相の地位に復帰しており、後に国家主席になる）。

周恩来は、強硬な国内の保守派をけん制しながら、外国からのプラント・技術の導入や貿易拡大によってのみ、中国の現代化が実現できるとみていた。中国は五〇年代はソ連から、六〇年代は欧州からプラントを輸入した。そして七〇年代は日本を中心に、プラント輸入の土台作りを急ごうとしたのだ。

その報告書で李先念は、中国が「日本などの外国から化学肥料の大型プラント一三基、石化プラント四基、圧延プラントなど総額四三億米ドルに上る巨額のプラントを直ちに導入すること」――を提案した。その額にちなみ、この提案は「四三方案」と呼ばれている。

そして周恩来は、クラレのビニロンプラント輸入を仕切った人物である国家計画委員会の副主任、柴樹藩を対外貿易部に異動させ、「四三方案」を任せたのだった。

この四三方案により、国交を回復した日本からのプラント導入が一気に進んだのだ。日本からだけではなく、英国からは航空エンジン技術、米からは衛星機器や航空設備、大型旅客機なども導入された。

柴樹藩は「この時に調達した大規模なプラント設備や技術、船舶などが、中国の経済発展や技術力の向上に多大に寄与した」と書いている。また「懐念中国偉大海洋事業的奠基人―柴樹藩」（宋宜昌）によると、「四三方案」により化肥プラントが完成した結果、中国の穀物生産高が飛躍的に伸び、国内の飢餓がなくなったという。

案の定というべきか、宋宜昌は日本企業や日本からの技術に対する言及はしていないが、「この時の一三基の化肥プラントがなければ、その後数十年間の穀物配給はあり得なかったといっても過言ではない」と、その意義を大いに強調している。

この柴樹藩は、中国では「中国造船業界の父」ともいうべき人物である。改革開放を直前にして第六機械工業部の部長になり、造船業界を担当した。その時に日本の造船技術の高さに驚き、後に三菱グループの造船業支援を招き入れたという功績を持つ。これは重要なので後述したい。

一年四カ月で一〇四隻

国交正常化直後、日本企業と中国との取引で特に注目されるのはやはり新規造船契約だろう。

文革後は海軍力の増強などを背景に「造船業の育成が第一」という路線だったが、文革の激動が収まり国内経済が回復し始めると、中国にとっては輸送能力の欠如が大きなネックとなっていた。そこで、造船業の発展と同時に、日本から多くの遠洋貨物船や新規商船、浚渫船などが調達されることになったのだ。

国交回復直後の七二年九月～七三年一二月に、日本から中国に輸出された主な新規造船契約を挙げてみよう。

◆日立造船＝一万四三〇〇DWT貨物船二隻（五〇億円）
◆函館ドック＝浚渫船六隻、バージ八隻（四〇億円）
◆金指造船所＝冷凍加工運搬船一〇隻（五〇億円）
◆三菱重工＝大型浚渫船三隻（一〇〇億円）
◆日本鋼管（NKK）＝浚渫船八隻（一四〇億円）
◆三井造船＝起重機船二隻（一八億円）
◆日立造船＝曳船二隻（五〇億円）

ここに挙げたのは主なものだけだが、中国はわずか一年四カ月の間に、当時世界一を誇った造船王国の日本からだけで合計一〇四隻（中古船含む）、総額で約六一九億円相当を調達している。中国の新規造船発注先の約半分は日本で、残りは旧東欧やオランダである。これら数字をみても、いかに爆発的な勢いで日本から買い付けたかが分かるだろう。

そのうち、日立造船の最初の契約は因縁のあるものだ。中国は、六四年の吉田書簡で一方的に日立造船との船舶輸出契約を取り消していたが、今回はそれを復活させ、再び日立造船に発注したものだったからだ。これは、日本が中国に一万トン以上の大型外航船を輸出する初めてのケースで、元建ての契約という点でも初めてだった。

三菱重工と四人組逮捕

先に挙げた造船契約の中でもうひとつ注目されるのは、三菱商事と三菱重工グループが受注した三隻の大型ドレッジャー（浚渫船）だろう。これは日中国交回復後初の中国向け作業船輸出で、友好商社を中間に立てずに受注したことでも初のケースだった。三菱グループ三首脳と周恩来の会談が実現したことによる〝見返り〟や〝御褒美〟の意味合いがあったのだ。実際、引き合い書には周恩来のサインがあったという。

実は周恩来もサインしたこの三菱グループのドレッジャー契約が、周恩来を苦しい立場に追いやることになる。周恩来はこの頃、文革左派の江青、張春橋、姚文元、王洪文のいわゆる「四人組」から資本主義の手先という「走資派」のレッテルを貼られ、立場が苦しくなっていた。ここで、その事情について話したい。

「最新のドレッジャーを」

当初、三菱重工に引き合いが来たのは大型貨物船五隻の建造だった。これはもともと日立造船に発注される予定のものだったが、三菱グループ重視への配慮から、中国側が三菱重工に振り替えてきたことがわかった。すると、それを知った三菱重工会長の古賀繁一は「有り難いお話ですが、商道徳上よくありません」と答え、その受注を返上したのだという。

しかし中国側は、周恩来から三菱重工に何かを発注するようお達しが出ているようで、対応に窮してしまった。そこで貨物船をやめて、日本には競合メーカーがいない浚渫船（ドレッジャー）を発注するのはどうかと伝えてきた。オランダ企業がライバルだが、形式だけの入札による、事実上の指名発注である。それも四五〇〇立方メートルという巨大な浚渫能力を持ち、三菱重工としても最新の大西洋航海型だった。中国はそれを三隻買った。

ドレッジャーは、どんな目的で、どの海域で使うのかを明らかにして、三菱側も船の能力規模やスペックを決めるのが普通だ。当然ながら、沖によって水深も違うし、海底の土砂条件も粘土質か細粒質かなどで全く異なるためだ。

しかし秘密主義の中国側は、商談でそうした使用条件を明らかにせず、「最新型」ということだけを求めていた。三隻がそれぞれ、上海、広州、天津の沖合いで使うことが三菱側に伝えられたのは、なんと契約合意後だった。三隻は全て、同じ型やスペックのドレッジャーが納入された（御多分に漏れず商談は七三年五月まで約七カ月もかかった）。

風慶輪事件

一九七四年から七六年は、四人組の攻撃で、外国からのプラント導入そのものが悪とされ、「自力更生」が声高に叫ばれていた時である。日中国交回復から七三年までの間に起きたプラント導入ラッシュは途絶えてしまったどころか、国内の工場も麻痺状態に陥っていた。

ちょうどその頃、中国では「風慶輪事件」が起きる。海上輸送の発展に尽力していた中国は、中国最大の国営造船所である江南造船所が初めて、遠洋貨物船を自国技術で製造していた。それが「風慶輪号」である。

だが、これは遠洋船といいながら航海能力が不安な貨物船で、七四年五月に欧州に向けて出帆したものの、故障を繰り返しながら四カ月後にやっとのことで上海に帰り着いた。

ところがそのことは、四人組により、「国産貨物船」の能力を不安視する結論ではなく、むしろ国産を賛美する結論に恣意的にすりかえられた。第一副首相として政界に復帰していた鄧小平や周恩来を、「洋奴主義（西洋崇拝主義）」と吊し上げる政治材料にされたのだ。

その直後、重大なことが起きた。七四年に納入した三菱重工のドレッジャーが、すべて故障したのだ。使用条件とスペックが合っておらず、スクリューが回らなくなったのだ。

使用環境を全く知らないまま作れという無謀極まりない条件で作ったのだから、故障責任は使用者側にある、といっても現在なら通用するだろう。しかしそんなことは四人組の恣意的な思惑とは関係がない。三菱重工としてはロープロファイルにしたいが、風慶輪事件直後で、大きな政治問題となるのは時間の問題だった。

そして案の定、四人組はそれを「日本帝国主義にやられた」「不良品を売りつけられた」という周恩来に対する格好の攻撃材料にしようと、〝水面下で〟動き始めていた。

しかしその矢先の七六年一月、周恩来が膀胱ガンのため亡くなってしまった。

ところが、毛沢東も同年九月に亡くなったことで後ろ盾をなくし、四人組は一〇月に逮捕されることとなった。

国内の激しい政治的動乱の渦中で、三菱のドレッジャーの故障は、幸いにも、文革左派に攻撃材料として利用されることはなく、中国の現代史に静かに埋もれることになった。

三菱重工はどうしたのか。

実は、「故障した三隻を全て無償で修理する」と自ら買って出たのだ。

それを指示したのも、古賀である。社内では当然、無償修理に対する不満も出たが、古賀には「周恩来から直にもらった契約である」という認識もあり、中国側から使用条件の開示がなかった点を議論せず、故障の言い訳にはしなかった。

古賀は「どんな問題があれども、ドレッジャーの要であるスクリューが故障したのは製造側の責任でもある」と語り、中国で徹底的に信用を構築する方針を示したという。そして故障とは関係ない部分もすべて補修し、三菱重工側の利益はすべて吹き飛んでしまった。

日本に支援を頼め（一）

二つの意義

この時の三菱重工の対応は、あいにく日中の経済関係史でも取り上げられることはないどころか知られてもいないが、二つの意義を持っていると思われる。

一つは、三菱重工が中国側に忍耐強く懐深く対応したことが、文革末期で不安定極まりない中国にとって、外国排斥主義への揺り戻しを防ぐ心理的な防波堤になったということである。

三菱重工が修理を表明した七五年時点で、四人組の影響力は根強く残っており、四人組が逮捕された後でさえも国内には外国企業に対する不信感が強かったという。中国の「自力更生」という方針の中で、外国企業はまだ中国を植民地にするための手先だとみなされる文革左派の風潮が厳然として残っていた。

そんな中で、「欠陥品を売りつけた」などという批判の隙を与えるような補償対応をしていたら、国産主義路線に再び逆戻りする可能性が十分あったのだ。

中国が政治的に混沌を極めていた黎明期にあって、売った商品に欠陥があれば無償できちんと直す――という態度を、外資企業の中で、少なくとも三菱重工に限らず、多くの日本の商社やメーカーが戦後の中国でしてきた。このことが中国側による外資企業への信用を、積み重ねることにつながっただろう。そうした信用の蓄積が、中国の改革開放につながったのだ。

そして二つ目は、この件が後に三菱重工の造船業としての信頼を逆に高め、中国最大の江南造船所への支援に結びつくきっかけになったという点である。そのことを詳述してみたい。

鄧小平の復活

一九七六年は、中国人にとっては忘れられない年である。一月に周恩来が亡くなり、その追悼集会を機に四月に第一次天安門事件が起き、鄧小平が再び追放される。九月には毛沢東が亡くなり、そして一〇月に四人組が逮捕されるという政治的動乱の年だった。三月に吉林省吉林市に巨大隕石が落下し、七月には河北省唐山で大地震が発生するなど、自然災害面でも中国の激動を暗示し、一つの時代の終焉を物語ってもいた。

日本との経済交流という面で見ても、中国はこの年の前後から大量の日本の技術導入という大きなうねりに向かって動き出していた。

鄧小平は翌年七七年七月、副主席兼副首相に正式に復帰し、三度目の復活を果たした。

その一一月に、三菱商事会長の藤野忠次郎、三菱重工会長の古賀繁一、三菱銀行会長の田実渉の三首脳が、日中国交正常化五周年を機に、五年ぶりに再び中国を訪れている。

三首脳はこの時、かつての周恩来の右腕で、副首相になっていた李先念と会談する。その会談で、三菱グループによる中国支援が決まった。

中国側の文献では、〝三菱側の方から主導的に〟「協力したい」と言ってきたので李先念が受け入れた、とあるのだが、実際は「中国の経済発展には、三菱グループの力が必要なので協力して欲しい」と要請していた。

三首脳はそれを受けて、七八年に国内の三菱グループ各社に呼びかけ、三菱系一五社による「三菱技術協力委員会」を結成した。その委員会で、三菱グループ各社がそれぞれ中国への経済支援策を出し合った。その中で目玉プロジェクトになったのが、三菱重工による「江南造船所改造プロジェクト」である。

七〇年代末の中国の造船業は、惨たんたる有様で、存亡の危機にあったといっていい。海外の受注が大幅に減少して、操業停止状態だった上に、大規模な損失で首が回らなくなっており、三〇万人以上の造船業従事者が路頭に迷っていた。また造船技術は旧態依然としたものだったし、生産設備も老朽化していた。

中国の体制的欠陥もあった。当時の計画経済では、輸出入公司は貿易だけを管理し、工業部は計画通りに生産することだけに注力し、材料調達や販売に関しては一切関与しない。これでは中国が海外に通用する船舶を造り、輸出できるはずがない。

鄧小平は復活後、「船舶を海外市場に輸出し、海軍力を向上させるため、造船業を立て直さねばならない。今後、積極的に海外技術を採り入れる」という方針を示していた。そして、造船業を担当する第六機械工業部にこう指示した。

「金はかかってもいい。国内の二大造船所である江南造船所と大連造船所を徹底的に改造するのだ。日本に支援を頼め。もうひとつ別の造船所を造ってもいい」

その任務を受けたのは、先に〝中国造船業界の父〟と紹介した柴樹藩である（186ページ）。第六機械工業部長になったばかりだった。

「日本に支援を頼め」（二）

ではどうやって日本から支援を受けるべきか。そこで計画されたのが、日本の造船所に、中国の造船所とそれぞれ友好協力関係のペアを組んでもらい、無償技術支援を受ける――という仕組みである。ペアは以下のようになった。

◆三菱重工と江南造船所
◆日立造船と大連造船所
◆三井造船と滬東造船所
◆住友重機と上海造船
◆石川島播磨と広州広船国際
◆大島造船所と新港造船――などである。

中国側は大勢の研修生を相手企業に派遣し、造船技術を習得させた上、日本は造船エンジニアを中国に派遣して指導するという関係を作り上げたのだ（大島造船所の南景樹社長が、特に大勢の中国人研修生受け入れに熱心だったようだ）。

七八年六月末、柴樹藩は第六機械工業部の一五人を引き連れて、日本の造船所を約二週間の日程で視察に訪れた。視察したのは、三菱重工、三井造船、日立造船など二三社の造船所である。

「これはすごい！」柴樹藩は日本の造船技術に驚嘆し、中でも三菱重工に中国最大の造船所である江南造船所の改造を依頼することに確信を持った。

日本軍の上海占領

三菱重工と江南造船所は、戦前からの歴史的つながりがある。まずそれを振り返っておきたい。

江南造船所はもともと、清の時代の一八六六年に李鴻章が上海に作った軍事生産工場「江南機器製造局」が母体である。これが辛亥革命の際に「江南造船所」に改名された。初期の頃は欧州から大砲や軍艦を購入し、それを模倣して生産する工場だった。

一九三七年に旧日本軍が上海を占領したのに伴い、江南造船所は「朝日工作部江南工場」と改名され、日本海軍がその直後に三菱重工に江南造船所の運営を委託し、さらに「三菱重工株式会社江南造船所」と改名された（ちなみに、三菱重工はシンガポールでも「昭南造船所」の運営を海軍に委託されている）。

当時の三菱重工の技術者たちが江南造船所をいかに運営したかを示す貴重な資料が残っている。「江南造船所・その歴史と思い出」（一九七三年・非売品）である。戦前に江南造船所で実際に働いていた三菱重工職員が当時の資料や手記を集め、編纂したものである。

これによると、三菱重工は運営委託を受けると、当時の長崎造船所所長である玉井喬介（後に三菱重工社長）を江南造船所に派遣している。

玉井は、三七年に江南造船所に立つと驚愕した。建物や機械類がほとんど破壊され、廃墟のようだったからである。それを短期間に復興し、施設を増強し、さらには英国の楊樹浦工場や淑浦船渠、フランスの求新船渠などの造船所も合併し、巨大な造船所に造り変えた。

一方、中国側資料の「江南造船廠志」では案の定、「この（三菱重工による）統治期間に江南造船所は日本軍の軍艦生産工場に成り下がった。新造船は技術が低く、造船所にとっての技術的進歩もなかった」と書き捨てている。

当初、海軍が三菱重工に運営を委託した目的は、軍艦の建造・修理に当たらせることだったのは確かだが、五年後には、民間貨物船の建造が主力の造船所となっていた（四三年時点の新造船三一隻のうち海軍艦艇七隻に対し、民間貨物船は二四隻だった）。

日本の資料では「江南造船所が終戦までに現地の民生向上に果たした役割も少なくなかった」（「江南造船所・その－」）と記されている。

一部の中国側文献では「江南造船所の作業員はほとんどが日本人だった（中国人を雇用しなかった）」とあるが、これも明らかな誤解だろう。江南造船には当時、日本人を含めて約六五〇〇人が在籍していた。中国人が圧倒的に多かったのは当然だが、英国人、イタリア人、インド人、ロシア人など多彩な外国人も多く在籍していたのが特徴だった。そのため、国際的な従業員教育や管理がなされていた。

「江南造船所・その――」で興味深いのは、中国人労働者は少しでも高い賃金を求めて直ちに転職する傾向があったため、三菱重工側は再三にわたり昇給したり、白米や小麦粉、石けんといった生活物資を給与とは別に現物支給するなど、あの手この手で中国人労働者の引き留めに苦労していた様子が浮き彫りになることだ。中国での外資系工場は当時労使紛争が絶えなかったが、「少なくとも江南造船所は違った」と記されている。

「委託経営の当初から、中国人従業員の日本人従業員に対する感情や利害の対立、またそれを因とする紛争なども一切なく、また賃金紛争による停工は一日もなく、市の内外でテロ事件が頻発している状勢の中で、最後まで円滑に事業の運営が行えたのは、インフレ経済下での賃金に関しても、また、この実物配給制度を通しても、終始、誠意と友愛の心を持って、中国人従業員に報いようとしたからであった」

この記述について、三菱重工による戦時体制の美化に過ぎないと一蹴はできない。残されている多数の従業員の手記にも同様の記述が見られるためだ。

「日本に支援を頼め」（三）

むしろ、現在の日系企業と同じように、中国人従業員の反日感情に気を使いながら労務管理を工夫し、優秀な中国人人材の流出に頭を痛め、時に従業員と親しくしていた生活の一端がしのばれるほどだ。当時は上海のいたる所で外資系企業に対する労働争議やストがあった中で、強圧的な管理では、大規模な造船所を経営できないことは明白だったろう。

戦時中の話が長くなってしまったが、話を戻す。中国側資料では、戦時中の三菱重工による江南造船所運営を全く評価していないが、改革開放時に江南造船所を立て直して欲しいと三菱重工に依頼してきたのもまた、中国側なのである。

三菱重工による一九七八年の「江南造船所改造プロジェクト」について、中国側の史料では、「三菱重工が自発的に計画を提出し、李先念が歓迎した」ことになっているが、実際は中国側の依頼であることは間違いないだろう。

古賀繁一が社内関係者のみに残した手記「古い思い出」(非売品)で、「(第二回目の三菱三首脳訪中の)一九七七年一一月、私は李先念副首相から江南造船所への技術協力を頼まれた」と確かに記されている。中国側に恩を売る必要も、日本側の反中勢力に気兼ねする必要もない古賀の素直な手記である。また当時の三菱グループ関係者は、古賀が「江南造船所の改造を李先念さんに頼まれてねえ……」と何度も言っていたことを覚えているという。

戦時中の三菱重工による江南造船所の謹厳実直な経営を、三〇年以上を経ても中国当局は十分承知していたとも推測される。戦時中のマイナスの因縁を持つ三菱重工に江南造船所の立て直しを依頼した、ということが即ちそれを証明しているように思われる。

党書記の横やり

さて、この改造プロジェクトで、三菱重工は具体的に何をしたのか。三菱重工の広報部に問い合わせたが、「公式な企業間の契約ではないので、古賀の手記以外の資料はない」という。

だが、両社は七八年九月下旬に公式な「技術協力契約」を結んでいるのは確かだ。何よりも、このプロジェクトの実際の旗振り役となったのは、会長の古賀自身である。古賀は戦前、戦艦「武蔵」の建造部長を務めたスーパー造船技術者でもあり、自ら現地に出向き、具体的な指示を出していた。

古賀が実際に目にした江南造船所は、目を覆うような悲惨な光景だった。鉄板が至る所に無造作に置かれ、働かない怠惰な労働者が溢れ、製造手法も時代遅れで、近代的な造船所とはほど遠い造船所だった。それは因縁深くも、戦時中に江南造船所の経営を任された、後の三菱重工社長、玉井喬介が現地を訪れて唖然とした状況と極めて似ている。

古賀は、輸出船を造ることができる技術水準に一刻も早く到達させることが重要だ、と考えた。そして三菱重工長崎造船所に「技術協力チーム」を編成し、船体をいくつかの塊に分けて同時に製造し、最後に合体させる「ブロック工法」を教えた。生産ラインを近代化し、技術ノウハウを与え、溶接技術や労働意識も教え、近代的造船所としての改造に着手した。

ただし、文革の名残りといえる困難もつきまとった。古賀がバルクヘッド（船体内部を横に仕切る防災隔壁）製造を指導した際のことである。協力チームがチェックしたところ、一八〇カ所もの手直しが必要であることが判明した。現場の責任者らは見直しに意欲的だったが、共産党支部の書記が「今まで問題なかったので、手直しの必要はない」と横やりを入れて作業が一向に進まなくなったのだ。

古賀は「アドバイスが受け入れられないのなら、李先念副総理に申し上げて技術協力はお断りする」と最後通告したところ、最終的に先方が折れ、その後指導を受け入れるようになった。

当時の中国企業は〝国有企業〟ではなく〝国営企業〟であり、所有と経営の分離がなされていなかったということもあるが、改革開放期であったにもかかわらず、文革左派の保守的指導層の存在が依然として造船所内に影響力を持っていたことを示す一例といえる。

初の輸出船も

いずれにしても、八二年まで続いた江南造船改造プロジェクトは、絶大な効果をもたらした。艦褸をまとったようだった造船所が、数年後に輸出船を建造できるまでに近代化したのだ。技術契約が終了した同年時点で、江南造船所の建造量は一〇〇万トンを初めて突破して文革直後の三倍になり、建造期間も大幅に短縮され、二万トン級の大型の貨物船や工作船の建造能力を保有するまでになったという。

その年の八月には、初めての輸出船であるバルカー「世滬号」（二万七〇〇〇トン）を建造し、香港の海運王、包玉剛（YKパオ）率いる環球航運（ワールドワイドシッピング）に納入している。171ページの写真は、その時の調印式ものである（手前の左が包玉剛、右が柴樹藩。中央がフィリピンのイメルダ婦人、その右隣が古賀繁一）

中国のある学術文献には、その江南造船改造プロジェクトの続報とも言うべき、三菱重工との「技術合作（協力）協議書」が残っている。

三菱重工船舶鉄構事業本部の田中秀雄・副本部長と、江南造船所の劉福生・所長が、一九八四年一二月六日に北京で公式に調印したもので、「江南造船所は日本の造船業の経営・生産管理、設計・生産技術を学ぶため、三菱重工と友好協力することで合意した。有効期間は五年」という。三菱重工が江南造船所を支援するという関係は八〇年末になっても続いたのだ。

その結果、八〇年代後半になると江南造船は輸出船を年間五～六隻建造するまでに成長し、約一億米ドルの外貨を稼ぐまでになったという。

日本企業と中国の発展（二）

造船業の役割

国家が工業国として発展する過程では、中核的な産業として造船業がまず重大な役割を果たす段階があるといえる。労働集約型である上に、鉄鋼や内装、通信業などと関連するすそ野産業が広いということが理由だ。その段階を経て、ハイテクで精緻な技術水準を必要とする自動車産業などに産業の重点が移行していく。

日本の産業発展はまさにそうだった。明治以降、地下資源のない日本のエネルギー供給や貿易を支えたのは海運業であり造船業である。戦前戦後を通じ、軍備増強の需要もあいまって、三菱や三井などの大企業が国策事業として支援を受けながら海運業や造船業を発展させてきた。それが、電機や自動車につながっていったという側面がある。

中国も同じく、日本の発展段階を辿るかのような道を歩んでいる。

復活した鄧小平が、一九七七年一二月に国内の造船業を本格的にてこ入れする戦略転換を柴樹藩に命じたことは書いた。それまでも中国にとって造船業は国防力強化の象徴的産業だったが、ソ連からの技術導入にとどまり、文革中は自力更生の方針で技術の進歩はぱったりと止まっていた。それが改革開放を機に、造船業はまさに目を見張るような発展を遂げた。

八二年まではわずか一隻の輸出船も造ることができなかった中国の造船業は、それから一〇年以内に年一億米ドルを輸出船で稼ぎ、昨年の二〇一〇年までに、造船業界の三大指標である「新規受注数」「受注残」「建造数」の全てで、日本や韓国を抜いて世界のトップに上りつめた。その歴史的発端こそが、七八年に始まり、日本の造船業が業界挙げて取り組んだ中国の造船業改革なのである。

日本の造船メーカーの支援がなくても、いずれは中国の造船業は発展していたとか、日本企業も中国の造船所に造船設備を大量に輸出して恩恵を受けていた、などという反論も聞こえてきそうだが、重要な点は、「改革開放」という、中国という国家が工業国としての一歩を踏み出した極めて重要な発展段階で、日本の主要造船メーカーが軒並み、江南造船所をはじめ中国の主要造船所とパートナーを組んで無償支援した、そのこと自体である。日本の政治でもなく外交でもない、日本の民間企業群が、中国の「工業国としての覚醒」に参画してきたのだ。（それと全く同じことが、新日鉄などが中心となって参画した、有名な上海の宝山製鉄プロジェクトについてもいえる）。

進歩が途絶えた?

しかし刮目すべきは、中国側の江南造船に関する史料には、戦中や改革開放期の三菱重工による運営の貢献的側面を記述しているものがほとんどないことだろう。

日本の財閥系企業による運営を好意的に評価できない心理的な抵抗感があるのだろうが、「中国造船業の父」とされる柴樹藩の功績を語る中国側文書などには、三菱や日立の社名が一切出てこないものが多数あるばかりか、江南造船の発展史の中で、三菱重工による運営に触れていないものさえあるのは苦笑を禁じ得ない。

本来なら「江南造船は旧日本海軍に接収されたものであり、三菱重工は日本の海軍に半ば強制的に運営を委託された」という視点は重要だが、そんな視点など皆無である（中国的史観では、接収者が海軍だろうが三菱だろうがどちらでも構わないのかもしれないが）。

現在の江南造船所のホームページには「沿革」が掲載されている。しかし、三菱重工による運営期については「江南造船所が苦難の時代に陥り、戦後の国民党統治期間に至るまで、かつての生気を取り戻すことはできなかった」とある。また、改革開放後の三菱重工による再改造については全く触れていない。

また中国の主要全国紙の二一世紀経済報道（二〇〇五年八月二〇日付）は、江南造船所の発展史を特集しているが、同様のトーンで「戦前の三菱重工の運営により、江南造船所の技術革新の進歩が途絶えた」とさえ書いている。この記事でも案の定、一九七八年からの三菱重工による江南造船改造プロジェクトの話は出てこない。

古賀繁一は八一年には三菱重工の最高顧問になっており、中国の造船担当幹部を集めた上海会合で講演に招かれている。「造船業について」と題したその講演記録が中国語で残っている。内容は専門的だが、筆者が興味を抱いたのはむしろ、講演者紹介のくだりだ。江南造船改造プロジェクトを始めて二年後の七九年に、古賀は中国の造船業を取り仕切っていた中国船舶工業公司の顧問にまで就任しているのだ。まさに中国の造船業全体を指導できる立場にあったわけだ。

古賀は晩年の九二年一一月に、手記「古い思い出」を発行している（古賀はその一カ月後に亡くなっている）。

これによると、古賀は九一年五月二一日に最後の江南造船所訪問を果たしている。この時、江南造船の所長が何度もこう言ったという。

日本企業と中国の発展（二）

「こんなに立派な工場になったのは、古賀先生のおかげです」

古賀の手記によると、工場長の猛輝が再三言うので、古賀は「それは違う。皆さんの努力が実ったのです、と強く念を押しておいた」という。九〇年代初頭になっても、古賀が存命中はまだ三菱重工への多少の恩義は現場に残されていたようだ。

中国側に変化が訪れたのは、九二年に古賀が亡くなってからのことに違いない。九三年に江沢民が国家主席に就任し、翌年には「愛国主義教育実施要綱」が制定され、愛国教育が全国に浸透した。このことと関係があると思われる。

江南造船博物館

上海市に江南造船所に関する歴史資料や写真などを集めた「江南造船博物館」がある。もともと造船所の一部を博物館としていたが、二〇〇三年の江南造船ビルの建設に伴い二~三階を博物館として移転改造したものらしい。実はこの博物館が、中国の「全国愛国主義教育基地」に指定されているのだ。

この博物館は、ある意味で非常に興味深いものだ。展示では、戦時中の三菱重工に関する記述は確かにあるが、八年間にも及んだ三菱重工による運営に関する資料は、露骨なほど少ない。いささか看過できないのは、改革開放期の江南造船改造プロジェクトが一切触れられていないことだ。一方で、何者かが修理船を沈没させたという「民生事件」が紹介されている（当時こうした事件は珍しくなく、なぜこの事件だけを展示したのか真意が測りかねる）。

また、江南造船の建造量の推移を示すパネルがある。七七~七八年の年平均建造量は三万三〇四四トンだが、改革開放直後の七九年~八四年は九万一九五八トンと一挙に三倍近くに増えたことを強調している。理由については触れていないが、改造プロジェクトが奏功したからであるのは明らかだろう。

また象徴的なのは、先に紹介した、江南造船が初めて海外輸出向けに建造した「世滬号」の調印式の写真（171ページ）である。香港の海運王の包玉剛（YKパオ）と、柴樹藩がサインしている写真だが、その背後に古賀が写っている。しかし写真説明にも古賀への言及は一切ない。

筆者が博物館を訪れた時、大勢の中学生がプリント用紙を手に館内を歩き回っていた。うちの一人に用紙を見せてもらうと、「江南造船が初めて建造した一万トン級の船舶名は何か」といった穴あき歴史問題だった。上海の公立中学校は、歴史の授業の一環として江南造船博物館を見学するのだという。民族主義と江南造船、中国の工業化が結びついた愛国教育は、そうやって着実に根付いているようだ。

江南造船が中国人の誇りであることを示す卑近な例がある。筆者が以前、中国人の知識人に、三菱重工による江南造船への技術支援について話をしたところ、「また日本人は歴史を歪曲するつもりですか」と反発されてしまった。そうした一般知識人の反応もまた、中国が公式的な歴史記述を捨象してきたことの〝成果〟だといえるかもしれない。

上海万博の会場に

江南造船所は、その跡地が二〇一〇年の上海万博会場に利用されたことでも有名になった。上海万博で歴史的建築物は積極的に利用されたが、「日本産業館」は旧ドックが利用されたものであるし、三菱重工が戦時中に建設した管理本部事務所は、万博の「管理棟」として利用された。

万博のために、江南造船所は浦東地区の東にある長興島に移転されたが、中国政府はこの長興島を「国家造船基地」として整備している。一期工事は既に完成し、二期は一二年に完成する予定で、世界最先端の技術を集めた造船所になるという。

注目すべきは、江南造船所が長興島造船基地で中国初の空母（四万八〇〇〇トン級）二隻や、護衛艦船を建造していることだ。海外メディアには、さらに別の大型原子力空母の建造計画もあると報じられている。日本企業が技術支援してきた造船所はもはや、建造量で世界一になった、などという意味での脅威を通り越し、軍事工場の衣をまとっているのだ。

改革開放期以来の三菱重工や日立造船など日系企業による中国の造船業技術支援について、中国があえてロープロファイルにしているのは、そうした事情も背後にあるのではないかと推測される。

資本主義発祥の地に

さて、最終章に入りたい。

中国の改革開放は、一九七八年一二月一八日に開かれた第一一期中央委員会第三回総会（一一期三中全会）から正式に始まったことは、本書の最初に言及した。ここで外国からの技術や市場経済の導入が提案されたのだが、しかしその提案は突然なされたものではない。その事情をまとめておきたい。

七八年初頭、共産党中央委員会や国務院は、文革で疲弊した国内経済を立て直すため、党リーダーが自ら先進諸国に行き、その目で西側諸国の経済を研究するべきだという結論に達した。それも急がねばならない。年末にやってくる一一期三中全会までに、国家の方向性を決めるためだ。

そこで、西側諸国への視察団が送り込まれた。行き先は欧州である。欧州が「資本主義発祥の地」という概念が党中央にあったからだという。

■中国と外資自動車メーカー

改革開放路線の端緒で、日本が絶好の対中進出機を逸した業界がある。自動車業界である。中国第一機械部は七八年八月、トヨタ、日産、GM（ゼネラル・モーターズ）、フォード、ルノー、メルセデス・ベンツ、フォルクスワーゲン――など、世界の主要メーカーに中国投資を目的とした視察要請の招待状を送っている。ところが、トヨタは台湾で年産三〇万台の生産事業が進行中であることを理由に婉曲に断った。メルセデス・ベンツは、技術移転はできないとこれも拒否。その二社を除くメーカーは、軒並み中国に関心を示した。

中でも最初に関心を示したのはGMである。GMのトーマス・マーフィー会長が七八年に代表団を引き連れて中国を訪れ、北京飯店で一週間にわたり商談した。後に副首相となる李嵐清がこの時の商談に参加しており、回顧録「突囲－国門初開的歳月」（中央文献出版）に手記を残している。

それによると、マーフィー会長は「あなた方は技術導入のことばかり言うが、なぜ合弁事業について話さないのか?」と言ってきたが、李嵐清はじめ中国側はJoint Venture（合弁）という単語の概念さえ知らなかったという。〝共同の（Joint）冒険（Venture）〟とは何か?そこでマーフィーが「簡単に言うと、合弁事業は〝結婚〟です。共同でひとつの家庭を築くのですよ」と説明したのだという。

「合弁」――。李嵐清はその概念を中央政治局に上げると、鄧小平が「そのやり方でいい」と承認した。そこでトントン拍子に話がまとまった、かに見えた。だが意外にもこの合弁事業は、GM本社の取締役会で否決され、ご破算となったのだった。日系を含めてどのメーカーも結局、中国市場進出には二の足を踏んだ。貧しい中国で車を生産したところでだれも買うわけがない、という判断だった。

それから六年後の八四年に、最初に合弁を手がけたのはフォルクスワーゲンである。初年度生産は採算ラインぎりぎりの三万台。それでも三万台も売れるはずがないと思われた。しかも中国の外貨が圧倒的に不足していた時代だ。フォルクスワーゲンが工場設備や主要部品の輸入に必要とする外貨は、完成車を輸出することでまかなうということが条件とされた。だが部品を輸入して完成車を輸出すると却って高くなり採算に合わない、と論争になっていた。それが理由で日本のメーカーは合弁に二の足を踏んでいたのだ。

ところがその時に、ドイツはコール首相による鄧小平へのトップ外交により、鄧小平による鶴の一声で合弁事業にゴーサインが出たという。中国の国策を歪めて、国家の所有するなけなしの外貨を上海フォルクスワーゲン工場が輸入する主要部品に与えるということで、同プロジェクトが成立するように仕向けたのだ。

ところが特筆すべきは、この後フォルクスワーゲンの完成車が輸出されることはなかったということだ。つまり海外から外貨を得ることができない投資プロジェクトになったにもかかわらず、その間中国の外貨はドイツの民間企業一社に供給され続けたのだ。競合メーカーが存在しない以上、フォルクスワーゲンは一時、中国市場で独占的地位を占めた。

こうした経緯は、中国政府による政策の粗忽さでもあったが、中国進出の好機を逸した日本車メーカーの失敗でもあっただろう。しかしそれ以上に、ドイツのコール政権とは対極に、旧態依然とした政経分離にこだわりすぎた日本政府の無策による敗北だったといってもいい。

しかも注目すべきは、後世になって中国の世論では、ドイツのフォルクスワーゲンが、中国の草創期に貢献した代表的外資企業であるかのように喧伝されていることである。一方、日本の自動車メーカーは中国進出に消極的だったといまだに印象付けられている。

（ちなみに中国の自動車市場は二〇一一年末まで、つまりわずか四半世紀で、約二〇〇〇万台市場になろうとは、どの外資メーカーも想像できなかった。合弁事業に二の足を踏んだGMは、初の商談から約二〇年を経た一九九七年になって初めて中国に進出している。その時既に、フォルクスワーゲンは中国市場で群を抜く三〇万台を売っていた。ところが面白いもので、現在中国で最も売れているのはGM車である。GMの米国本体が二〇〇九年に経営破たんしたことも中国市場では影響しなかった。）

鄧小平と日本

鄧小平は谷牧・副首相を呼び出し、フランス、スイス、西ドイツ、ベルギー、デンマークの五カ国を視察して発展の水準を詳細に調べ、報告するよう命じている。これは文革以後、初めての中国首脳による高級視察団だ。

視察したのは、フランスの原子力発電所、西ドイツの自動車工場、スイスの水力発電、デンマークの先進的酪農場、ベルギーの立体化高速道路などである。五月二日から六月六日までの約一カ月で五カ国を過密スケジュールで回り、疲労困憊しながらの視察でもあった。

当時、水力発電部長として参加した銭正英は二〇〇八年に、回顧録「国門初開時的西欧印象」を書いている。それによると、各国の産業の精緻で近代的な技術や管理に、視察団は衝撃を受けたという。銭正英はまた、西ドイツに到着した夜に中国大使館で見た、戦後いかに西ドイツが復興を果たしたかを示した記録映画の感動が忘れられないという。

一方、王震・副首相は英国を視察し、英国民の裕福な生活に度肝を抜かれたようだ。一般ワーカーでさえ、王震の五倍以上の給料をもらい、広い庭のある家に住んでいる。失業者は免税され、貧富の格差も小さい。資本主義の欧州は「暗黒の世界」と教えられてきたが、貧しい中国とはあまりに違う。

桃源郷のような欧州から帰国した谷牧らは六月三〇日、党中央委員を前に報告会議を行った。会議は午後三時から夜中の一一時まで延々続いた。社会主義体制の改革に言及するのは依然としてタブーだったが、報告は鬼気迫るほどの決断を表したものだった。「われわれは世界から二〇年遅れている！　わが国の経済体制を改革しなければならない」――。

新日鉄を視察して

副首相や国家経済委員長以上のリーダー一二人が参加した視察団は、七八年五月をピークとして合計二〇回、五一カ国に及んだ。だがそれ以外に、正・副部長級の視察団も含めると、数え切れないほどの回数に上ったという。

その中には、当然日本への視察も多かった。欧州訪問に先立って行われたのは、中国の冶金工業部の葉志強・副部長が一九七七年九月に「金属学会代表団」を組んで行った、日本の製鉄所一二カ所への視察である。その主要視察先は、新日鉄だった。

新日鉄側は、中国の金属学会代表団が視察を終えて帰国する際、一本の記録映画と映写機用スライドを手土産に葉志強に持たしている。新日鉄の君津製鉄所と大分製鉄所の沿革に関わる映像記録である（この映画とスライドは、党中央委や国務院だけでなく、上海市政府幹部の間で隈なく閲覧され、後の宝山製鉄所の建設決定に多大な影響を与えたという）。

製鋼の原料となる銑鉄が不足していた中国は、上海市に「国産の」高炉を「独自で」建設する計画を立てていたが、日本の鉄鋼業を目の当たりにした葉志強は、党中央委に対して報告書を書き、当初の計画を大幅に変更するよう提言している。

日本と中国の鉄鋼生産高は一九六〇年時点では、日本が二二〇〇万トン、中国が一八六六万トンと大差ない。しかし七三年までの一三年間で日本が一億一九〇〇万トンと五倍以上に膨れ上がっているのに、中国はわずか二五二二万トンに過ぎない。これは即ち、日本が鉄鉱石や石炭、石油を輸入し、新技術を吸収し、設備を大型・自動化し、さらには高度な技術者を養成して生産効率を上げてきたからにほかならない。そして葉志強もやはり、決断を迫った。「国産ではなく、日本の技術を利用して、さらに大規模な高炉と製鉄所を建設するべきである」――。

その二カ月後の一一月に、新日鉄の稲山嘉寛会長が、「日中長期貿易取り決め」協議で訪中し、李先念・副主席に会っている。この時李先念は稲山に、上海での大型製鉄所建設を稲山に依頼した。

陳錦華「国事憶述」（中共党史出版）によると、稲山は当初、製鉄所建設への協力に二の足を踏んだ。というのも、新日鉄は七四年に、新中国にとって初めて日本製の製鉄プラントを武漢鋼鉄に納入していたが、その建設は多くの文革左派から妨害を受けて多大な損害を被っていた。稲山はこれに懲りており、上海に製鉄所を作ったら武漢の二の舞になると恐れたのだ。それでも李先念の強い希望で、稲山はついに協力に同意した。この会談が、新日鉄による宝山製鉄所建設につながるきっかけになったのだ。

鄧小平の訪日

中国の首脳は、日本の高度経済成長を注視していた。戦後ゼロからスタートし、わずか七年で経済水準を戦前のピークに回復させ、二五年で世界二位の経済大国にのし上がるという奇跡。日本は中国と同様に、儒教文化の影響を強く受けてきた国であり、中国とは思考概念も欧米諸国ほど離れていない。五〇年代は、日本と中国の経済水準はほぼ同一線上にあるとされていたのに、その後の三〇年間で両国の差は天と地に開いてしまった。その根本原因はどこにあるのか――。「その秘密を、私が直に探ってきたい」。最高指導者である鄧小平が自ら乗り出した。フランス留学後初の外国訪問だった。

ついに鄧小平は、一〇月二二日に訪日を果たした。関心の焦点は「日本企業の実態」に絞られていたと言っていい。背景にあるのは、「中国の発展は、日本をモデルにすべきか否か」という命題だった。

鄧小平は来日時、野党党首との懇談でこう語ったという。「日本は昔から『蓬莱（ほうらい）の国』といって、不老不死の薬があったと聞く。今回の訪問はそれを手に入れるためでもあった。科学技術の優れた経験を土産に持ち帰りたい」（七八年一〇月二七日付朝日新聞）

鄧小平の日本視察に同行した人民日報東京支局の記者だった張雲方（現・中日関係史学会副会長）に、北京で話を聞くことができた。

張雲方によると、視察の直前、鄧小平のスケジュールを見てあることに気付いたという。日本の政治家との会談よりも、企業訪問や経済人との交流が多いことである。それまでの副首相級の欧州訪問行程とは明らかに異なるスケジュールだったのだ。

日産と新日鉄と松下電器

日本での鄧小平による企業訪問の目玉は、日産自動車の座間工場、新日鉄の君津製作所、松下電器のブラウン管テレビ茨木工場――の三社である。「サニー」を生産していた日産の座間工場では、オートメーション化された産業ロボットの溶接生産ラインに、鄧小平は「現代化とは何かがわかった」と目を丸くした。

その二日後には、新日鉄の君津製鉄所で熱間圧延工場を視察し、新日鉄側に「きょうは休みですか？」と語りかけたという。オールライン・コンピューター制御だったため従業員が余りに少なく、操業していないと思ったのだ。鄧小平はそこで、「管理システムも含め、これと同じものを是非中国に作ってください」と要望し、社長の斉藤英四郎は「全力を尽くします」と答えている。

実はこの時既に、最新技術を誇る君津製鉄所をモデルとして、宝山製鉄所の上海での建設が内定していた。そのプロジェクトはあまりに有名だが、見過ごされがちなのは、新日鉄は宝山製鉄所の建設というハード面だけでなく、大規模なソフト面の後方支援も行ったということである。数百人規模に上る中国人労働者を実習生として君津製作所に受け入れたのだ。中国人労働者のために自分たちの寮を宿舎に提供し、工場の体育館を大規模な食堂にしつらえた。稲山嘉寛会長の主導で、中国への文字通り全面支援を行っていたのだ。

その後、鄧小平は松下電器工場を視察し、当時八三歳だった同社最高顧問の松下幸之助が歓待した。鄧小平は松下幸之助に対し、「あなたは経営の神様と呼ばれています。中国の電子工業は遅れていますからご指導いただきたい」と述べると、真面目で律儀な性分の松下幸之助はそれを文字通りに受け取り、「鄧小平はんがそうおっしゃるなら、私も余生をかけましょう」と返したという。

当時の松下関係者によると、松下幸之助はそれから「鄧小平はんのために一肌脱がなあかん」が口癖となり、日本の電子工業メーカー全体で中国の近代化を支援する合弁会社を中国に作るという壮大な計画を立てた。ところが他のメーカーから冷ややかに受け止められ、結局この「松下構想」は断念せざるを得なかったというエピソードがある。

その事情をここで紹介しておきたい。松下はこの時八四歳で、松下電器の相談役という第二線に退いていたが、実際に自らエレクトロニクス大手三社に直接出向いて、協力を要請している。まず日立の吉山博吉社長、次いで三菱電機の進藤貞和社長、そして東芝の岩田武夫社長を訪れた。松下がこうしたライバル他社の社長面々と直接会うのは初めてで、松下の意欲がうかがえた。さらにその後、ソニーの盛田昭夫会長、日本電気（ＮＥＣ）の小林宏治会長、シャープの佐伯旭社長、三洋電機の井植薫社長などそうそうたる面々に会ったとされるが、松下と縁戚関係にあった井植以外は、松下構想に対してかなり冷ややかだったという。

その背景には、日本の電子工業大手を総動員した日中合弁会社を設立するという「松下構想」を、各社に根回しすることもなく発表してしまったことがあった。その計画は、日中が折半出資の合弁会社を設立して日本のすべての電子技術を中国側に供与する窓口企業とし、中国にある約三〇〇社の電子製品工場を子会社として傘下に収めるという、具体的で壮大なものだった。構想は一二項目にわたる基本文書まで作成し、松下はそれを会見を開いて明らかにしたのだ。

だが、それは他社にとっては「幸之助さんが勝手なことを…」としか映らなかったばかりか、電機メーカーの中では、中国市場進出で遅れていた松下が対中協力の主導権を握ることで他社を出し抜く狙いがあるなどと勘ぐる見方さえあったという。

案の定、この計画は実を結ばなかった。

松下は律儀にも、翌年に訪中して鄧小平に謝罪している。他社の協力が得られなかったことを文書で説明するよう松下電器の山下社長に勧められた際、「鄧小平はんとの君子の約束なのだから、直にお会いして謝罪せねばならない」と言って訪中を望んだのだという。

しかし水を差すようだが、鄧小平をはじめとした中国当局者にとっては、松下構想に対してどこまで本気だったのか疑わしいところがある。松下が他社の協力を求めて奔走している数カ月間、日系他社はすでに中国進出の足掛かりを築いていた。これまで書いてきたように、中国側は政治的状況を含め、日本の状況を微に入り細を穿って把握していた。松下が四面楚歌に陥っている状況も十分知っていたはずだろう。

鄧小平が本気で松下からの協力を求め、構想自体を支援したいのであれば、これから日本のエレクトロニクス企業との取引は構想の合弁会社に一本化する――などと発表すればいい話である。実際に中国は長年「窓口公司」を使った商売をしてきたのだから容易なことである。そうすれば、他の日系企業も松下構想に従わざるを得ないところだ。だが、中国は松下にあえて手を差し伸べなかった。松下構想頓挫への過程を黙視してきたところに、中国側の本音があったように思われる。

松下はその後、単独で日中合弁のモデルを築く考えを表明し、一九八七年に北京市の中国電子部などの企業四社と合弁で、北京松下カラーブラウン管工場を設立している。だが、北京のカラーブラウン工場が稼働したのは一九八九年一一月。松下が初めて鄧小平に会ってから一一年も後のことだ。

中国向けカラーテレビについて言えば、松下を尻目に、日立が圧倒的に先頭を走っていた。日立は改革開放の直後、中国からカラーテレビを一〇万台輸出する契約を取り付けていたばかりか、八〇年七月の時点ですでに、中国初のカラーテレビ製造の合弁会社「福建日立電視機」を初めて立ち上げている。実はそれは、松下が鄧小平に謝罪するために再訪中した年と同じなのである。

当時の関係者によると、「中国当局は改革派が日立を押し、保守派がソニーを擁立する」という争いがあったほどなので、鄧小平個人の意向は別にしても、中国側は、個別の日本企業による国内投資に熱心で、松下電器に日本の対中エレクトロニクス業支援を主導してほしいと願う土壌など、もともと存在しなかったと言えるだろう。

日本人が中国の経済顧問に

鄧小平は日本視察で、日本を発展モデルとすることに確信を持つ。そして帰国してわずか二日後、谷牧・副首相はじめ、二〇人の経済代表団を日本に一カ月間滞在させ、日本の経済担当当局と改革開放の道筋について協議させた。そして二カ月後の一二月一八日、後に歴史的な節目となる第一一期三中全会で改革開放が採択されることになったのだ。宝山製鉄プロジェクトが最終的に調印されたのはその翌日だった。この猛スピードの改革は、鄧小平の日本への旅がいかに震撼させるものであったかを物語っている。

日本は政策面でも、中国を全面的に支援した。張雲方によると、鄧小平と谷牧はこの頃、後に外相となる大来佐武郎、日本エネルギー経済研究所所長の向坂正男の日本人二人を、ドイツ人のグスタフ（Gustov）とともに国務院経済顧問に招いている。新中国にとって、外国人、特に日本人を国家の顧問として招くことは極めて異例だった。

谷牧が進めたとされている深圳経済開発特区の設立構想も、

実は大来佐武郎が江戸時代の長崎の出島を参考にした「出島理論」を基にしたものである。社会主義でありながら資本主義の利点を全面的に取り入れる手法として、鎖国状態にありながら貿易の利益を得ていた江戸幕府の手法を重ね合わせたのだ。

中国が、二〇世紀末までにGDPを四倍にするという構想を打ち出したのも、日本の所得倍増計画を受けてのものである。日本がモデルでなければ、中国の改革開放や現在の発展の姿は、もしかすると別の形になっていただろう。

鄧小平が日本から持ち帰ったものは、二一世紀に突入しようとしていた中国経済にとっての不老不死の薬だったのかもしれない。

あとがき

改革開放時代に人民日報の記者だった中国人に取材したときのことである。彼は、当時の共産党幹部がみな真面目で、国家のために一生懸命だったということを話していたのだが、筆者はその時、彼が目に涙を浮かべているのに気が付いた。その涙を見て、なぜか、別のことで腑に落ちるような思いがした。中国人は、国際的センスを持つ知識人でさえ、現在の中国政府が海外から人権や領土問題などで批判されても、頑として中国政府当局を擁護する態度を示す、その不可解さの理由を理解できたような気がしたのだ。彼らは心の底で、文革という固い殻を自ら苦労して破って改革開放にこぎ着けたという、憐憫を含んだ強い自己愛を祖国に抱いているのではなかろうかと思ったものだ。非常に貧しかったが、まじめに努力して一生懸命に発展している国。そんな国を世界はなぜ暖かく見てあげられないのか、という感情である。

中国人の別の知識人に、三菱重工による江南造船への技術支援について話した際、「また日本人は歴史を歪曲するつもりですか」と強く反発されたことを本文でも紹介したが、わが子を見守るような愛国心の前には、日本による支援などという事実を許容する余地はないのかもしれない。

さて話を本テーマに戻すが、今や世界を席巻する勢いで拡大する中国経済の飛躍は、一九七八年から始まったといっても過言ではない。その意味では、中国の改革開放を論じる際、この時に最も権力を持っていた鄧小平の改革思想に焦点が当てられるのは当然かもしれない。

だがそれに付け加えるならば、中国の現代史を五〇年代から概観すると、四半世紀にわたって常に日本との関係改善を見据えていたのは周恩来である。文革が終焉しながらも再び文革時代に逆戻りするやもしれぬ厳しい中で、周恩来が築いた海外への扉を、三度目の復活を果たした鄧小平があえて再び押し開く決断をした、というのがより実態に近いだろう。中国の命運は、理論家でも思想家でもなかった二人のリーダーの、日本とのつながりを求めた〝叡智〟に集約されていたのだ。周恩来と鄧小平の先見性ある英断は疑いようがないだろう。

だが中国の改革開放を論じる上で注目すべきは、本書でも再三書いてきた、「日本企業の役割」である。例えば、中国とインドの発展過程で大きな違いは何かと聞かれたら、筆者は「インドには隣に日本がいないことだ」と答えるだろう。それほど、中国が〝鎖国〟を解こうとした改革開放時に、日本は重大な役割を果たしたというのは決して大袈裟ではない。中国という共産主義国にとって、「政治的イデオロギー」や「戦争経験」、「友好商社の存在」など複雑な要素が絡まり合いながら、日本ほど特異な形で経済発展に組み込まれた国はほかになかった。

中国内の史実に目を転じると、五〇年代に日中貿易を担当していた商社員の間では、「日中貿易には〝隠花植物〟しか育たない」「中国との〝技術交流〟は〝技術直流〟にすぎない」などの名文句が伝えられてきた。国際的慣行が通用しなかった中国との貿易では、コネや独占的利権がはびこり、中国側に認定された「友好商社」だけが貿易を許され、商談が一筋縄ではいかなかった苦労を揶揄したものだ。

四人組が逮捕され、文革が終わろうとしていた七六年末期でさえも、文革の影響力は国内に色濃く残っており、外国企業は中国を植民地にするための手先だという不信感が強かった。

しかし、そんな中でも、中国側に技術を出し惜しみせず積極的に供与する、中国復興を支援する、売った商品に欠陥があれば無償できちんと直す、過去の戦争の贖罪意識さえ持って、中国側の理不尽な交渉にも我慢強く対応する、丹念に貿易実務を教える、果てはたとえ文革の混乱で逮捕されても中国を恨まず——という態度を、多くの日本企業や経済人が示してきたことを筆者はこれまで書いてきた。

当時のそうした日本企業の態度は、中国人の外国企業に対する不信感の皮を、一枚一枚剥ぎ取ることにつながったたろう。それは間違いなく、その直後にやってくる改革開放の大波を推し進めるための「心理的土台」となったはずである。文革中の外国排斥主義への揺り戻しを防ぐ、心理的な防波堤の役割を果たしたのだ。日本企業が当時、中国で営利主義に徹して批判の隙を突かれるような対応をしていたら、文革の守旧派に、それみたことかと改革派の鄧小平排斥の材料に使われ、〝国産主義路線〟に再び逆戻りする可能性が十分にあったのだ。

新中国が成立してから、日本と中国のか細い糸を紡いできたのも、改革開放に至る過程で最も大きな支援の原動力となったのも、日本の経済人だった。自民党内の権力争いの戦略として中国に目を向けた田中角栄をはじめとした日本の与党政治家でも、まして外交官でもなく、日本の経済人こそが、日本的な精神性で中国を覚醒させるという「中国の国づくり」に参与してきたのだ。それが、中国の改革開放を論じる上で軽視されてきた「日本企業の役割」だったといえるだろう。

この連載では言及しなかったが、中国は改革開放の直後、極端な財政赤字やインフレによる外貨不足に陥り、総額四二〇〇億円にも上るプラント契約を一方的にキャンセルした。七八年に中国が契約したプラント総額は六〇億米ドルあるが、このうち日本が三八億米ドルと半分以上を占めていた。そのため、契約キャンセルのインパクトも日本が絶大だった。それでも日本は合計約四〇〇〇億円に上る巨額の円借款や商業融資を中国に与えて、破たんした中国経済を辛抱強く支え続けた（しかも対中円借款の条件は、日本企業からの調達を義務付けることのないアンタイドローンだった）。

そうした背景には、贖罪意識や親中派といった概念だけでは片付けられない、新日鉄の稲山嘉寛、三菱重工の古賀繁一、松下電器の松下幸之助といった民間企業のカリスマ的経営者の行動にみられるような、中国の発展を真に支えたいという姿勢や日本独特の実直な企業文化や精神性があったというのは決して間違いではないだろう。

だが残念なのは、中国の現代史上で、改革開放での〝外国企業の貢献〟が中国で史実として刻印される過程で、日本企業の役割が、恣意的に捨象されていることである。

それは何度も指摘してきたことだが、後に出版された当時の中国幹部による手記などを見れば一目瞭然だろう。改革開放期に対中円借款で奔走したはずの谷牧の手記「中国対外開放的風風暴雨」などの数々の史料や沿革には、日本への言及が極端に少なく、唖然とさせられることもある。

江南造船に対する三菱重工の支援の事実が埋もれていることは言及したし、新日鉄による宝山製鉄所建設は、「大地の子」で語られたような血と汗と涙が詰まったドラマが知られているが、中国では一部に「無駄に大きな製鉄所を作ってお荷物になった上に、日本企業に不当に儲けさせた」「日本は宝山製鉄所で中国人を陥れた」などという論外な批判さえいまだにあるほどだ。まえがきでも紹介した調査の投票結果などを見るにつけ、当局の意識が一般国民に浸透していると言えるかもしれない。

当時の中国人関係者によると、二〇〇八年に宝山製鉄所着工三〇周年記念イベントの一部が上海で行われた際、新日鉄関係者は上海現地法人の社長でさえ呼ばれなかったという（〇七年一二月三日に日本の君津で行われた三〇周年記念設立行事には双方が参加している）。おそらく前年に実施済みという解釈をしたものと思われるが、かつて新日鉄と協力し、現在は引退した宝山製鉄所の中国人元幹部はさすがにあきれ、「お前たち、自分たちだけでここまできたと思っているのか」と現幹部らを叱責したという。

中国内では、日本人や日本企業による影響を肯定的に評価する土壌が非常に少ないといえる。正確に言うと、九〇年代半ば頃からその土壌が失われていった印象を受ける。それでも、中国当局がその後、あえて日本の貢献をロープロファイルにしている状況は、逆説的に〝いかに日本の支援が衝撃的なほど大きかったか〟を図らずも証明してしまっている。中国がこのまま独自の発展史観を持ち続けることは、大国化し、国際的影響力を持つようになった中国自身にとって国際舞台で道を誤る危険性をも示唆しているかもしれない。

一方で、そうした事態を招いた背景には、日本側にもある意味で責任がある。改革開放以来、日本が中国に実施してきた技術供与や支援について、日本政府が中国で積極的に広報活動をしてこなかったという点である。

確かに日本の民間企業としては、日本人の精神性から、中国に対して「支援すれども宣伝せず」の方針でやってきたことは美徳であったかもしれないが、国家としてであれば大きな失策だろう。

いずれにしても、七八年以来の中国内での日本の広報不足が、江沢民登場後の共産党による愛国主義教育の徹底になす術を持たず、歴史的事実を都合のいいように捨象され、その結果として日本企業による中国経済への貢献の希薄化を招いてしまったという側面があるのは言い過ぎだろうか。

日本企業側も貧しい中国への技術支援という善意の、もしくはあくまで中国内だけの利用が条件と考えていた数ある技術供与が、三〇年後に中国から海外への輸出の増大、もしくは海外での特許出願となって、自分たちの首を絞めることになろうとは思いもしなかったに違いない。筆者が改革開放初期の中国に大きな痕跡を残した大手企業に取材した際、広報部が知らないばかりか、会社内部にその記録さえ残っていないことには心底ため息が漏れたものである。

しかしそうした状況も、本書で書いてきた日中関係史を振り返ると必然のことかもしれない。日中の国交が回復する直前まで、中国との貿易や投資を長年支えてきたのは日本政府や霞ヶ関ではない。明らかに友好商社や民間の経済人たちである。日本政府はなにしろ「対米追従、中共を相手にせず」の姿勢で、米国の機嫌を窺うために中国との商談を政府自身が反故にしたり、外務省が中国当局と日本の経済団体の会談を妨害するという行為さえあったのだ。外交史料館には、日中の国交回復をめぐり、六〇年代末から外務省内で喧々囂々の議論があったことを示す資料が出てくるが、省内だけの空疎な議論は、日本と中国の実利的な関係構築には何の肯定的役割も果たさなかったことは明らかである。

つまり当時の日本政府与党も外務省も、国交回復までは日本企業の進出にはほとんど関与してこなかったのだから、国交回復後になって、国家として対中貢献を喧伝するといった発想さえなかったのだろう。言ってみれば、史実を捨象し、風化させてきたという点では、中国も日本も当局が同じ過ちを犯してきたといえる。

本書は、海外経済情報紙「デイリーNNAアジア総合版」などに〇九年から一一年三月まで連載されたものに大幅に修正・加筆したものである（NNAは中国で、外国メディアの中でも「中国内で」経済ニュースを配信できるという特異なライセンスを持つが、そのためかえって、この連載が中国の許認可当局を刺激する可能性があるため、「中国総合版」には掲載できなかったという経緯がある）。

〇八年一二月に改革開放三〇周年記念の一環として北京で開かれた展覧会で、日本との関連がほとんど示されなかったことに驚き、日本側も積極的に言及しないことに疑問を持ち、このままでは日本企業の史実が埋もれてしまうのではないかと危惧し、かつての商社員や中国関係者らを訪ねて話を聞き、史料をひも解き、そうして知り得た彼らの経験や事実をせめて日本の側に記録として残しておきたかったというのがこの本の趣旨である。これまで日中関係の現代史というと、当然、政治を軸に論じられてきたが、産業や個別の日本企業を軸に改めて日中関係を捉え直してみると、田中角栄を主軸とした政治的視点とは大いに異なる日中関係史が浮き彫りになったのではなかろうか。

こうしてみても、実は書き足りないことの方がまだ多い。それでも、本来の趣旨をわずかでも果たすことができたとしたら幸いだと思っている。最後に、今回の取材や執筆にご協力いただいた多くの日本企業や元駐在員の方々には、心からお礼を申し上げたい。（了）

二〇一二年六月三〇日

西原哲也

跋文

宮内雄史

「中国の改革開放三〇周年と日系企業というテーマで取材しているのですが、七〇年代後半の中国進出時のことなど伺いたい。」との西原氏のメールを受け取ったのは、二〇〇九年も正月が明けたばかりの一月七日の事であった。話を聞いてみると、五月頃より始めて、毎週一回一年間の連載を予定しているとの由。日本企業が中国の改革開放政策にどのように関わって来たかを浮き彫りにしたいと言う意欲的なものであった。

そして、その為には、戦争直後の日中関係と日本企業の動きからスタートして経緯を俯瞰して見る必要があるとするものである。連載が始まり最初に登場したのは高良とみである。一九五二年に、旅券法違反で日本政府に逮捕される危険を掛けて、当時国交の無かったロシア経由中国を訪問し日中民間貿易協定をまとめたエピソードが語られる。その事情の確認の為に西原氏は東京で娘さんの元を訪れヒアリングを行っている。こうした国交回復以前への遡及、又色々な人へのヒアリング、それを国会文書や回想録、中国で出版されている文書等と付け合わせる中で出て来た様々な発見の連続は、この連載が一年間では終わりそうに無い事を早々と示し始めていた。そして、実際には、連載は延々と八五回、一年と九カ月にわたり、それも最終的には改革開放の時代の直前までとなってしまったのである。

ところで、外務省のホームページで中国関係の資料を開いても、そこには国交回復（一九七二年）以降の記事しか見られない。北京の日本国大使館ホームページの〝日中関係年表〟でも然りである。財団法人・日中経済協会が出している「中国経済データハンドブック」の〝中国関係大事記〟も一九七二年以降の記事だけである。官が示す記録は公式でしっかりしたものではあるが、それだけに従っていると全体と実態を見失う恐れがある。国交回復前の記録や記憶が希薄になり、その歴史的意味も問われる事が少なくなっている現在、本連載が、中国の改革開放時期をターゲットでスタートしたが、結局その前史に留まってしまったのは、逆に、そこに豊富な人々の営みと、計り知れぬ程様々な事件や確執があった事を示していると言える。一気に仕上げた著作では無く、連載と言う言わば模索と発見を続けながら、日本企業を中心として対中関係に係る様々な歴史的経緯や物語を綴って行った事で、ここに貴重な記録を作りだしたものと言えるのではないだろうか。

この連載に登場する人物は多数に上る。やや詳しく説明された人間だけでも以下のような名前が挙げられる。鈴木一雄、弓削靖、高崎達之助、松田竹千代、山本市朗、木村一三、稲山嘉寛、岡崎嘉平太、松村謙三、渡辺弥栄司、藤山愛一郎、古井喜実。又、代表的な事件として、万年筆事件、長崎国旗事件、LT貿易、ビニロンプラント、周四条件、友好貿易など。そして、文革中に逮捕され長期に監禁された商社マン達が居た事に改めてスポットが当てられる。今から見ると本当にそのような事があったのかとされそうであるが、本書に詳しい。

大きな転機は国交回復の前後、大手企業グループが次々と中国との関係を改善して行く時期であり、それぞれのグループの実際の動きが比較詳述されている。住友グループ、丸紅、伊藤忠、三菱グループ、三井物産。その中で特筆されるのは、台湾との関係の処理であった。台湾の深い信頼を得た三菱重工の河野文彦と、義理立てに失敗した瀬島龍三との対比が紹介されている。

国交回復後ラッシュした中国のプラント導入と船舶の爆発的買付の模様と、その中での企業の苦労話や日本企業の誠実な商取引の実績も綴られて行く。国交回復以前は周恩来が誰を置いても中国では最大の実務政治家であったし、文革のあとは鄧小平の卓抜した采配が、日中間の経済関係にも直接的な影響を与えている。鄧小平の大胆な開放政策と指示の元で進められた中国造船所の改造に対する日本企業の協力が、この連載の最後を飾っている。三菱重工の古賀繁一は江南造船所の改造と近代化に多大な協力を行ったが、古賀の逝去とともに、更に鄧小平の次の時代となるとともに、協力への謝意どころか、協力の事実さえもが消し去られて行くことになった経緯を、西原氏は江南造船所記念館に足を運び、関係者の回想や記録なども紐解きながら解説している。冒頭、二〇〇八年一二月の「中国対外開放三〇周年回顧展」での日本企業への余りにも低い評価に対する疑問から始まった、日本企業の貢献の実態への追及は、最後に鄧小平が一人のドイツ人と、日本人の大来佐武郎・向坂正男を国務院経済顧問に招くような率直な姿勢であった時期から、その後に至るとともに、恣意的に日本企業の貢献の捨象が行われて行った様子に触れる事で締め括られたのであった。

現在「日中経済関係は益々重要になっている。」と語る人が少なくない。確かに二〇年前の日本の貿易に占める対中貿易は四％に過ぎなかったが、一〇年前には一二％となり、今や二一％である。対中投資も蓄積されており、日本にとって中国との経済関係の重要さは今後とも一層強まる事は誰しもが感じているところである。ところが、これを中国の角度から見てみると事態は異なっている。中国の貿易に占める対日貿易は二〇年前には二四％にも及んだが、一〇年前には一八％となり、今や一〇％に過ぎない。日本との経済関係は、相対的には大幅に薄くなって来たと言えるのである。同じようなデータは様々な分野で見られる。例えば、中国に来ている外国人留学生は、二〇年前は日本人が三〇％を占めたが、今や六％に過ぎない。日本に来ている留学生のうち中国人が占める割合は六〇％、約九万人と多数に及ぶが、これは今や中国から世界に出ている留学生全体約九五万人の一割にも満たない規模である。

日中関係を見て行く場合、こうした急速な変化が発生している中にあっては、如何に事態を冷静客観的に見て行くかが重要である。その為には、関連データを抑えるとともに、歴史的経緯を事実と実態に即して知ることが肝要と言える。かくして、本連載は、人々の視野から消えそうになっていた、戦後から改革開放に至るまでの日中経済関係の経緯を、世に改めて浮き彫りにした所に記録としての重要性があり、自らは語る事の少ない企業や企業人に代わって自己主張をした所に、掛替えの無さがあると言えるであろう。

（東京大学北京代表所長）

日中経済協会編「中国経済データハンドブック（2007～10年版）」
日本貿易振興会アジア経済研究所「日中経済改革と経済法制整備セミナー報告書」
丸山知雄「移行期中国の産業政策」（アジア経済研究所）
藤野文晤「日本と中国」（日中友好協会会報掲載）
岡崎嘉平太「私の記録」（東方書店）
三井物産社内誌「MBK　Life」（1972年11月号）
丸紅社内誌「M. SPIRIT」
押川俊夫「戦後日中貿易とその周辺　体験的日中交流ドキュメント」
「中国の鉄鋼業2004」（シープレス）
データベース「世界と日本」「日本政治・国際関係データベース」（東京大学東洋文化研究所・田中明彦研究室）
日本国際貿易促進協会編「中国経済の三十年」（長野県日中経済交流促進協議会）

【新聞・雑誌・論文】

日経産業新聞（2005年9月20日～11月7日付）連載「仕事人秘録・藤野文晤」
「百年江南」中国海軍2008年12月号
宋宜昌「懐念中国偉大海洋事業的奠基人―柴樹藩（一～五）」
銭正英「国門初開的西欧印象―回憶1978年随団出訪西欧五国的経歴」
沈穂佳「為了船舶工業的騰飛―追記柴樹藩的船舶歳月」（党的文献2010年第3期）
浜淵久志「太平洋戦争期における三菱財閥の再編過程」
宇文利「論1976年以前党引進外資工作」（中共中央党校論文）
尹永純「改革開放以来中国利用外資的歴史考察（1978～2005）」
宋宜昌「懐念中国偉大海洋事業的奠基人―柴樹藩」
国際商報「中日造船業合作前景広闊」
井上正也「日中LT貿易の成立と池田政権」（1960～1962）
「中日関係史研究」中日関係史研究学会
「中国日企・総第38期」（世研伝媒）
「人民中国」
鳳凰衛視中文台（テレビ）「国門初開―対外開放三十年」
人民日報
朝日新聞
サンケイ新聞
共同通信
「国際貿易」（国際貿易促進協会）
「財界」1979年9月4日号
外務省外交史料館史料
国会会議録

崔新建・主編「中国利用外資三十年」（中国財政経済出版社）
孫平化「中国と日本に橋を架けた男（私の履歴書）」（日本経済新聞社）
山本市朗「北京三十五年（上・下）」（岩波新書）
李恩民「中日民間経済外交」（人民出版社）
高碕達之助「私の履歴書」（日本経済新聞昭和 31 年 12 月掲載）
江南造船所史刊行会「江南造船所—歴史と思い出」（図書出版）
添谷芳秀「日本外交と中国 1945 ～ 1972」（慶応通信）
劉徳有「時は流れて　日中関係秘史 50 年（上・下）」（藤原書店）
日本僑報社編「永遠の隣人　人民日報に見る日本人」（日本僑報社）
日本僑報社編「新中国に貢献した日本人たち」（日本僑報社）
田川誠一「日中交渉秘録」（毎日新聞社）
小島麗逸「現代中国の経済」（岩波新書）
小島晋治・丸山松幸「中国近現代史」（岩波新書）
林代昭「戦後中日関係史」（柏書房）
稲山嘉弘「私の鉄鋼昭和史」（東洋経済新報社）
岡田晃「水鳥外交秘話　ある外交官の証言」（中央公論社）
古川万太郎「日中戦後関係史」（原書房）
岡田実「日中関係と ODA」（日本僑報社）
高良とみ「非戦を生きる—高良とみ自伝」（ドメス出版）
高良とみ「高良とみの生と著作（第 1 ～ 7 巻）」（ドメス出版）
関山健「日中の経済関係はこう変わった」（高文研）
丸山知雄「移行期中国の産業政策」（アジア経済研究所）
古賀繁一「古い思い出」（非売品・リョーイン）
古賀繁一講演録「関於造船」（船舶工程 1981 年 6 期）
クラレ（株）「クラレ 80 年の軌跡 1926－2006」（クラレ）
「ユニチカ百年史（上・下）」
「東レ社史」
三菱重工業編集「海に山にそして宇宙へ」（続・三菱重工社史）
三菱商事「三菱商事 50 年史 1954 ～ 2004」（三菱商事）
三菱化成「三菱化成社史」
日揮「日揮五十年史」
東工コーセン編「東工コーセン外史」
東工コーセン編「東工コーセンの 60 年」
小山弘・編「住友商事の対中貿易史—大華貿易時代—」
白根滋郎「戦後の日中貿易史」
日中友好協会（正統）中央本部・編「日中友好運動史」（青年出版社）
西田健一「ナニワ商人中国奮闘記」（講談社）
日中経済協会（財）「日中経済交流の現状と展望」
日中経済協会編「日中経済協会 30 年の歩み」

【参考文献】

【書籍・社史ほか】
周恩来年譜（上・中・下）（中共中央文献研究室）
谷牧「中国対外開放的風風暴雨」
谷牧「谷牧回憶録」（中央文献出版社）
李嵐清「突囲　国門初開的歳月」（中央文献出版社）
陳錦華「国事憶述」（中共党史出版社）
呉学文・王俊彦「廖承志与日本」（中共党史出版社）
呉学文「風雨陽晴・我所経歴的中日関係」
呉暁波「激蕩三十年　中国企業 1978－2008（上・下）」
徐俏「袁康伝　1978－1984 改革現場」（作家出版社）
白益民「三井帝国在行動」（中国経済出版社）
王為民・主編「百年中英関係」（世界知識出版社）
周明剣・王震「中国大収購」（石油工業出版社）
曹普「為了鄧小平的嘱託」（福建人民出版社）
何東君「聚焦中国」（新華出版社）
宋堅之・編「忘れ難き歳月　記者たちの見た中日両国関係」（五洲伝播出版社）
全国政協文史和学習委員会「経済特区的建設」（中国文史出版社）
陳徳銘・主編「中国特色商務発展道路」（中国商報出版社）
商務部研究院「中国吸収外資 30 年」（中国商報出版社）
商務部「中国対外開放 30 周年回顧展・解説詞」
「日志中国（1978 ～ 2008 回望改革開放 30 年）第 1 ～ 2 巻」（中国民主法制出版社）
張青松「日本対華直接投資研究」（社会科学文献出版社）
「日中合弁大連工業団地 15 年史　その概要と軌跡」（大連工業団地開発管理有限公司）
林連徳「当代中日貿易関係史」（中国対外経済貿易出版社）
林連徳「今だから語れる私の対日貿易」（Explore blog）
肖世沢「中国的改革開放与中日経済関係的発展」（中日関係史研究第 93 期）
「中日経済関係中的 3 個 30 年」（中日伝播 2008 年 8 月号）
劉志宏「宝山製鉄所の技術導入をめぐる政策決定」
宋波・李双宇「李先念与武鋼一米七軋機」（中国冶金報 2009 年 10 月 17 日）
張雲方「鄧小平先生与日本」（中日関係史学会）
柴樹藩「周恩来与新技術引進」
周立群「中国経済改革 30 年民営経済巻」（重慶大学出版社）
譚雲明「二十世紀影響中国的媒体」（当代中国出版社）
厳家祺・高皋「文化大革命十年史（上・中・下）」（岩波現代文庫）
日中貿易逸史研究会「ドキュメント黎明期の日中貿易」（東方書店）
東海日中貿易センター「東海地方の日中友好と貿易のあゆみ」
東英記「マクロ的分析・日中提携の歴史的系譜」（文芸社）

日中間の経済・企業関係史年表

1949	10.01	中華人民共和国成立
1950	12.06	米国の要求で日本が対中輸出全面禁止
1951	5.18	国連総会が中国向けの禁輸韓国決議。COCOM の下に CHINCOM 設置
	8.24	日中貿易促進労組協議会が結成
	12.14	中国が石橋湛山に対し、モスクワ国際経済会議への参加呼びかけ
1952	4.03	モスクワ国際経済会議開幕。日本から高良とみ・参院議員が参加
	4.28	サンフランシスコ平和条約
	4.29	帆足計、宮腰喜助・両衆院議員がモスクワ入り。高良と共に中国に招聘される
	5.14	中国国際貿易促進委員会結成
	5.22	日中貿易促進会議結成
	6.01	第一次日中貿易協定（民間）、北京で調印。日本側は、高良、帆足、宮腰の３氏。
	7月	日本が COCOM に加盟
1953	6.20	日中貿易促進地方議員連盟結成
	7.29	日中貿易促進決議案、衆議院で可決
	10.29	第二次日中貿易協定、北京で調印。東京都日中貿易促進労組協議会結成
1954	6.28	中国の周恩来首相、インドのネール首相と平和５原則の共同声明
	9.22	日本国際貿易促進協会設立総会（国貿促）、初代会長は村田省蔵
	10.30	中国初の訪日団、中国赤十字代表団が来日。廖承志が副団長。
	11.13	日中漁業協議会設立
	12.10	鳩山内閣組閣
1955	3.29	中国通商代表団が来日。団長は雷任民・中国国貿促副部長
	4.15	第一次日中漁業協定調印
	4.22	高碕達之助・経済審議庁長官がバンドン会議に参加。周恩来と極秘裏に会談
	5.04	第三次日中貿易協定、東京で調印
	8.29	中国貿易代表団が来日。雷任民が団長。
	10.17	中国商品展覧会、初めて東京で開く。67 万人来場
	11.24	日中輸出入組合発足
	12.01	中国商品展覧会、大阪で開く。123 万人来場
1956	3.30	衆議院で日中貿易を促進し、COCOM 規制を緩和する決議

	10.06	北京で日本商品展覧会。125 万人来場。中国で初めてテレビ放送が開始され、この模様が放映される
	10.19	日ソ国交回復
	10.19	「人民日報」が次は「中日復交を」との論文掲載
	12.01	上海で日本商品展覧会。168 万人来場
	12.30	COCOM・CHINCOM 緩和などの日中貿易促進決議が衆議院で可決
	12.23	石橋内閣成立
1957	2.25	岸内閣成立
	4.25	初の中国輸出商品交易会（広州交易会）、広州で開幕
	7.10	岸内閣改組、藤山愛一郎が外相就任
1958	2.01	広州で日本商品展覧会開幕、68 万人参加
	3.05	第 4 次日中貿易協定調印
	4.01	武漢で日本商品展覧会開幕、74 万人参加
	5.02	長崎国旗事件が起きる。訪日していた中国五金輸入公司と中国鉱産公司が召還される
	5.09	陳毅副首相兼外相、岸首相の中国敵視政策の非難談話発表。日中貿易は全面的に中断する
	6.11	日中漁業協定の更新できず。中国側から「政治三原則」提示
	12 月	いすゞがボンネットバス（1 台）を中国に初輸出
1959	2.13	日本労働組合総評議会（総評）の岩井章・事務局長が周恩来と会談。漆、甘栗などの「配慮物資貿易」開始
	9.20	石橋湛山、周恩来共同声明。「政経不可分の原則」を明示
	10.25	松村謙三、周恩来と日中関係改善について会談
1960	5.11	日本の親中派団体、日中国交回復を訴えるデモや集会など激化
	7.18	池田内閣成立
	8.27	周恩来総理、鈴木一雄・日中貿易促進会専務理事と会談して「日中貿易三原則」を提示。「友好貿易」が始まる
	10.11	高碕達之助が訪中、周恩来と会見
1961	1.20	ケネディ、米大統領に
	1.31	貿易中断後初の大型経済使節団、日本経済友好使節団が訪中
	2.10	日中政府間貿易協定実現要求全国業者大会。150 業種 400 人が参加
	4.08	日中国交回復国民総決起大会、東京で開催
	4.15	第 9 回中国輸出商品交易会（広州交易会）が開幕。貿易中断後、初めて友好商社 38 社が招かれる
1962	6.01	東西貿易五団体による「経済危機突破東西貿易促進全国業者大会」開催

	9.16	松村謙三、周恩来と会談。「LT 貿易」の模索開始
	11.09	高碕達之助（T）と廖承志（L）の間で、5 年間の延べ払いを内容とする覚書調印、LT 貿易発足
	12.03	ケネディ、日米経済合同委員会で「中国封じ込め策」への協力要請
1963	8.20	LT 貿易初の倉敷レイヨンのビニロンプラントの中国輸出が正式認可
	9.06	中国油圧機器代表団来日
	10.05	北京で日本工業展覧会開幕。123 万人来場。毛沢東、石橋湛山と会見（1 日）。
	11.09	日中漁業協定、5 年ぶりに再締結で調印
	12.10	上海で日本工業展覧会。125 万人来場
	12 月	63 年に日中貿易が 1 億米ドルを突破
1964	4.01	日本政府、中国経済代表団の呉学文随員の入国拒否
	4.10	東京で中国経済貿易展、東京で開幕。81 万人来場
	5.07	吉田茂・元首相、台湾の張群に、中国向けのプラント輸出には輸銀を使わないとする「吉田書簡」を出す
	6.13	中国経済貿易展、大阪で。152 万人来場
	8.03	廖承志、孫平化など来日
	10.10	東京オリンピック開幕。この開催期間中に中国は原爆実験を行う
	11.09	佐藤内閣成立
1965	2.08	佐藤首相、対中国に輸銀を使わないと言明。これにより、日立造船の貨物輸出契約が失効する
	4.22	日中貿易各団体、「輸銀融資完全実施要求全国業者大会」を開く
	4.26	日本政府、台湾に 1 億 5,000 万ドルの円借款を供与
	4.30	ニチボーのビニロンプラントも「吉田書簡」で失効する
	10.04	日本工業展覧会、北京で開催。65 万人参加。12 月 1 日からは上海で開催、81 万人参加
	11.10	姚文元が論文「海瑞免官を評す」発表。文革が始まる
1966	1.22	日中貿易促進会代表団、中国国貿促と共同声明
	2.10	日本共産党代表団が訪中、中国と意見対立。「日共」と「中共」対立激化へ
	5.17	周恩来が松村謙三と会談。LT 貿易の延長で合意
	10.01	中国経済貿易展、北九州で開催（156 万人）。11 月からは名古屋でも開催（217 万人）。
	10.26	日本共産党傘下の日中貿易促進会が解散に追い込まれる
1967	2.27	日中貿易六団体、中国国貿促と友好貿易促進に関する議定書調印

	6.04	天津で日本科学機器展覧会を開催
	7.24	三井物産系の第一通商事件が起きる。これに続き、北京の日本人商社マンなどが次々に逮捕される
1968	3.06	日中覚書貿易会談コミュニケ調印。「LT 貿易」から「MT 貿易」へ改称
	4.12	中国の遠洋貨物船「東風号」横浜入港
	7.25	日中輸出入組合、解散
	11.06	ニクソン、米大統領に
1969	3.22	北京で日本工業展覧会。開幕式で佐藤内閣による展示不許可 19 品目の反中国政策を非難。
	4.04	上海での日本工業展覧会は佐藤内閣に抗議して中止と発表
	5.15	中国食肉輸入に関する会談、広州で友好商社と中国が調印
1970	4.19	日中覚書貿易会談コミュニケ調印。周恩来が松村謙三との会談で日中貿易を進める上での 4 条件提示。後に「周 4 条件」と呼ばれる
	4 月	日立造船、東洋工業（現マツダ）、富士銀行、住友金属などが周 4 条件を率先して受諾すると表明
	5 月	住友商事の津田久社長、大手商社として初めて 4 条件受諾を表明
	7.06	親台湾系「日華協力委員会」開催されるも、4 項目条件を恐れて 7 割の企業が欠席
	8.08	中国、三菱重工など日華協力委員会に出席した企業との貿易を断絶
	10 月	トヨタが周 4 条件受諾
	12 月	伊藤忠の越後正一社長、周 4 条件受諾を決意
1971	3.28	名古屋で世界卓球選手権大会開催され中国チームも参加。米国チームが中国に招かれ、米中接近の予感
	7.11	新日鉄が周 4 条件受諾
	7.15	ニクソンが 1972 年 5 月までに訪中すると電撃発表。日本政府の頭越しに
	8.21	松村謙三が他界。その後、中国向けの顔だった松村の後継者選びで難航
	9.15	関西財界訪中団訪中
	10.25	国連総会が中国の国連加盟を認めるアルバニア決議案可決
	11.11	親台湾系大企業だった三菱重工の牧田与一郎社長が周 4 条件の受け入れを表明し衝撃が広がる
	11.12	東京経済人訪中団。経団連など主要経済 4 団体が参加。
	12.21	日中覚書貿易会談コミュニケ調印
1972	1.17	天津で日本精密機器専業展を開催

	2.21	ニクソン訪中、毛沢東と会見
	2.28	中米共同声明
	3.05	伊藤忠の越後社長が訪中し、友好商社に認定される
	3.01	日中国交回復国民大会、日比谷公会堂で
	3.06	上海で日本工作機械展覧会
	4.01	民社党訪中団が北京に
	4.05	住友商事が訪中
	4月	日本化学肥料代表団訪中。昭和電工の鈴木治雄社長が団長
	4.10	天津で日本建設機械展覧会
	6.14	周4条件受諾を表明していなかった2大商社の三菱商事と三井物産、ついに受諾表明
	6月	日本海運友好代表団が訪中
	6月	丸紅、三和銀行、東洋綿花、住友銀行がそれぞれ訪中。企業の訪中ラッシュ
	7.07	田中内閣成立、中国との国交正常化に力を入れるとの声明
	8.17	三菱商事、三菱銀行、三菱重工の3首脳が訪中、周恩来と会談。この直前に商事の藤野社長は韓国に、重工の河野会長は台湾に飛び、根回し工作実施
	8.18	東京銀行が中国銀行との間で円元決済に関する合意書調印
	9.12	周恩来、古井喜実、田川誠一、松本俊一と会見
	9.14	小坂善太郎団長の自民党訪中団、北京へ。小阪が抗議文を渡される
	9.25	田中首相が訪中、27日に毛沢東と会見、29日に日中共同声明、国交正常化
	10.05	三井物産の若杉末雪社長率いる三井グループ首脳が訪中
	11.27	日中経済協会が設立
1973	1月	在中国日本国大使館開設
	2月	在日本中国大使館開設
	3.10	日中航空協定交渉
	5.04	日中間の海底ケーブル建設取り決め
	6.19	日本自動化・電子機器展北京で開幕
	8.17	日中貿易協定交渉が東京で始まる
	9.05	日本経済界訪中団（植村甲午郎団長）と周恩来が会談
	9.11	中国経済貿易友好訪日団代表団（劉希文団長）が東京に
1974	1.05	日中貿易協定、北京で調印
	1月	中国で風慶輪事件起きる

	1.21	中国の備忘録貿易東京事務所が活動終了、MT 貿易終わる
	4.20	日中航空協定、北京で調印
	7.13	中華人民共和国展覧会、大阪で開幕。9 月には東京で開幕
	11.13	日中海運協定、東京で調印
	11.18	日本印刷機械・包装機械展覧会、天津で開催
	12.08	三井グループ代表訪中団、李先念副首相らと会談
1975	4.18	日中貿易混合委員会が開催
	8 月	日中漁業協定調印
	9.29	岡崎嘉平太を理事とする日中協会が創立
	10 月	JETRO 主催の日本工業技術展覧会、北京で開催。7 月には札幌で
1976	1.08	周恩来が他界
	3.08	吉林省に巨大隕石落下。7 月 28 日には河北省唐山で大地震発生。中国の激動を予感させる
	4.05	第一次天安門事件。これにより鄧小平が追放される
	9.09	毛沢東が他界
	10.06	四人組が逮捕される
1977	5.03	中華人民共和国展覧会、名古屋で開催 .
	9.29	日中商標相互保護協定、北京で調印
	12.27	日中科学技術交流協会が設立
1978	2.14	新日鉄の稲山嘉寛社長が率いて、日中民間長期貿易協議委員会が訪中。北京で調印
	5.23	新日鉄が中国と上海宝山鉄鋼公司の建設に関する議定書と、技術協力に調印。宝山製鉄所のプロジェクトの第一歩
	8.12	日中平和友好条約調印
	10.22	鄧小平が、中国国家指導者として初訪日
	10.23	日中平和友好条約批准書交換
1979	2.06	鄧小平、訪米の帰途に日本を再訪問。大平首相と会談
	3.14	東京と北京が友好都市関係締結
	3.29	日中長期貿易の期限延長と金額の拡大で合意
	12.06	日本が対中経済協力プロジェクト 6 件と日中友好病院の建設で合意。日本は世界で初めて中国に政府借款を供与する国に

西原哲也（Nishihara Tetsuya）

1968年長野県須坂市生まれ。早稲田大学社会科学部卒業後、時事通信社入社。徳島支局、外国経済部記者を経て、香港大学大学院アジア研究修士課程（MAAS）修了。2001年にNNA入社。香港華南版編集長、中国総合版編集長を経て、2011年に豪州＆オセアニア版編集長兼豪州法人社長。主な著書に「進化する香港・潜在競争力世界一の秘密を探る」（共著・NNA)、「秘録華人財閥・日本を踏み台にした巨龍たち」（NNA）など。現在豪州在住。

覚醒中国
秘められた日本企業史

2012年7月31日　　初版第1刷発行

著　者────西原哲也
発行人────松田健二
発行所────株式会社 社会評論社
東京都文京区本郷2－3－10
☎ 03(3814)3861　FAX 03(3818)2808
http://www.shahyo.com
組版・装幀──閏月社
印刷・製本──倉敷印刷

---

printed in Japan

アジア自動車市場の変化と日本企業の課題

地球環境問題への対応を中心に

●小林英夫

いま、世界の注目を浴びているアジア自動車市場。特に中国市場はいまやアメリカを抜いて世界最大だ。日本の自動車・同部品企業は、この巨大市場とどのように向き合うのか。その現状と課題を分析する。　2800円＋税

地域振興における自動車・同部品産業の役割

●小林英夫・丸川知雄編著

日本の産業構造でトップの位置を占めている自動車・同部品産業。国内各地とアジア的規模での自動車産業集積の実態、そして部品メーカーとの関連性の検討を相互比較の中で総体的に扱う共同研究。　3000円＋税

自動車産業における生産・開発の現地化

●清晌一郎編著

高度経済成長期以降、一貫して日本の製造業の中軸的存在であった自動車産業。九〇年代以降、自動車産業の生産力の海外移転は急速だ。「日本的生産方式＝生産や開発における日本的な仕事のやり方」の海外移転可能性をめぐって、一線の研究者がさまざまに論じる。　2800円＋税

東アジアに「共同体」はできるか

●東海大学平和戦略国際研究所編

現在、東アジア共同体をめぐる新しい情勢の中で、日本は明治維新以来の転機を迎えている。アジア各国の研究者による、さまざまな視点から共同体構想の可能性を探る共同研究。［執筆者］榎彰・柿澤弘治・旦祐介・江橋崇・武見敬三・金熙徳・加藤朗・林華生・立原繁・藤巻裕之・安藤博・松前紀男、ほか

2600円＋税

通貨・金融危機と東アジア経済

●伊藤修・奥山忠信・箕輪徳二編著

東アジア地域はめざましい経済発展をなしとげたが、タイ・バーツ暴落から通貨・金融危機が広がった。本書は、東アジア経済危機の発現のしかた、その経過と原因を分析し、各国政府の経済戦略を解明する。

4200円＋税

現代アジアのフロンティア

グローバル化のなかで

●小林英夫編著

アメリカ主導のグローバル化の波が、日本も含めたアジアを変えている。21世紀アジアはどこへ行くのか。［執筆者］小林英夫・江畑謙介・菅英輝・桑原哲・大野陽男・明日香壽川・青崎智行・馬場公彦

2000円＋税

近代から現代まで、中国人によって書かれた文献資料から、その対日観をさぐる全三巻のシリーズ

中国人の日本観［第2巻］

二十一か条要求から日本敗戦まで

●『中国人の日本観』編集委員会編

（小島晋治・伊東昭雄・大里浩秋・杉山文彦・栗原純・並木頼寿・大沼正博・谷垣真理子）

6800円＋税

［収録資料］国民の臥薪嘗胆…李大釗／最近の中日交渉を公平に論じる…梁啓超／日本国民に告げる書簡…張継・戴天仇・何天烱／謹んで日本の来華学生に訴える…周恩来／和平会議における朝鮮代表の請願…朱執信／中日親善…陳独秀／「大アジア主義」…孫文／日本の無産階級文芸界同志に訴ふ…郁達夫／排日平議…周作人／日本の危機と我々の努力…周仏海／私の日本観…戴季陶／『生ける支那の姿』序…魯迅／日本本国民に与ふ…蔡培火／大アジア主義と抗日…胡漢民／国民党軍人に対する講演…蔣介石／抗日の理論及び実践…張学良／日本軍将校懊悩のあまり自殺する…鄒韜奮／抗日必勝論…章乃器／大亜洲主義と東亜連盟運動…汪精衛／日本紀元二千六百年を慶祝する感想…周化人／日本の過去・現在と未来…李凡夫／日本の運命は中国に握られている…純青／『人鬼雑居的北平市』…董魯安／ほか

続刊

［第1巻］古代から二十一か条要求まで

［第3巻］日本敗戦から現在まで